DOLLARS
AND 섹스와 연애의 경제학
SEX
달러와 섹스

DOLLARS AND SEX

섹스와 연애의 경제학

마리나 애드셰이드 지음 · 김정희 옮김

SEX

달러와 섹스

생각의힘

들어가는 말

 혹시 이런 호기심을 가져 본 적은 없는가? '남자들의 페니스가 큰 나라가 더 잘살까, 작은 나라가 더 잘살까?' 또 이런 소식은 어떤가? '세계 음경 길이 분포도'가 만들어지자 한 경제학자가 이 데이터로 설명할 수 있는 경제적 질문을 찾아 나섰다는 소식 말이다. 놀랍지 않은가?

 경제학은 흔히 '우울한 과학'이라고 불린다. 이런 별명이 붙은 것은 경제학이 최근의 세계적 불황은 물론이고, 과거의 어떤 경기 침체도 제대로 예측하지 못하였기 때문만은 아니다. 그 발단은 18세기 말 경제학자 겸 목사였던 토머스 맬더스Thomas Malthus가 제공하였다. 그는 영국 농촌 여성들이 두 무릎을 붙이고 있을 수 없다면 결과적으로 인구가 늘게 된다면 - 옮긴이 더 이상 사회는 번영할 희망이 없다고 예측하였다.

 그렇다. 섹스에 관한 한 맬더스의 견해는 우울하기 짝이 없다. 하지만 모든 경제학자들이 인생의 가장 달콤한 쾌락 중 하나인 섹스를 맬더스만큼 부정적으로 보는 것은 아니다. 특히 지난 10년간 마음과 여타 신체 부위의 문제들을 탐구하기 위해 경제 이론과 데이터를 활용한 연구가 활발하게 이루어졌다. 그 결과 사람들을 경제학에 열광하게 만들 만한 많은 이론과 증거들이 축적되었다.

내가 4년 전 새로운 수업 방식을 도입하면서 학생들에게 기대했던 반응도 바로 그런 것이었다. 당시 나는 섹스와 연애에 대해 이야기하게 되면 내가 가르치는 학생들이 경제학을 좀 더 흥미진진하게 배울 수 있을 것이라고 생각하였다. 처음에 이 수업은 시장이 어떻게 작동하는지 학생들에게 이해시키기 위해 몇 가지 재미있는 사례를 고안하여 소개하는 정도로 시작되었다. 하지만 시간이 흐를수록 변화가 보였다. 학생들은 이 주제를 통해 섹스와 연애 시장에서 자신이 어떤 위치에 놓여 있는지 새롭게 파악하게 되었다. 경제가 짝짓기mating 행위에 어떤 영향을 미치는지 이해하고, 수업시간에 배운 경제학 개념들을 실제 자신들의 삶에 적용시키기 시작한 것이다. 변화한 것은 학생들만이 아니었다. 나 자신도 변하였다. 섹스나 연애 문제도 경제학이라는 렌즈를 통해 들여다보면 얼마나 명쾌하게 파악되는지 깨달은 것이다.

나의 개인적인 사례를 잠깐 소개해 본다. 사실 나는 데이트 상대를 찾아주는 온라인 사이트가 내 애인을 찾는 데는 그리 적절한 장소가 아니라고 생각해 왔다. 그러다가 나는 활성화된thick 시장과 비활성화된thin 시장의 차이에 대해 생각해 보기 시작하였다. 비활성화된 시장은 참여자가 적기 때문에 구매자나 판매자 모두 원하는 상품가격으로 거래를 하기 어렵다. 하지만 시장이 활성화되면 참여자가 많기 때문에 판매자와 구매자 모두 흔쾌히 거래에 동의할 수 있는 가격을 협상하기 쉽다.

온라인 데이트 사이트는 매우 활성화된 시장이다. 이 시장에서 구매자이자 판매자로서 내가 거래하고자 하는 '가격'을 상대방에게도 내가 최선의 상대인 동시에 그도 내게 최선인 상대를 만나는 것이라는 측면에서 해석한다면, 나 역시 온라인에 뛰어들어 연애 상대를 찾아 나서는 것이 합리적인 선택이다. 이는 온라인에서 애인을 찾는 것이 오프라인보다 쉬워서가 아니라, 시장이 활성화될수록 만족스러운 관계를 가질 수 있는 상대방을 찾을 가능성이 높기 때문이다.

어쨌든 섹스와 연애에 관한 어떤 선택이나 결정, 결과도 경제적인 측면에서 관찰해야만 보다 명쾌하게 이해할 수 있다. 더 나아가 경제적인 측면을 고려하지 않고서는 우리가 사는 세상을 완전히 이해할 수 없다. 정부가 대기업에 구제금융을 제공해야 하는지를 결정해야 할 때와 마찬가지로, 피임 수단을 손쉽게 접할 수 있도록 보조금을 제공해야 하는지를 결정할 때에도 경제적 고려가 필요한 것이다. 또 자유로운 성생활을 누리는 대가가 얼마나 될지 따질 때에도 학교에서 1년 더 교육받을 때의 비용을 계산할 때처럼 경제적 고려가 필요하다. 혼외정사를 할지 말지 선택할 때에도 주식 투자를 할지 말지 선택할 때처럼 경제적 고려가 필요하다.

이 책은 현대인의 성과 인간관계를 경제학을 통해 어떻게 이해할 수 있는지를 보여 주는 몇 가지 이야기를 제공한다. 경제적 압박이 개인의 성생활에 어떤 영향을 미치는지 보여 주는 짧은 일화도 여럿 실려 있다.이들 일화는 모두 실화이며, 일부 등장인물의 이름은 가명 처리하였다. 데이터도 많이 인용하였다. 통계 데이터는 수천 명의 선택을 있는 그대로 드러냄으로써 특정 상황과 그 상황에서 사람들이 선택한 결정 사이의 연관성을 찾을 수 있게 해 주는 힘을 가지고 있다. 마지막으로 우리 모두가 살면서 언젠가는 하게 되는 결정을 이해하기 위한 틀을 제공해 주는 이야기들이 있다. 이 이야기들은 섹스와 연애 시장을 모델링하기 위한 경제 이론을 기반으로 전개된다.

이 책은 인생의 다른 시기를 대표하는 세 부분으로 크게 구분되고, 각 부분은 다시 세 개의 장으로 나뉜다.

1부에서는 젊고 거침없고 자유분방한 시기의 삶을 다룬다. 혁명이란 보통 경제적인 이유로 시작된다. 성 혁명the Sex Revolution, 1960~80년대 서구에서 전개된 사회운동으로 성에 대한 전통적 가치에 도전하였음 - 옮긴이도 마찬가지였다. 20세기 후반에 일어난 성 혁명도, 사람들이 혼전섹스의 편익 대비 비용이 얼마나 되는지 가늠해 보고 "오늘 밤 섹스를 해도 될까?"라는 질문에 "안 될 건 뭐야?"라는 답을 얻게 된 경제적인 스토리이다. 대학생은 이처럼 개방적인 성 개념을 열렬히 수용한 집단 중 하나이다. 그렇다고 대학생들의 섹스와 연애 시장이 반드시 균형 상태에 있는 것은 아니다. 오늘날 대학생 가운데 여학생의 비율이 남학생보다 많아지면서 대학 캠퍼스에는 일회용 섹스casual sex가 점차 늘어나고 있고, 전통적 의미의 데이트는 공룡이 멸종한 것처럼 사라져 버렸다. 전통적 데이트가 사라지는 문제는 온라인 섹스 및 연애 시장에 대한 1부의 마지막 장에서 다룰 것이다.

인생의 특정 단계에 이르러 자신의 연애 상대가 지난 몇 달 동안 집에 칫솔을 두고 가는 정도까지 관계가 발전하였다면 이제는 좀 더 장기간에 걸친 동거를 해도 되지 않을까 느끼는 순간이 있을 것이다. 바로 그 시점에서 이 책의 2부가 시작된다. 다른 인생사와 마찬가지로 우리는 결혼에서도 항상 '원하는 것'을 얻을 수는 없다. 하지만 이때도 사람들은 자신의 유보가치reservation value, 판매자의 경우 꼭 받아야 하는 최소 금액 – 옮긴이를 높이 설정하고 싶어 하며, 결혼이 제공하는 거래의 혜택을 통해 자신이 필요로 하는 것을 충분히 얻어낼 수 있기를 원한다.나중에 내가 결혼 서약이라는 것을 경제학적으로 어떻게 해석하는지 들어보면 이런 생각은 사라질 것이다. 결혼은 한 남성과 한 여성의 결합이라는 형태로만 존재하지 않는다. 결혼에는 다양한 형태의 결합이 존재하며 이런 조합이 법적으로 또는 사회적으로 수용 가능한 것인지를 결정하는 데에는 경제적인 요인이 큰 영향을 미친다. 2부의 마지막 장에서 다룰 내용은 부부 사이의 힘의 우위를 결정하는 방식이다. 지나치게 단순화해서 표현한 감이 없지 않지만, 어쨌든 이 장에서는 결혼 관계 안에서의 협상에 대해 이야기할 것이다. 결혼을 해 본 사람이라면 누구나 알겠지만, 부부 간의 협상은 결혼 서류에 도장을 찍었다고 해서 끝나는 것이 아니다.

마지막으로 3부에서는 자녀들이 성장하여 그들 나름의 성생활을 갖게 되는 시기를 다룬다. 현재 각급 학교에서는 다양한 형태의 성교육이 실시되고 있는데, 3부의 첫 장을 읽어 보면 왜 성교육에 경제학이 포함되어야 하는지 이해할 수 있을 것이다. 또한 3부에서는 배우자가 알게 또는 모르게 이루어지는 혼외정사 문제를 다룰 것이다. 혼외정사를 갖는 사람들은 "바람을 피울까 말까?"라는 고민을 하다가 외도에 따르는 편익 대비 비용을 고려한 뒤 "안 될 거 뭐 있어?"라는 답을 얻으면 바로 행동에 뛰어든다. 물론 나중에는 후회할 수도 있지만. 마지막으로 다룰 것은 황혼의 섹스와 연애 시장이다. 인생의 절반을 넘긴 남자와 여자가 이 시장에서 새로운 짝을 찾아 나서고, 때로는 반려자를 만나 정착하기도 한다.

이 책을 읽으며 새겨 두어야 할 점이 몇 가지 있다. 첫 번째는 이 책이 소개하는 실증적 증거와 경제 이론은 우리 사회 모든 사람들의 행위를 설명하려고 하지 않는다는 것이다. 그저 우리 사회의 평균적 행동에 대해 설명해 줄 뿐이다. 원래 인간의 행동이란 복잡다단하며, 각 개인이 내리는 결정은 각자의 선호에 따라 좌우된다. 예를 들어 보자. 어떤 통계에 따르면 여성들은 보통 자신과 같은 인종의 남성과 데이트하는 것을 강하게 선호한다. 이런 결과를 보고 "이건 내 취향과 다르니까 통계가 잘못된 것이야."라고 생각하는 사람도 있을 것이다. 그렇게 생각하는 것은 당연하다. 현실 속에는 다른 인종과 절대 데이트를 하지 않는 여성부터, 거꾸로 같은 인종과의 데이트를 싫어하는 여성에 이르기까지 다양한 선호도를 가진 여성이 두루 분포하고 있기 때문이다. 통계란 이런 다양함 속에서 다른 인종과의 데이트를 선호하는 여성보다 같은 인종과의 데이트를 선호하는 여성의 수가 조금 더 많다는 것을 보여 줄 뿐이다. 이것이 바로 평균적 선호이다. 따라서 통계 수치가 보여 주는 선호는 당신의 취향과 일치하지 않을지는 몰라도, 다른 사람들의 행동을 이해하는 데는 도움을 줄 수 있다.

두 번째, 이 책에 언급된 데이터는 대중적 여론조사를 통해 얻은 것이 아니다. 경제학자들은 사람들이 "주어진 조건에서 어떤 선택을 하겠다."라고 대답한 내용보다 그들이 실제 어떤 행동을 하는지에 더 관심을 갖는다. 이것이 현시선호revealed preference이다. 사람들의 실제 결정을 관찰하고 그를 통해서 선호를 추론해 내는 것이다. 예를 들어 여성들에게 "다른 인종 남자와의 데이트에 대해 어떤 견해를 갖고 있는가?"라고 묻는 것은 조사에 큰 도움이 안 된다. 이런 질문에 대해 대부분의 여성들은 여러 가지 이유로 "나는 같은 인종을 특별히 선호하지 않는다."라고 대답해야 할 것 같은 강박관념을 가지고 있기 때문이다. 이런 질문을 던지는 대신 온라인 데이트 사이트나 즉석 데이트 이벤트에서 추출한 데이터를 이용하면 여성들이 실제로 어떤 타입의 남성을 선택하는지 정확하게 파악할 수 있다. 이와 같은 관찰을 통해 여성들이 같은 인종 남자에게 더 많은 관심을 가지고 있다는 것이 확인된다면, 이것이야말로 평균적인 여성의 진정한 선호가 되는 것이다.

세 번째, 이 책은 사람들이 '어떻게 행동해야 하는가?'가 아니라 사람들이 '실제로 어떻게 행동하는가?'에 관심을 집중할 것이다. 나는 개인적인 관점에서든 사회적 관점에서든 간에 '좋은' 행동이나 '나쁜' 행동, 또는 '올바른' 행동이나 '그릇된' 행동이란 없다고 생각한다. 이런 가치기준에 대한 이야기가 중요하지 않다는 의미는 아니다. 다만 사람들의 행동에 대해 가치를 평가하는 것은 경제학자로서 나의 직무가 아니라는 것이다.

참, 들어가는 말을 마치기 전에 대답할 것이 있다. 내가 이 글의 첫머리에 제기하였던 질문의 답을 궁금해 하는 독자들이 있을 것이다. 답은 '그렇다.'인 동시에 '아니다.'이다. 페니스 크기와 국가의 부유함 간의 연관성은 분포곡선의 꼬리 부분에서만 찾을 수 있다. 페니스의 평균 길이가 작은 나라는 소득 수준이 낮은 경향이 있으며, 페니스 크기가 커질수록 국가의 소득이 높아지는 것은 사실이다. 하지만 이런 증가 곡선은 어느 지점에서 꺾어져, 그 꼭짓점을 넘어서면 페니스의 평균 길이가 커질수록 해당 국가의 소득 수준이 떨어진다. 페니스의 평균 수치가 큰 나라는, 모든 기준에서 그런 것은 아니지만 다소 못 사는 경향이 있다. 나는 이러한 관계를 '발기 곡선'이라고 부른다. 나 자신은 이런 연구 결과를 그리 신뢰하지 않는다. 비록 대부분의 경제 이론들이 그렇듯 당신이 원하는 답을 위해서라면 이 이론 역시 매우 쉽게 받아들일 수도 있겠지만.[1]

---

1 이 내용은 헬싱키 대학의 박사과정 학생인 타투 웨슬링 Tatu Westling의 논문에 실려 있다.

차례

달러와 섹스
섹스와 연애의 경제학

DOLLARS
·AND·
SEX

1장
당신 곁에 있는 애인을 사랑하라

피임 도구로 레몬을 사용한 카사노바

—— 2003년 펜실베이니아대학교의 유명한 거시경제학자 한 사람이 어느 세미나에 기조 발표자로 나와 이런 말을 하였다. "카사노바는 피임 도구로 레몬을 이용하였지요." 이 말을 듣고 있던 경제학자들은 눈이 휘둥그레졌다. 95%에 달하는 남자 청중들은 "그것이 어떻게 효과가 있지?"라고 궁금해 하였고, 5%의 여자 청중들은 아마 속으로 "웩!"하고 비명을 질렀을 것이다. 후자의 그룹에 속한 나는, 늘 그랬듯이 섹스에 관해서 이렇게 희한한 이야기를 들을 때 청중들은 어떤 반응을 보이는지 열심히 메모를 하였다.

카사노바의 난봉은 그렇다 치고 사실 발표자는 아주 중요한 점, 즉 지난 20세기의 성 해방 과정이 경제적인 측면과 깊이 연관되어 있다는 사실을 지적하고 있었다. 그는 카사노바 이야기를 통해 효과적인 피임법과 같은 신기술이 성행위에 관한 사람들의 비용편익분석을 완전히 뒤흔들어 놓았다고 주장하였다. 여기에서 비용편익분석이란 날마다 수백만 명의 사람들이 하고 있는 "내가 과연 오늘밤 섹스를 해도 될까?"와 같은 고민이다. 이렇게 새로운 피임 기술은 교육의 변화나 남녀평등 이념과 함께 성생활의 지평을 완전히 변모시켰다. 경제적 요인들이 사회가 더 문란해지는 데에 일정 부분 역할을 하였다는 점이 의심스럽다면 다음 증거들을 참고해 보라.

- 1900년에는 19세 미혼 여성 중 6%만이 섹스를 하였지만, 1세기가 지난 뒤에는 19세 미혼 여성 중 75%가 섹스를 즐기고 있다.
- 지난 반세기 동안 기술이 발달함으로써 보다 효과적인 피임이 가능해졌지만 같은 기간 미혼모의 비율은 오히려 5%에서 41%로 증가하였다.
- 미혼모가 이처럼 크게 늘어나는 추세이지만 미국인 66%는 여전히 미혼모가 사회에 부정적인 영향을 미친다고 믿고 있다.
- 혼전섹스는 가정의 소득 수준과 깊은 관련이 있다. 최빈곤층 가정의 소녀는 최고 부유층 가정의 소녀들에 비해 50% 정도 섹스를 더 한다.
- 혼전섹스는 이제 보편적 현상이 되었지만 아직도 사회적 오명을 완전히 벗지 못하였다. 35세 이하의 남녀 중 여성은 48%, 남성은 55%만이 혼전섹스가 도덕적으로 용인될 수 있다고 생각한다.

- 10대 임신에 대한 태도 역시 가계 소득 수준에 의해 좌우된다. 고소득 가정의 소녀는 68%가 혼전임신에 대해 '매우 당혹스러운 일'이라고 표현한 반면, 저소득 가정의 소녀들은 46%만이 부정적인 반응을 보였다.

- 결혼은 점차 부유한 사람들의 특권이 되어 가고 있다. 1960년대에는 대졸자의 결혼율 76%이나 고졸자의 결혼율 72%에 큰 차이가 없었다. 하지만 오늘날에는 교육 수준이 낮은 사람들의 결혼율은 48%로 뚝 떨어진 데 비해 대졸자의 결혼율은 비교적 높은 수준인 64%를 유지하고 있다.

- 퓨 리서치센터Pew Research Center의 조사에 따르면 19세에서 29세에 이르는 젊은 세대들은 다른 연령층에 비해 결혼을 불필요한 것이라고 생각한다. 44%의 답변자가 결혼제도를 한물간 것이라고 평하였고, 30%만이 "성공적 결혼이 인생의 가장 중요한 요소 중 하나"라며 결혼의 가치에 동의하였다.

이와 같은 행동과 믿음은 우리의 성 문화를 어떻게 변화시켰을까? 인생에서 세 번 변신을 거듭한 한 여성의 사례를 통해 이를 알아보자.

제인은 17세에 집을 나왔다. 가출하기 전까지는 여학생들만 다니는 기숙학교의 모범생이었다. 이런 학생이 호텔 여종업원으로 일하겠다며 자퇴해서 가난한 이웃들로 둘러싸인 낡은 집에 산다는 건 드문 일이었다. 제인은 학위와 남편을 얻기 위해 대학에 진학한 동기 친구들과 달리 자기만의 길을 선택하였다.

가출 후 제인과 함께 생활하였던 여성들은 그녀와 인생관이 사뭇 달랐다. 제인과 달리 이들은 가난한 환경에서 성장하였다. 자신들의 엄마가 그랬던 것처럼 10대에 창녀가 된 친구들도 있었다. 또 이 지역에서 감옥살이를 하는 남자 친구와 가까이 있고 싶어 고향을 떠나온 사람들도 더러 있었다. 몇몇은 너무 이른 나이에 인생의 벼랑에서 떨어져 다시는 정상 생활로 돌아올 수 없는 지경이었다.

제인의 친구들은 매춘과 관련된 일을 하든 안 하든 간에 모두 매우 문란한 성생활을 하고 있었다. 섹스 파트너도 여럿이었다. 제인의 친구들이 이렇게 문란한 생활을 하게 된 것은 윤리 개념이 부족해서가 아니었다. 이들을 이런 길로 내몬 것은 경제적인 이유였다. 이들에게 있어 "오늘밤 과연 섹스를 해도 될까?"라는 질문의 답은 늘 같았다. "도대체 안 될 이유가 뭔데?"

그렇다면 이들의 삶을 이 지경으로 만든 경제적 요인은 어떤 것들이 있을까? 첫째는 교육이다. 1980년대 초반 이후 현재에 이르기까지 대학 학력은 경제적으로 성공하기 위해 꼭 필요한 조건 중 하나였다. 이는 비단 고학력 노동자의 임금이 상승하였기 때문만이 아니라 저학력 노동자의 임금이 하락하였기 때문이다. 고졸 이하 노동자의 임금은 제인이 빈민가 생활을 시작한 그 이듬해부터 시작하여 이후 30년간 꾸준히 떨어졌다. 이렇게 저학력 노동자의 임금이 낮아지면서 이전에는 살짝 균열된 정도였던 고학력자와 저학력자의 임금 격차가 갈수록 크게 벌어졌다.

제인의 친구들은 당시 자신들의 돈벌이 기회가 점차 줄어드는 이유가 자신들의 짧은 학력 탓임을 미처 깨닫지 못하였을지도 모른다. 하지만 그런 그녀들도 뼈아프게 느끼는 사실 한 가지가 있었다. 소외된 계층의 여성들은 결혼을 할 수 있는 전망이 불투명해졌다는 사실이다. 이것이 바로 이들을 지금의 생활로 내몬 두 번째 경제적 요인이다. 범죄자들의 감옥 수감율도 날로 높아져 제인의 친구 중에도 세 명 이상이 남자 친구를 감옥에 두었다. 오늘날 저소득 남성은 설령 범죄 기록이 없다고 해도 가족을 부양하기에는 평생 기대소득이 부족한 상황이다. 반면 경제적으로 성공한 남성들은 배우자감 역시 자신과 비슷한 수준으로 돈을 버는 여성 중에서 찾고 있다. 따라서 학력도 낮고 실업 상태에 놓인 여성이 고소득층 남성과 결혼을 한다는 것은 하늘의 별 따기일 수밖에 없다.

평범한 여성의 경우 혼전에 방종한 생활을 하였다가는 나중에 돈벌이나 결혼에 좋지 않은 영향을 미치게 될까봐 조심을 한다. 하지만 제인의 친구들은 자포자기 상태였다. 지금 사생활이 문란하든 그렇지 않든 관계없이 장밋빛 미래는 꿈조차 꿀 수 없는 처지임을 알고 있었기 때문이다. 원치 않는 임신을 하거나 안 좋은 평판을 얻어도 그다지 달라질 것이 없으며 밑바닥 생활을 하는 것은 지금이나 매일반일 것이라는 절망 속에서 살고 있었던 것이다. 따라서 이들에게 "오늘밤 과연 섹스를 해도 될까?"란 질문에는 항상 답이 정해져 있었다. "그래, 안 될 게 뭐야?" 이들에겐 더 이상 잃을 것이 없었기 때문이다.

제인이 새 생활을 결심한 것은 동네 포주가 그녀를 매춘부로 고용하려고 하였을 때였다. 제인은 포주의 제안을 받고 퍼뜩 정신이 들었다.

정상적 인생 항로에서 벗어나서 살려고 하였던 자신의 결정이 생각보다 심각한 결과를 낳을 수도 있다는 사실을 깨달은 것이다. 그래서 제인은 지갑만 달랑 움켜쥔 채 그 동네를 빠져나와 공항으로 달려갔다. 그리고 어느 친절한 항공사 직원의 동정을 받아 비행기 표를 구할 수 있었다. 그녀는 이 비행기 표로 자신에게 피난처가 되어 주고 두 번째 인생을 살 기회를 제공해 줄 언니가 있는 곳으로 날아갔다.

제인의 두 번째 인생은 6장에서 자세히 살펴볼 예정이므로, 여기에서는 제인의 세 번째 인생으로 곧장 건너 뛰어 이야기를 이어 가겠다. 제인이 "카사노바가 레몬을 피임도구로 사용하였다."라는 이야기가 나온 그 점심 세미나에 우연히도 나와 함께 참석하였던 것이 바로 그녀의 세 번째 인생기의 일이다.

아침에 일어났을 때 룸메이트가 간밤에 벌인 전투의 흔적이 거실 바닥에 온통 널브러져 있곤 하였던 시절은 이미 그녀에게 오랜 과거가 되었다. 한 번 결혼하였다가 이혼한 적이 있는 제인은 아이가 하나 있고, 또 한 아이를 임신 중이었다. 중단하였던 학업을 계속해 학력을 쌓았고 경제적으로도 독립한 그녀는 최근 유수한 대학에서 박사과정까지 밟기 시작하였다.[2] 한때는 경제적으로 소외되고 방종한 생활을 하는 여성들과 어울리던 제인이 이제는 고학력을 무기로 경제적 계급의

---

2 나는 연구 조교로 일하던 시절(마침 나는 카사노바 이야기를 꺼냈던 그 경제학자 밑에서 일하고 있었다.)에 미국의 인구조사 보고서를 통해 얼마나 많은 여성이 미혼모의 몸으로 아이를 낳고 동시에 박사 학위를 받았는지 확인해 볼 기회가 있었다. 충분히 예측할 수 있는 결과이지만, 박사 학위를 받는 데 성공한 미혼모는 단 한 명도 없었다.

사다리를 막 올라가려는 신세대 20대 여성들과 보조를 맞춰 나가게 된 것이다. 물론 이 고학력 신세대들 역시 과거 제인의 친구들 못지않게 성적으로는 문란하지만 말이다.

학문의 세계에서 새로 사귄 제인의 친구들은 날로 벌어지는 임금 격차의 혜택을 받은 세대들이다. 이들은 과거의 고학력 여성이나 남성들보다 훨씬 더 많은 수입을 올리고 있다. 이들은 여성이 고학력을 누릴 수 있게 된 신세대의 일부일뿐만 아니라 여성의 평균 학력이 남성들보다도 높은 역사상 첫 세대이기도 하다. 남성들의 학력이 여성들보다 뒤떨어지는 시대가 되자 성 풍속도 변하였다. 여성들 간의 배우자 찾기 경쟁이 심해지고, 여성들이 자기와 비슷하거나 더 좋은 교육을 받은 남편감을 만나기도 어려워진 것이다.

제인의 새 친구들도 교육 수준이 높고 수입도 좋은 완벽한 남성을 찾아 헤맨다. 그러면서 그들은 매우 자유로운 성생활을 누린다. 이들은 제인이 인생의 첫 단계에서 만났던 친구들만큼 문란하지 않을지는 몰라도, 여하튼 이전 세대의 여성들보다는 자유로운 성생활을 하는 것이 사실이다. 제인의 옛날 친구들과 마찬가지로 이들이 이렇게 자유분방한 성생활을 누리는 것은 윤리 관념이 부족해서가 결코 아니다. 자유로운 성생활의 비용편익을 분석해 본 결과 조신한 생활을 해야 할 뚜렷한 이유를 찾지 못하였을 뿐이다.

이러한 결론을 얻을 수 있었던 이유는 간단하다. 자유로운 성생활을 해도 별로 손해를 보지 않는다는 것이다. 제인의 여자 동료들은 어떻게 하면 임신과 성병을 피할 수 있는지 잘 알고 있을 뿐만 아니라, 성관계를 맺을 때 파트너에게 반드시 피임도구를 사용하라고 강제할 만한 협상력도 갖고 있다. 자유로운 성생활로 인해 원치 않는 임신을 하게 될지라도 문제는 없다. 혼자 아이를 낳아 기를 능력도 되고, 때로는 낙태를 선택할 수도 있기 때문이다. 무엇보다 중요한 것은 설령 혼외 출산을 하였다고 하더라도 어머니나 할머니 세대가 겪었던 것만큼 수치심을 느끼거나 사회적 처벌을 받지 않아도 된다는 사실이다. 그러므로 자유로운 성생활에 큰 비용을 지불할 필요가 없는 셈이다.

이 대목에서 다시 카사노바와 그의 레몬 이야기로 되돌아가 보자.

남성들의 피임을 기다려야 했던 이유

과학자들은 남성 피임에 대해 아마 난자 하나가 아니라 정자 수십억 개를 억제하기는 더 힘든 일이라며 난색을 표할지도 모른다. 하지만 남성 피임이 오랫동안 사용되지 않은 데에는 경제적 이유가 있다. 바로 수요와 공급의 원칙 때문이다.

남성이 원치 않는 임신 때문에 치러야 하는 대가는 생물학적인 비용을 차치하고라도 여성에 비해 훨씬 낮다. 여성은 원치 않는 임신을 하면 학업을 중단해야 할 수도 있고, 임금이 깎여 평생 임금수준이 낮아질 수도 있다. 남성들도 일부 이런 경험을 겪을 수 있겠지만 예정에 없이 아빠가 된다고 해도 여성이 경력 단절로 인해 치러야 할 대가에 비해서는 그 피해가 훨씬 적다.

따라서 남성 입장에서는 굳이 피임을 필요로 하지 않았던 것이다.

그런데 세월이 흐름에 따라 원치 않는 임신을 예방하고자 하는 남성들의 수요가 늘어나고, 이를 위해 남성이 기꺼이 지불하겠다는 가격도 올라가게 되었다. 여기에는 두 가지 이유가 있다. 첫째, 예전에는 남성은 여성이 출산을 해도 자녀 양육에서 손을 떼어 버리곤 하였는데, 차츰 정부의 개입이 늘어나면서 발뺌을 하기 어려워졌다. 정부가 아빠에게 자녀 양육비 일부를 책임지도록 강제하기 때문이다. 둘째, 여성의 바깥일이 늘어나면서 부부 모두 자녀 수를 제한하려는 경향이 커졌다. 피임이 필요해진 것은 비단 여성의 노동시간이 늘어났기 때문만은 아니다. 여성이 일을 함으로써 집안 내 여성의 협상력이 커져 남편에게도 피임의 책임을 함께 나눠지라고 압력을 넣을 수 있게 된 것이다.

그렇다면 과연 남성들은 실제로 피임을 할 것인가? 이 질문에 답을 제시한 연구들이 있지만, 남성에게 어떤 질문을 던지는가에 따라 결과에 큰 차이가 있다. "남성 피임이 가능해진다면 당신은 이를 할 것인가?"라고 묻는 것과, "당신은 세 달에 한 번씩 고환에 약을 투입하기 위해서 300달러를 기꺼이 낼 것인가?"라고 묻는 것은 완전히 다른 문제이기 때문이다.

제약회사들이 이제 남성용 피임약 개발에 투자하고 있는 것을 보면 이들 시장에 충분한 수요가 있다고 짐작된다. 진짜 이유는 이들 제약회사가 남성용 피임 기술 개발에 투자한 금액을 성병 치료약 판매로 회수할 수 있기를 기대하기 때문일지도 모른다. 그럴싸한 전략이 아닐 수 없다. 왜냐하면 남성이 피임을 하게 되면 여성 입장에서는 섹스를 할 때 남성에게 콘돔을 사용하라고 요구하기 어려워질 것이 아닌가! 피임약 시장과 성병 치료약 시장 모두에서 수익이 날 수 있으니 제약회사로서는 금상첨화인 셈이다.

피임 기술의 간략한 역사

── 흔히 결혼한 부부의 출산율이 떨어지기 시작한 것은 1960년 대 피임약이 개발된 이후부터라고 생각한다. 하지만 이는 잘못된 생각 이다. 출산율은 200여 년 전 산업혁명이 시작된 직후부터 떨어지기 시 작하였다. 부부들이 숙련 기술자들만 받을 수 있는 고임금을 목표로 자녀 수를 제한하겠다고 결정한 것이 이때이다.이 주제는 뒤에서 다시 한 번 다룰 것이다. 또한 경구 피임약의 개발이 여성들로 하여금 출산 시기를 보다 쉽게 조절할 수 있도록 도운 것은 사실이지만, 여성들은 이미 수 세기 전부터 출산을 조절하는 방법을 사용해 왔다.

예를 들어 보자. 1800년 미국에서는 평균적인 여성이 40세가 될 때 까지 7명의 자녀를 출산하였다. 이 수치는 19세기 들어 매 10년마다 뚝뚝 떨어지더니 1930년대 말에는 2명으로 줄어들었다. 즉 경구 피임 약을 시장에서 구할 수 있기 30년 전에 이미 출산율이 오늘날의 수준 으로 떨어진 것이다.

인류 역사 대부분의 기간 동안 섹스를 하면서 임신을 피할 수 있는 방법은 질외사정밖에 없었다. 결혼 연령을 늦추는 것 역시 여성의 가임기간을 줄이는 효과를 낳았다.물론 혼외 출산이란 것을 생각할 수도 없던 시대에만 해당되는 이야기이다. 이는 앞서 소개한 맬더스가 적극 권장한 방법이기도 하다. 출산율을 낮추는 데는 독신자 비율이 늘어나는 것도 도움이 된다.사실 베이비붐 시대에 출산이 늘어난 것은 한 집에서 네다섯 명의 아이를 낳아서가 아니라, 한 명 이상의 아이를 낳는 여성의 숫자가 증가하였기 때문이었다.

콘돔 사용은 그 기원이 3,000년 전까지 거슬러 올라간다. 하지만 실질적으로 피임 효과를 거둔 기술은 1838년 도입된 자궁에 씌우는 캡이 효시이다. 앞서 말한 것처럼 카사노바1725~1798년 역시 비슷한 아이디어를 갖고 있었다. 즉 정자가 자궁으로 들어가는 입구를 차단하기 위해 레몬을 사용한 것이다. 그러나 이 방법이 당시 사람들에게 널리 쓰였을지는 의문이다.카사노바 정도의 매력이 있는 남자라야 여성에게 질 안에 레몬반 조각을 집어넣으라고 설득할 수 있지 않았겠는가!

1850년대 들어 찰스 굿이어Charles Goodyear가 고무를 경화시키는 방법을 고안해 냄으로써 보다 편안하고 저렴하며 피임 효과도 좋은 콘돔을 생산할 수 있게 되었다. 12개들이 콘돔이 대략 34달러오늘날의 실질 임금을 기준으로 상대 평가한 금액 였으니 일반 노동자들이 자주 사용하기에는 비싼 편이었다. 그래서 당시 남자들은 한 번 사용한 콘돔을 씻어서 재사용하는 경우가 다반사였다. 여성용 페서리는 1882년에 도입되었고 뒤이어 1909년에 자궁 내 피임기구intrauterin device가 개발되었다. 라텍스 콘돔은 1912년에 생산되었는데, 다행히도 일회용이었고 가격도 저렴하였다.

경구 피임약은 성 문란을 부추기는 주범?

──   여성이 출산을 예측 가능한 수준으로 조절할 수 있게 되면서 혼전섹스의 이익이 비용보다 높다고 생각하는 여성도 늘어났다. 이에 따라 오늘날 여성들의 행동이 변화한 원인을 당연하게도 각종 피임 기법, 특히 경구 피임약의 이용이 용이해진 탓으로 돌려 버리기 쉽다. 하지만 단지 위험 요소가 줄어들었다는 이유만으로 여성이 섹스를 더 많이 하게 되었다면, 어째서 피임 방법이 개선되어 온 것과 바로 같은 기간에 혼외 임신도 늘어난 것일까?

피임 기술의 발전은 문란한 성생활의 비용을 확률적인 의미에서 줄여 준다. 혼전섹스의 비용을 경제학적으로 계산해 보면, 이 비용은 '여성이 임신하거나 성병에 걸릴 확률'과 '임신 또는 성병에 수반되는 비용'을 곱한 수치이다. 그러니까 비용이나 위험 중 어느 한 쪽이 줄면 혼전섹스로 예상되는 비용은 감소하게 마련이다.

지금이 1930년대이고, 한 여성이 남편이 아닌 다른 남성과 피임도 하지 않은 채 지속적으로 성관계를 가졌을 경우 임신할 가능성이 85%라고 가정해 보자. 또한 이 여성이 혼전임신을 한다면 나중에 수입이 좋은 남성과 결혼할 수 있는 기회를 잃어버리게 되는데, 만일 수입이 좋은 남자와 결혼한다면 얻을 수 있었을 날려 버린 미래의 소득이 5만 달러였다고 가정하자. 그렇다면 이 여성이 피임을 하지 않은 상태에서 혼전섹스를 함으로써 치러야 할 비용은 다음과 같이 계산할 수 있다.

임신 확률		날려버린 결혼의 이익		문란한 성생활의 대가(기대비용)
0.85	×	5만 달러	=	4만 2,500달러

이번에는 라텍스 콘돔을 쓸 수 있게 되었고, 여성이 섹스를 할 때 파트너에게 콘돔을 사용해 달라고 설득할 수도 있다고 가정해 보자. 라텍스 콘돔을 사용할 경우 임신할 확률이 45%라면 이 수치는 코프Kopp가 보고한 콘돔의 실제 실패율이기도 하다. 혼전섹스로 예상되는 비용은 아래와 같다.

0.45 × 5만 달러 = 2만 2,500달러

이처럼 여성이 콘돔 사용이라는 선택권을 갖게 됨으로써 혼전섹스의 기대비용이 2만 달러가 줄어들었다. 경제학자라면 누구나 이렇게 가격이 하락하면 상품 또는 서비스의 수요가 늘어난다고 이야기할 것이다. 이것은 수평축이 수요량, 수직축이 가격인 그래프로 나타내는 표준적인 수요곡선이 우하향하는 이유이기도 하다. 따라서 피임기구의 성능과 성병 예방 기능이 좋아질수록 더 많은 여성들이 남성들은 물론이고 혼전섹스를 하는 데 주저하지 않게 되는 것은 당연하다. 물론 피임기구를 사용해도 일부 여성은 임신을 한다. 아직도 피임기구가 임신을 100% 막아 주지는 못하기 때문이다. 통계에 따르면 적극적으로 성생활을 즐기는 여성의 45%가 여전히 임신의 위험에 노출되어 있다.

어쨌든 피임 기술은 획기적으로 발전하였지만 미혼 여성의 임신 건

수는 줄어들기는커녕 오히려 극적일 만큼 증가하였다. 따라서 이 문란한 스토리에는 여성들이 효과적 피임 기술 발달에 힘입어 혼전섹스를 더 많이 선택하게 되었다는 것 외에 좀 더 많은 설명이 필요하다.

현실에서 실제 일어나는 일은 과연 어떨까? 다음과 같은 두 집단의 미혼 여성들이 있다고 가정하자. 두 집단이 속한 사회에서는 혼전 성관계를 부도덕한 것으로 생각하고, 우리가 살펴보려는 여성들 역시 모두 이를 부정적으로 보고 있다. 하지만 이들이 혼전섹스를 기피하는 이유는 서로 다르다. 첫 번째 집단은 계획에 없는 임신을 싫어할 뿐이지, 사회적 낙인 때문에 혼전섹스를 피하는 것이 아니다. 두 번째 집단은 사회적 오명을 얻을까봐 혼전섹스를 기피하는 것이지, 계획에 없는 임신을 두려워하는 것은 아니다. 물론 현실 세계에서는 이 두 가지 요소가 이렇게 확연히 구분되지 않고 서로 얽혀 있지만, 이렇게 두 집단의 특성을 나누어 살펴보면 혼전 성관계에 대한 사회적 태도가 어떤 방식으로 변화해 왔는지 보다 명쾌하게 설명할 수 있다.

이제 이 두 집단에게 효과적인 피임 방법을 도입해 보자. 혼전섹스에 대한 사회적 낙인은 여전하겠지만, 임신이 두려워 혼전섹스를 피하던 집단의 사람들 중 몇몇은 피임 기술에 힘입어 예전보다 조금 더 섹스에 과감히 뛰어들 것이다. 이들은 이제 비교적 자유롭게 성을 즐기는 무리를 이룬다. 이들의 행동 때문에 '사회적으로 용인 가능한 것'에 대한 일반인들의 시각도 서서히 바뀐다. 그리고 점차 다른 여성들도 이 무리에 합류한다. 새롭게 이 무리에 합류한 여성들은 임신의 위험이 줄어들었기 때문이 아니라 첫 번째 집단이 혼전섹스에 대한 사회적 시각을 바꾸었기 때문에 여기에 동참한 것이다. 즉 첫 번째 그룹은 임신의 위험이 줄었기 때문에 이 무리에 합류한 것인 반면, 두 번째 그룹은 혼전섹스에 대한 사회적 인식이 관대해졌기 때문에 여기에 합류한 것이다.

원치 않는 임신을 할 가능성도 적어지고 사회적으로도 혼전섹스가 어느 정도 용인됨에 따라 이제는 모든 사람들이 좀 더 자유롭게 혼전섹스를 하게 된다. 하지만 남녀가 성관계를 가질 때는 언제나 임신 가능성이 있기 때문에, 성관계의 빈도가 늘어나면 임신의 숫자 역시 증가하게 마련이다. 게다가 피임 기술의 발전에 따라 결혼 내 출산이 줄어드는 만큼, 전체 출산 중에서 미혼 여성의 출산이 차지하는 몫이 늘어나는 것은 수학적으로 당연한 결과이다.

이 절의 내용은 그린우드Jeremy Greenwood와 거너 Nezih Guner의 연구에 근거하였는데, 이들에 따르면 혼전섹스 증가라는 사회 현상에서 피임약은 아주 작은 역할밖에 하지 않았다. 이들은 2002년에 미혼인 10대들 중 75%가 혼전섹스를 하였는데, 이 중 경구 피임약의 효능만 믿고 성관계에 뛰어든 여성은 1%도 안 될 것이라고 추정하였다. 물론 그렇다고 이들이 피임 기술 발전이 중요하지 않다고 말하는 것은 아니다. 다만 경구 피임약은 사회의 성 풍속이 문란해지는 방향으로 변화하는 데 영향을 미친 여러 가지 피임 방식 중 그저 한 가지에 불과하다는 뜻이다.

섹스로 얻을 수 있는 이익은 알고 있다. 그렇다면 비용은?

——   제인의 이야기에서도 우리는 확실히 구별되는 두 집단을 볼
수 있었다. 저학력에다가 풍요로운 미래는 꿈도 못 꾸는 첫 번째 집단
여성들은 현재 아무리 문란한 성생활을 해도 그에 따른 비용이 매우
적기 때문에 성생활이 문란해질 수밖에 없다. 반면 고학력에 경제적으
로 안정된 두 번째 집단 여성들은 문란한 성생활에 따른 비용이 적지
않음에도 불구하고 자신들이 그 비용을 감당할 능력이 되기 때문에 성
적으로 문란한 생활을 한다.

여기에서 말하는 '비용'은 여성 혼자 아이를 키울 경우 필요한 일상
적 비용은 포함하지 않은 것이다. 일상적으로 필요한 비용 역시 매우
중요하지만, 이는 개인에 따라 천차만별이다. 여기에서 말하고자 하는
비용은 원치 않는 임신 때문에 학업을 중단하거나 경력 관리에 손해를
입음으로써 치러야 할 비용이다. 지난 50년간 우리 사회에 보다 자유
로운 성 문화가 보편화되었기에, 이 책에서도 이 비용 문제를 중요한
주제로 다룰 수밖에 없다.

우선 살펴볼 경제적 요인은 대학교육의 중요성이 점차 커지고 있다
는 사실이다. 미국 인구조사국에 따르면 18세에서 24세 인구 중 대학
교에 등록하는 비율은 1973년에 24%에서 2009년에는 41%로 껑충 뛰
었다. 이런 증가세에 특히 크게 이바지한 것은 여성의 대학 진학률 상
승이다. 1999년부터 2009년 사이의 대학생 수를 살펴보면 남학생이
32% 증가한 데 비해 여학생은 무려 63% 증가하였다. 여성의 대학 진

학률 증가는 남성의 진학률을 따라잡는 수준에 그치지 않았다. 1988년부터 이미 대학생의 절반 이상이 여학생으로 채워졌다. 지난 40년 동안 전체 대학생 중 여학생 비율은 30%에서 60%로 2배가 되었고, 2010년까지는 25세에서 29세 여성 중 36%가 학사 학위를 취득하였다. 반면 이 시기 남성들의 학사 학위 취득률은 28%에 불과하였다.

이와 같이 대학 진학률이 늘어나면서 같은 수준의 교육 기회를 얻지 못한 이들에게는 상당히 뼈아픈 결과가 돌아갔다. 대학 졸업 인구 비율이 높아지자 대학을 못 간 사람들은 사회에서 갈수록 소외되었고, 낙오자 취급까지 받게 되었다. 높은 수준의 교육을 받지 못하였다는 낙인은 일터에서도 걸림돌이 되었다. 일의 성격상 고졸자들도 충분히 해낼 수 있는 작업인데도 고용주들은 점점 더 대학 학력을 가진 노동자들을 채용하고 싶어 하게 된 것이다. 결과적으로 대학교육을 받지 못한 노동자는 임금이 낮고 숙련을 거의 필요로 하지 않는 일자리밖에 구할 수 없게 되었다.

미숙련 일자리low-skilled jobs는 임금 상승이 거의 없는 직종이다. 숙련 노동자들은 연차가 높아질수록 임금도 높아지는 것과 달리 미숙련 노동자들의 임금 상승은 매우 더디다. 바로 이 때문에 미숙련 노동자들은 육아를 위해 업무시간에 자리를 비우는 식으로 업무에 지장이 있는 행동을 해도 숙련 노동자들만큼 처벌을 받지 않는다. 연차에 따라 임금이 상승하는 숙련 노동자는 육아를 위해 작업장을 이탈한다거나 하면 당장의 수입은 물론 앞으로 벌어들일 수입에도 차질이 생긴다.

학력 격차가 벌어지면서 저임금 노동자들에게 미친 두 번째 영향은 숙련 노동자와 미숙련 노동자의 임금 격차 역시 갈수록 벌어진다는 사실이다. 기업들은 숙련 노동자의 업무 능력을 보완할 수 있는 기술에 더 많은 투자를 하고, 이에 비용이 들어가는 만큼 미숙련 노동자들에게는 더 이상 투자하지 않는다. 이것은 고학력 노동자의 임금은 갈수록 상승하고, 미숙련 노동자의 임금은 떨어질 수밖에 없다는 사실을 의미한다. 어떤 통계에 따르면 고졸 학력 이하 노동자의 평균 임금은 1970년대 중반에서 1990년대 후반에 이르기까지 남성의 경우 30%, 여성의 경우 16% 하락하였다.

일자리를 구하고 먹고 살 정도의 돈벌이를 하기 위해서 학력이 점차 중요해지다 보니 많은 젊은이들이 학업을 계속하는 데 방해가 되는 상황, 이를테면 아기를 갖게 된다거나 하는 일이 되도록 생기지 않도록 조심할 것이라고 예상하기 쉽다. 그리고 그것이 사실이라면 젊은이들 사이에 혼전섹스나 문란한 성생활은 줄어들어야 마땅하다. 하지만 현실은 그렇지 않다. 무슨 수를 써도 공부를 계속할 수 없을 것이란 절망 속에서 살아가는 젊은이들 역시 많기 때문이다. 이것은 사회가 누구에게나 무료로 대학교육을 받을 수 있는 기회를 제공하지 못하기 때문에 비롯된 현상이다.

문란한 성생활과 교육의 연관성 문제는 10대들의 성생활에 대해 이야기할 7장에서 다시 상세하게 다루기로 하자. 우선 여기에서는 젊은이들의 성생활이 얼마나 방종해지는가는 바로 대학 학비와 깊은 연관을 가지고 있으며, 학비가 비쌀수록 젊은이들이 보다 위험한 섹스 행각에 발을 담그게 된다는 것만 지적하고자 한다. 이런 사실은 미국에

성매매 시장에서 위험(risk)의 가격

경제학자들은 노골적으로 섹스를 사고파는 시장의 경우 성병의 감염 위험이 높을수록 콘돔을 사용하지 않는 섹스의 가격이 낮아지는 현상을 발견하였다. 얼핏 보기엔 모순되는 현상이다. 섹스산업 종사자들로서는 자신이 성병 감염의 위험에 노출되는 데 대해서 보상을 원해야 마땅하지 않을까? 하지만 경제학의 관점에서는 섹스 시장에서 볼 수 있는 감염 위험과 매춘 가격 사이의 이 기묘한 관계를 간단하게 설명할 수 있다.

콘돔 사용을 요구하지 않고 섹스를 해 주는 매춘부가 두 명 있다고 가정하자. 구매자는 이들 중 첫 번째 판매자가 성병에 걸리지 않은 상태이므로 콘돔 없이 섹스를 해도 감염 위험이 없다는 사실을 알고 있다. 구매자는 또한 두 번째 판매자의 경우 성병에 걸렸을 가능성이 있으므로 그와 성관계를 가지면 자신도 감염될 수 있음을 알고 있다. 구매자가 콘돔 없는 섹스라는 특전을 누릴 수만 있다면 둘 중 어느 판매자를 선택할 것 같은가? 같은 가격이라면 구매자는 당연히 감염 위험이 없는 판매자를 택할 것이다. 결과적으로 성병 감염률이 높은 시장에서 콘돔 없는 섹스 가격을 협상할 때는 구매자 쪽에서 자신이 위험을 감수하는 데 대해 보상을 요구하며 가격을 깎아달라고 주장할 수 있다. 콘돔 없이 섹스를 하겠다고 선택한 것은 바로 자신인데도 말이다!

공급의 측면에서 보면 감염 위험이 높을 경우 콘돔 없는 섹스를 공급하는 매춘부 쪽이 도리어 보상을 요구해야 마땅하다. 그런데 현재 성병에 걸리지 않은 판매자 입장에서는 아무리 보상이 커도 감염 위험까지 감수하려고 하지는 않을 것이고, 따라서 콘돔 없이는 섹스를 하지 않으려고 할 것이다. 반면 이미 감염이 된 판매자는 가격이 낮더라도 기꺼이 콘돔 없는 섹스를 제공할 것이다. 이미 감염이 된 상태이기 때문에 추가로 비용을 부담할 가능성이 없기 때문이다.

섹스 시장을 찾는 구매자들은 오래된 경구를 명심해야 한다. "지불한 만큼 얻으리라." 이 말을 섹스 시장에 어울리게 고쳐 본다면 이렇게 말할 수 있을 것이다. "콘돔 비용을 아끼려고 버텼다가는 그 대가를 치를 것이다."

비해 대학 등록금이 싼 다른 선진국보다 유독 미국의 10대 임신율이 높은 이유를 부분적으로 설명해 준다.

물론 비싼 등록금이 학생들이 대학 진학을 포기하게 만드는 유일한 이유는 아니다. 이들이 대학 진학을 포기하는 데는 다른 합리적 이유도 있다. 어차피 장밋빛 미래를 기대하지 못하는 이들로서는 아무리 방종한 성생활을 한다고 해도 이로 인해 치러야 할 비용이 좋은 교육과 높은 수입을 기대할 수 있는 학생들보다 아주 작기 때문이다.

과거 여성들이 섹스를 조심스러워하였던 이유 중 하나는 혼전섹스 경력이 나중에 훌륭한 남편감을 찾는 데 장애가 될까 염려해서였다. "이 여자는 정숙한 아내가 못 될 것이다."라는 식의 낙인을 두려워하였던 것이다. 이제 혼전섹스는 어느 정도 사회적으로 용인되고 있는 상황이다. 하지만 성공적으로 결혼을 하고 싶은 기대심리는 미혼 남녀의 혼전 성생활에 여전히 영향을 미치고 있다.

아이 딸린 데이트 상대는 사양!

—— 온라인 데이트 사이트를 10분만 돌아다녀 보면 아이 딸린 외로운 싱글이 얼마나 짝을 찾기 힘든지 쉽게 확인할 수 있다. 나도 언젠가 온라인 데이트 사이트에서 누군가가 프로필에 "아이 있는 여성은 사양이라니까요. 이해 안 되요?"라고 써 놓은 것을 몇 차례 본 적이 있다.

나는 온라인 데이트 사이트에서 여성들의 프로필을 그다지 많이 읽어 보지 않았기 때문에 여성들도 남성들처럼 "아이 있는 남자는 싫다." 라고 노골적으로 말하는지는 모르겠다. 하지만 많은 여성들, 특히 젊은 여성들일수록 아이 딸린 남자와는 데이트를 하지 않으려고 한다는 사실 정도는 안다. 남자에게 아이가 있다는 사실은 아이 없는 남자보다 파트너에게 시간도 적게 내주고 돈도 덜 쓸 것이라는 사실을 의미하기 때문이다. 한 친구는 나에게 이런 이야기를 한 적도 있다. "도대체 내가 왜 나한테 쏟아 부어야 할 돈으로 자기 자식한테 비싼 방한복이나 사 주려는 남자하고 데이트를 해야 한단 말이야?"

만일 연애하려는 상대의 아이가 이전 파트너와의 진지한 관계에서 태어난 자식이라면 그 아이의 존재까지 받아들이겠다는 사람들도 있다. 하지만 아무리 포용력이 있는 사람이라고 할지라도 아이가 상대의 부주의한 불장난으로 태어난 사생아라고 한다면 생각을 고쳐먹을 것이다. 결혼 상대를 고르는 남성 입장에서 볼 때 여성이 혼전에, 때로는 하룻밤 불장난으로 아이를 낳았다는 사실은 이 여성의 정조의식이 희미하다는 사실을 의미한다. 한편 남편감을 고르려는 여성의 눈으로 보기에 아이를 낳아 놓고도 책임지지 않는 남성은 문란할 뿐만 아니라 아버지로서의 의무도 충실히 이행하지 않을 수 있는 사람이다.

나중에 결혼할 때 흠을 잡힐까봐 두렵다면 혼전에 조신한 생활을 하는 것이 합리적이다. 하지만 현실에서는 오히려 자유로운 성행위가 늘어나고 있다. 이 현상을 도대체 어떻게 설명할 수 있을까? 성 풍속이 갈수록 자유로워지는 것은 젊은이들이 지금 자신들의 행동거지가 어떻든 앞으로 자신은 결혼할 가능성이 별로 없다고 생각하기 때문이기도 하다. 또한 어차피 자신은 아주 나이를 먹어서 결혼을 하게 될 것이니, 젊어서 한때 방종하였던 것은 큰 흠이 되지 않을 것이라고 생각하기 때문이기도 하다.

들어가는 말에서도 밝혔지만 요즘 젊은 세대는 결혼이 미래의 행복을 보장해 준다고 생각하지 않는다. 퓨 리서치센터의 조사에 따르면 결혼 경험이 없는 19세에서 29세 남녀 중 66%만이 언젠가 결혼을 할 것이라고 대답하였다. 대답은 이렇게 하지만 사실 대부분이 언젠가는 결혼할지도 모른다. 생애 어느 순간 결국은 결혼을 하게 되는 사람들의 수는 전체 인구 중 90% 선을 꾸준히 유지해 왔다. 하지만 어느 특

사랑을 많이 하는데 행복하지 않은 이유

지금까지 우리는 자유분방한 성생활에 모종의 혜택이 따를 것이라는 전제에서 이야기를 해 왔다. 문란한 성생활에 아무런 이득이 없다면 아무도 그에 따르는 위험을 감수하면서까지 섹스를 하지 않을 것이기 때문이다. 그렇다면 이런 질문도 던져 볼 만하다. 과연 섹스 파트너의 수가 많을수록 더행복해질까? 경제학자 블랜치플라워David Blanchflower와 오스왈드Andrew Oswald가 바로 이 질문에 대한 답을 구하였다. 이들은 1만 6,000명의 미국인을 상대로 1부터 3까지의 척도로 행복도를 물은 결과, 여러 상대와 섹스를한다고 더 행복해지지는 않는다는 사실을 확인하였다.

오해하지 말라. 섹스 그 자체는 사람들을 행복하게 만든다. 섹스를 많이 할수록 행복지수는 높아진다. 특히 여성의 경우 다른 어떤 활동보다 섹스를통해 큰 행복을 느끼며, 고학력자가 저학력자보다 섹스에서 더 큰 행복을얻는다. 젊은이들은 나이 든 사람보다 일반적으로 행복지수가 높지만, 섹스의 경우는 젊은이보다 나이 든 사람에게 더 큰 행복을 준다. 레즈비언이나게이라고 해서 이성애자들보다 섹스를 통해 행복을 덜 느끼는 것은 아니지만, 동성애자는 상대적으로 섹스 파트너 수가 많은 편이다.

요점은 섹스를 많이 할수록 행복하지만, 섹스 파트너 수가 많다고 행복해지는 것은 아니라는 것이다. 행복지수가 가장 높은 사람은 한 사람의 고정적섹스 파트너를 가진 사람이다. 실제로 조사 결과에 따르면 지난 1년 사이 섹스 파트너 수가 많은 사람일수록 행복지수는 낮았다.

물론 이러한 행복지수가 정확히 무엇을 의미하는지는 말하기 어렵다. 예를 들어 보자. 불행한 결혼 생활을 하는 사람은 외도를 할 가능성이 높고, 따라서 섹스 파트너 수도 많아진다. 그들은 문란한 성생활 때문에 불행한 것이 아니라 불행하기 때문에 집 밖으로 돌게 된 것일 수 있다. 1년이라는 짧은 기간 동안 줄줄이 연애에 실패한 사람은 성생활이 문란한 것처럼 보일 수 있지만, 과연 누가 이들의 불행에 손가락질을 할 수 있단 말인가!

추가로 한 명의 섹스 파트너를 갖는 것이 사람을 행복하게 만드는지에 대한 진정한 답은 사람들이 실제로 이러한 선택을 많이 하고 있다는 점이다. 경제학자들은 이를 현시선호라고 부른다. 즉 배우자나 애인 외에 또 한 사람의 섹스 파트너를 구하는 행동을 통해서, 다른 선택들을 제쳐놓고 이 선택에 따른 기대비용을 기꺼이 치르겠다는 자신의 선호를 드러낸다는 것이다. 그렇다고 이들이 나중에 후회를 하지 않는다는 것은 아니다. 이들은 이후 이 선택이 불러일으킬 수 있는 실망까지도 기꺼이 감수하고자 할 뿐이다.

정 시점을 잘라 전체 인구 중 현재 결혼한 사람의 비율을 측정한 수치는 지난 50년간 계속 낮아지고 있다.

결혼율 하락에 가장 큰 영향을 받은 이들은 숙련도도 낮고, 이에 따라 임금 수준도 낮은 계층이다. 앞서 문란한 성생활이 초래할 수 있는 기대비용을 계산할 때 사용하였던 방법을 다시 활용해 보자. 혼전임신

같은 경험이 없는데도 불구하고 앞으로 결혼할 가능성이 48%밖에 안되는 여성이 있다고 가정하자. 이 여성이 문란한 성생활을 할 경우 예상되는 비용은 다음과 같이 계산된다.

임신 확률		결혼 가능성		결혼을 통한 수익		문란한 성생활의 기대비용
0.45	×	0.48	×	5만 달러	=	1만 800달러

효과적인 피임법에 기대지 않는다고 해도 어차피 결혼 가능성이 적기 때문에, 문란한 성생활에 따른 대가는 언젠가 반드시 결혼할 여성의 절반밖에 안 된다. 따라서 그녀로서는 수입 좋은 남편을 만날 날을 기다리며 조신한 생활을 할 필요를 못 느끼는 것이다.

물론 이와 같은 분석은 현실을 지나치게 단순화한 것일 수 있다. 현실에서는 우리 사회의 남녀 모두를 갈수록 성적으로 자유롭게 행동하게 만드는 요소들도 함께 고려해야 한다. 예를 들어 보자. 자신이 20대 후반이나 30대 초반이 될 때까지 결혼을 안 할 것이라고 생각하는 사람은 배우자를 만나기 전까지 혼전섹스 파트너를 한 명 또는 그 이상 갖게 마련이다. 또한 이혼이 사회적으로 쉬워지면서 굳이 헌신적인 배우자, 이를테면 결혼 전까지 순결을 지킬 정도로 조신한 사람을 찾을 필요가 없어졌다. 한편 젊은이들은 현재의 섹스 파트너와 결혼까지는 생각하지 않고 그저 즐기기만 하는 경우가 있는데, 이럴 때 부모가 나서서 지금 만나는 섹스 파트너와 결혼을 하라고 강요할 수도 있다. 하지만 이전 세대보다 독립적으로 의사를 결정하는 요즘 젊은이들은 부모가 결혼을 강요해도 이를 어렵지 않게 거절한다. 그 덕에 이들은 섹스 파트너로서는 훌륭하지만 배우자로서는 함량 부족일 것으로 여겨지는 상대와도 자유롭게 섹스를 할 수 있다. 또한 젊은이들은 대학 진학 등을 계기로 결혼 전부터 부모와 멀리 떨어져 살게 되는데, 이 때문에 부모의 감시로부터 자유롭고 혼전섹스를 갖는 데 대한 수치심도 덜 느낄 수 있다. 이런 모든 요인들이 젊은이들의 자유분방한 성생활을 부추기는 이유가 된다.

이러한 모든 요인과 여기에서 미처 언급하지 못한 기타 요소들 때문에 사회 규범은 점차 바뀌어 왔고, 이런 규범의 변화가 사람들을 보다 위험한 성생활에 발을 담그도록 부추겨 온 것이다. 하지만 이렇듯 사회의 성 풍속이 자유분방하게 변화해 가는 와중에도 하나의 특정 집단만은 그와 반대 경향을 보인다. 바로 남성 동성애자 집단이다.

동성애자들의 사랑

—— 많은 나라에서 결혼법이 수정되고 동성애에 대한 사회적 비난이 누그러짐에 따라 동성애자들 사이에서는 이전에 비해 하룻밤 연애가 줄어들고 보다 진지하고 친밀한 관계를 맺는 경향이 늘어나는 것 같다. 1996년 미국 갤럽의 조사에 따르면 동성 결혼 커플이 이성애자 커플과 똑같은 권리를 누리는 법률 제정에 반대하는 응답자의 비율은 68%였다. 하지만 그로부터 불과 15년 만에 많은 사람들이 기존의 견

해를 바꾸어, 이제는 44%의 응답자만이 동성 결혼의 법적 인정에 반대하는 것으로 나타났다. 마찬가지로 동성애에 대한 사회적 시각도 개방적으로 바뀌었다. 미성년자만 아니라면 동성 간의 성관계도 사회적으로 전혀 문제될 것이 없다고 생각하는 사람의 비율이 1991년에 15%에서 2010년에 43%로 증가하였다.

미국에서 동성연애를 수용하는지는 개인마다도 차이가 있지만 주마다도 다르다. 누가 동성 결혼에 찬성하거나 반대하는지에 대해서는 6장에서 다시 살펴볼 것이다. 여기에서는 동성 결혼에 대한 법률과 동성애에 대한 태도가 각 주마다 다르기 때문에 제기되는 다음의 가설을 검토한다. 즉 동성애에 대해 보다 관용적이고 동성 결혼을 반대하는 법률이 없는 주에서는 동성애자들이 덜 문란한 성생활을 할 것이라는 가설이다. 고맙게도 프랜시스Andrew Francis와 미알론Hugo Mialon이 이러한 가설을 검증해서 보여 주었다.

이들은 주민들이 동성애에 엄격할수록 동성애자들이 모르는 상대와 만나서 섹스를 할 수 있는 장소 동성애자 전용 여행 잡지를 통해 정보를 얻을 수 있는 공원, 해변, 식당 그 외 공공장소들가 더 많은지 여부를 조사해 보았다. 조사 결과를 보면 동성애에 대한 관용도가 20% 포인트 높아지는 데 따라 이러한 장소는 주별로 평균 4군데 정도 줄어들었다. 이런 결과를 듣고도 결론이 의심스럽다면 또 다른 수치를 살펴보자. 동성애에 대한 관용도가 20% 포인트 높아질 때마다 인구 10만 명당 1명꼴로 HIV 발병률이 떨어진다는 통계가 바로 그것이다.

얼핏 보면 이율배반적인 현상이다. 왜냐하면 지금까지 우리가 살펴본 바에 따르면 혼전섹스에 대한 사회의 부정적 시각이 줄어들수록 이성애자 사이의 성생활은 더욱 자유분방해지기 때문이다. 그렇다면 동성애에 관해서는 왜 사회적 낙인이 희미해지는 현상이 오히려 이들 공동체의 성적인 문란함을 줄여 주는 효과를 낳는 것일까? 이는 동성애에 대한 사회적 관용이 이전에도 공공연히 동성애자로 살아온 남자들의 행동거지에 변화를 준 것은 물론, 지금까지는 자신의 성적 정체성을 공개하는 데 두려움을 갖고 있던 다른 동성애자들까지 '옷장 밖으로 나오도록' 고무하였기 때문이다.

이미 동성애자로 생활해 왔던 사람의 경우 사회가 동성애자를 좀 더 개방적으로 받아들여 주자 과거에는 성적 기호 때문에 감수해야 하였던 임금 삭감 등의 불이익을 더 이상 염려할 필요 없이 동성 파트너와 진지한 교제를 할 수 있게 되었다. 또한 기존에 동성과의 성관계를 포기하거나 이성애자인 척하고 살아야 하였던 남성 역시 결혼과 가정을 포기하였던 과거의 불이익을 딛고 자신이 동성애자임을 공개할 수 있게 되었다.

이렇듯 동성애를 부정적으로 보는 사회에서는 문란한 성생활을 할 수밖에 없었던 사람도 사회적 관용이 늘어나게 되면 보다 친밀하고 진지한 애인 관계를 찾아 정착하는 것이 가능하다. 한편 원래부터 자유분방한 성생활을 피하였던 동성애자들예를 들어 좀 더 가족중심적인 남성들이 기존 동성애자 공동체에 기꺼이 참여하게 되면서 동성애자 공동체의 풍속이 전반적으로 건전해지는 효과도 낳는다.

마무리하는 말

—— 이상의 방법론은 남자와 여자가 바에서 우연히 만났다가 새벽녘 숙취로 비틀거리며 각자 집으로 돌아가는 것으로 끝나는 따위의 연애 행각에 너무 이성적인 해석을 붙이려는 시도처럼 보일 수 있다. 나는 남자와 여자가 만나 섹스를 할 때마다 우리가 살펴본 것처럼 수학적 계산을 하고 있다고 주장하는 것은 아니다. 어쩌면 지금껏 섹스를 하며 이런 계산을 한 번도 안 해 본 사람도 있을 것이다. 하지만 보통 사람들이 행동하는 방식을 관찰해 보면 실제 주판알을 튕기지는 않고 있어도 흡사 자신의 비용편익 문제를 고려해서 행동을 하는 것 같다. 경제학이 중시하는 것도 바로 이런 사실이다. 이를테면 남녀 모두 방종한 성생활을 하는 데 따르는 기대비용이 얼마나 될지 실제로 계산하고 있지는 않지만, 경제적 요인 때문에 이 비용이 올라갈 상황이 되면 이에 반응하여 기존과 다른 행동을 하게 된다는 것이다.

섹스에 대한 경제학적 접근은 20세기에 왜 성적 가치의 해방을 경험할 수 있었는지뿐만 아니라 부유층과 빈곤층 사이의 임금 격차 확대가 어떻게 빈곤층 여성의 원치 않는 임신율을 높였는지도 밝혀 준다. 이들 여성의 행동을 관찰하면 마치 이들이 일회적이고 위험한 성행위의 비용편익을 미리 계산해서 움직이는 것처럼 보이기 때문이다. 즉 자신에게 앞으로 부양 능력이 있는 남편감을 얻을 가능성이 얼마나 있는지 또는 스스로 대학에 진학하고 괜찮은 직장을 얻을 가능성은 얼마나 되는지 계산한 결과, 기대수익이 기대비용보다 높다는 점을 확인하고 나

성 문화가 자유분방한 나라는 부유하다?

성에 대한 개방 정도는 나라에 따라 천차만별이다. 진화생물학자 슈미트David Schmitt에 따르면 48개의 조사 대상국 중 성 문화가 가장 개방된 핀란드는 가장 보수적인 타이완에 비해 성적으로 2.5배 자유분방하다. 경제학자인 나로서는 당연히 이런 성 문화의 개방성이 그 나라의 소득 수준과 어떤 관련이 있는지에 관심을 가질 수밖에 없다.

사회심리학자 바우마이스터Roy Baumeister는 남녀가 평등한 나라일수록 성 문화가 개방적이어서 1인당 섹스 파트너 수나 하룻밤 섹스가 많고, 첫 섹스를 경험하는 나이가 어리며, 성에 대해 자유로운 시각을 갖고 있다고 말한다. 남녀평등과 국가의 소득 수준 간에 강한 연관성이 있다는 점을 고려해 볼 때부유한 나라일수록 여성의 독립성이 보장된다. 이런 관찰 결과는 부유한 나라일수록 성적으로 개방되었을 것이라는 나의 가설을 뒷받침해 준다.

그렇다면 어째서 국가의 부와 자유로운 성 문화가 연결될 수 있는 것일까? 간단히 생각해 보면 자유로운 성생활은 부유한 나라 사람들이 더 많이 누릴 수 있는 사치품이라고 해석할 수 있다. 목구멍이 포도청이라면 잠자리 상대를 이리저리 찾아다니는 것 말고도 걱정해야 할 일이 너무 많지 않겠는가! 그런데 한 나라 안에도 부유한 사람과 가난한 사람이 공존한다는 사실에 비춰 볼 때 이는 올바른 해석이 아니다. 만일 자유분방한 사생활이 높은 소득의 결과물이라면 한 나라 안에서도 고소득층이 저소득층에 비해 문란한 성생활을 해야 한다는 결론이 나온다. 하지만 우리는 현실이 그렇지 않다는 것을 이미 살펴보았다.

이 질문에 답을 얻기 위해서는 우선 부유한 나라가 애초에 어째서 그렇게 부유해질 수 있었는가를 생각해 보아야 한다. 이들 나라가 부유해질 수 있었던 원인 중 하나는 혁신적인 활동을 격려하는 사회 규범과 법적 제도를 갖고 있다는 사실이다. 한 나라의 경제가 성장하려면 새로운 아이디어에 대한 개방적 태도, 신뢰, 위험에 도전할 줄 아는 모험심 등이 있어야 한다. 한 나라를 부유하게 만들어 주는 이들 문화적 특성은 사회의 성 문화 역시 자유롭게 열어젖힌다. 생각해 보라. 낯선 사람과의 섹스를 즐기는 것만큼 신뢰가 필요하고 도전적인 행위가 또 어디 있겠는가! 그러므로 높은 소득 수준이 자유로운 성 문화를 만드는 것이 아니라, 자유로운 사회가 갖고 있는 여러 특성들이 한 국가를 부유하게 만드는 것과 함께 보다 개방적인 성 문화를 갖도록 이끌어 주는 것이다.

서 비로소 자유로운 성생활을 선택한 것처럼 보인다는 것이다.

성 문화가 오늘날처럼 개방된 것은 순전히 피임 기술의 발전 때문이라고 잘못 생각하는 경우가 많다. 이런 논리적 비약을 막기 위해서는 소득 수준이나 교육 정도와 같은 경제적 요인을 고려해야 한다. 피임 기술이 현대인들, 특히 현대 여성이 누리는 성적 자유에 크게 이바지한 것은 물론이다. 하지만 이러한 현상을 오로지 피임 기술 때문이라고 치부해서는 제대로 된 그림을 완성시킬 수 없다. 특히 피임 기술은 더 이상 극적으로 발전하지 않는 반면, 다른 경제적 요인들은 특히 정부가 소득분배나 고등교육을 받을 기회에 영향을 미치는 정책들을 실시하거나 폐지함에 따라 끊임없이 변화하는 최근 상황에서는 더더욱 그러하다.

교육 문제가 나와서 말인데, 이제부터 우리는 남녀가 보다 평등해진 학교 세계를 파고들어가 볼 것이다. 다른 모든 계층과 마찬가지로 대학생들도 피임이 쉬워지고 사회 규범이 변화하는 과정에서 큰 영향을 받았다. 이들은 자신의 교육에 많은 투자를 쏟아붓고 있는 만큼 원치 않는 임신처럼 학교를 마치는 데 방해가 될 만한 사건은 피해야 한다는 압박감이 다른 어느 계층보다 심할 것이다. 그렇다고 그들이 성생활을 억제하고 있느냐 하면 절대 그렇지 않다! 실제로 우리 사회에서 가장 문란한 성생활을 하는 집단이 바로 대학생들이다. 또는 적어도 그들 자신은 그렇게 말하고 싶어 한다.

2장
대학 캠퍼스에서의 연애

혼전섹스는 요즘 대학생들의 발명품?

────   부풀려 하는 말이 아니라, 내 제자들은 진짜 혼전섹스가 자기들 세대에 처음 생겨난 것으로 알고 있다. 실은 그렇지 않다고 이야기하면 일부 수긍하는 학생들도 있지만, 그들조차도 "우리가 혼전섹스를 발명한 첫 세대는 아닐지라도, 다른 어느 세대보다 섹스를 많이 하는 것은 사실일 것입니다."라고 주장하곤 한다. 이들에게 대학생들의 평균 섹스 횟수가 대학생이 아닌 동년배들의 횟수에 비해 오히려 적다는 근거를 보여 줘도 학생들은 여전히 자신들의 주장을 굽히지 않는다. 도대체 그렇게 믿는 근거가 무엇이냐고 물으면 이들은 그저 "대학생이 섹스를 더 많이 한다는 것은 누구나 아는 사실 아닌가요?"라고 답한

다. 때때로 나는 학생들이 대학에 다니는 이유가 바로 이것 때문은 아닌지 염려가 될 때도 있다.

이처럼 내 학생들이 보여 준 왜곡된 시각은 어디에서 생겨난 것일까? 두 가지 설명이 가능하다. 첫째, 나의 '섹스와 연애의 경제학' 강의를 듣는 학생들은 대학생 전체를 대표할 수 있는 집단이 아니다. 내가 알기로 이들은 여느 대학생들보다 좀 더 섹스를 많이 하는 편이다. 이것을 확인할 수는 없지만, 여하튼 학생들이 하는 이야기를 들어 보면 그렇다. 둘째, 보다 설득력 있는 이유로는 내 강의에 들어오는 학생들의 성비를 들 수 있다. 내 강의에는 남학생이 여학생보다 훨씬 많다.[3] 그리고 오늘날 대학 캠퍼스가 섹스에 목마른 젊은 남학생들에게 과거 그 어느 때보다 헌팅에 유리한 장소가 되었다는 사실도 한몫한다.

대학 캠퍼스에서 섹스 시장이 어떻게 돌아가는지를 이해하는 데 있어서 경제학은 큰 도움이 된다. 이제부터 그 사실을 입증해 볼 것이다.

대학에 몸담고 있는 사람이라면 누구나 이제 목요일 저녁이 예전의 금요일과 같다는 것을 알고 있다. 이는 입학 5년차인 학생들이 4학년으로 여전히 학교에 다니고 있는 이유이기도 하다. 이런 목요일 밤, 몇몇 여학생이 친구들과 무리지어 학교 밖 술집에 놀러 나갔던 경우를 예로 들어 보자. 술집은 주머니가 넉넉한 학생들로 빼곡히 들어차 있다. 이 술집은 법적으로 음주가 금지된 나이의 학생들에게 출입은 허용하지만 술을 판매

---

3 캐나다 대학의 전체 남학생 비율은 42%에 불과하지만 무슨 이유에서인지 나의 '섹스와 연애의 경제학' 강의에는 남학생 비율이 66%나 된다.

하지는 않는다. 내가 지금 이야기하려는 일단의 여학생들 중에는 술을 마셔도 되는 친구도 있고 아직 술을 마실 수 없는 나이의 친구도 있었다. 그래서 이들은 술집 안으로는 안 들어가고 술집 앞 베란다에서 몇 시간 전부터 술을 마시고 있다. 그리고 이미 잔뜩 취해 남자도 없이 자기들끼리 춤을 추고 있다. 캠퍼스건 술집이건, 어딜 봐도 남학생보다 여학생이 많기 때문이다. 이들은 모두 친구 사이지만 각자 다른 목적으로 목요일 밤 외출에 나선 참이다. 한 친구는 취기를 핑계로 마음 맞는 남자를 만나기만 하면 같이 시간을 보낼 작정이다. 다른 한 친구는 헌팅에는 관심이 없고 그냥 친구들끼리 어울리고 싶을 뿐이다. 나머지는 남자들의 관심을 즐기기는 하되 그냥 하룻밤을 즐기기 위해서가 아니라 좀 더 진지한 관계를 나눌 수 있는 남학생을 찾으려고 한다.

이번 이야기의 주인공인 사라는 마지막 유형으로, 진지한 연인 관계를 찾고 있다. 그녀라고 해서 쾌락을 위한 하룻밤 섹스에 아예 무심한 것은 아니다. 하지만 그녀는 과거 혹독한 경험을 통해 친구들과 진탕 술을 마시는 것으로 시작한 하룻밤 불장난이 인생을 뒤바꿔 버릴 만큼 위험할 수도 있다는 사실을 알고 있다.

1년 전 어느 날, 대학 신입생이었던 사라는 새로 사귄 대학 친구들과 지금 앉아 있는 바로 이 술집에서 즐겁게 술을 마시고 있었다. 잠깐 화장실에 가는 그녀의 팔을 어떤 남자가 붙잡았다. 그는 사라를 술집 뒤편으로 데려가 같이 술을 더 마시자고 청하였다. 당시 사라는 많이 취한 상태이기도 한 데다가 남자가 잘생기기도 하였기 때문에 제안을 기쁘게 받아들였다. 한동안 함께 술을 먹은 남자는 사라의 숙소로 가서 좀 더 시간을 보내자고 하였고, 그녀도 동의하였다. 그렇게 사라는 그 남자와 함께 숙소로 갔고 잠시 후 대학 캠퍼스의 모두가 경험하는 일이라고 믿고 있었던 행동을 스스로가 하고 있는 것을 깨달았다. 낯선 사람과의 섹스였다. 나중에 기억하기로는, 자신이 남자에게 콘돔을 착용하였는지 물었고 남자는 그냥 안심하라고 말하였다. 사라는 남자의 말을 듣고 그런가 보다 하였고, 그 후로는 너무 취해 기억이 나지 않았다. 희미하게 기억나는 것이라곤 눈을 떴을 때 남자가 문가에서 바지를 꿰입으며 술집에 신용카드를 두고 왔다고 투덜거렸던 것뿐이었다.

다음날 머리가 깨지는 듯한 두통에서 깨어난 사라는 자기가 그 남자의 이름을 모를 뿐만 아니라 그 전에 캠퍼스에서 단 한 번도 본 적이 없다는 사실을 깨달았다. 사라는 이 모든 에피소드를 웃고 넘기려고 하였다. 그리고 실은 기억도 안 나면서 친구들에게 그 남자가 얼마나 몸도 좋고 매력적이었는지, 그래서 얼마나 황홀한 섹스를 하였는지 떠벌렸다. 사실 사라는 자기보다 성숙하고 경험도 많은 남자가 그날 밤 바에 있던 다른 매력녀들을 모두 제쳐두고 자신을 선택한 데 대해 은근히 자부심도 느꼈다. 그리고 스스로가 대학 생활에 이렇게 빨리 적응해 나간다는 사실을 기뻐하며 자축하였다.

그런데 첫 중간고사를 치르던 날, 사라는 마치 전날 마라톤을 뛴 것처럼 몸이 쑤시는 것을 느꼈다. 주말 내내 그토록 열심히 시험 준비를 하였건만, 막상 시험 전날은 기숙사 친구들이 모두 밤샘 공부를 하는데도 그냥 하룻밤 푹 자는 쪽을 택하였다. 그래도 몸은 여전히 피곤하였다. 카페테리아에서 커피를 사들고 벤치에 앉아 햇빛을 쬐다가 퍼뜩

이건 피로가 아닐지도 모른다는 생각이 떠올랐다. 뭔가 잘못되었다. 사라는 시험 시작 몇 시간 전에 병원을 찾아갔고, 한 시간도 지나지 않아 진짜 문제가 발생하였다는 것을 알게 되었다. 임신이었다. 훗날 사라는 임신 사실을 알고 느꼈던 절망도 절망이지만, 불운한 진단 결과를 환자에게 알려 주느라 곤혹스러웠을 간호사에게 미안함을 느꼈던 것이 기억났다.

임신 3주차에 중간고사라! 그것은 낙태 수술 날짜를 기다리는 4주간은 과제 제출도 못하고 시험에도 낙제할 것이라는 사실을 뜻하였다. 성적이 왜 이렇게 나올 수밖에 없었는지 해명할 진단서도 제출하지 못하였다. 진단서를 뗄 수 없었던 것이 아니라 부끄러워서 떼지 않은 것이다. 담당 교수로서는 사정을 봐줄 이유가 없었다. 사라는 결국 학기 초 기대하였던 것처럼 기말고사를 치른 뒤 친구들과 파티를 하는 대신 병원에 누워 수술을 받아야 하였다. 자기 체면은 이제 완전히 땅으로 떨어졌다고 절망하면서.

이제 사라는 목요일 밤 다시 친구들과 함께 그때 그 술집으로 돌아왔다. 친구들은 대학 2학년이 되었고, 사라는 그녀의 처지를 동정한 학과장 덕분에 다시 1학년에 등록하였다. 다시는 예전 같은 실수를 저지르지 않겠다고 결심한 사라는, 앞서 말하였듯이 오늘밤에는 하룻밤 불장난에 뛰어들 생각이 없었다. 하지만 위험한 것만 아니라면 여전히 섹스는 하고 싶었기 때문에, 자신을 위해서 항상 콘돔을 사용해 줄 것이라고 믿을 수 있는 남자 친구를 찾고 있었다.

그러나 걸림돌이 있었다. 캠퍼스에 남학생보다 여학생이 많다는 사실이었다. 문제는 그저 남자의 수가 적어서 애인을 찾기가 좀 더 어렵다는 것이 아니었다. 더 큰 문제는 '섹스에 대해 조심스럽고, 남자와 진지한 관계를 원하는 여자'를 사귀려고 하는 남자를 찾기가 거의 불가능해졌다는 점이다. 설령 사라가 오늘밤 남자를 한 명 만난다고 해도, 그와 만나고 몇 시간 만에 섹스부터 해치우지 않는 한 앞으로 그 남자와 데이트를 계속할 가능성은 0%에 가깝다. 남자 쪽에서야 하룻밤 불장난이 얼마나 위험한지에 대해 여자보다 신경을 덜 쓰게 마련인데다, 캠퍼스 내에서 남자를 만나려는 여학생들 사이의 경쟁이 치열해져 섹스의 위험쯤은 감수하고 달려드는 여학생들이 넘쳐나는 상황이니 어찌 안 그렇겠는가! 게다가 오늘밤처럼 너도나도 술에 잔뜩 취해 섹스의 위험 같은 것이라곤 안중에도 없는 마당에.

사라가 만일 '섹스와 연애의 경제학' 수업을 주의 깊게 들었더라면 남학생보다 여학생이 많은 캠퍼스의 섹스 시장에서는 '섹스 가격', 특히 '구매자' 입장에서 볼 때의 가격이 하락할 수밖에 없다는 사실을 이미 배웠을 것이다. 또한 폭음과 학생들의 문란한 성생활 사이에 강한 인과관계가 있고, 그것이 임신을 초래할 수도 있다는 사실을 터득하였을 것이다. 후자에 관해서는 이미 경험을 통해 깨달았으니 나한테 굳이 와서 배울 필요는 없었겠지만 말이다.

남학생에게 유리한 구매자 시장

—— 학생들이 고집하는 또 하나의 오해는 남성이 여성보다 섹스를 더 좋아한다는 생각이다. 나는 내 자신이 이를 믿지 않기 때문에 독자들에게도 이 생각을 믿으라고 말하지 않겠다. 그렇다면 남성들에게 유리하게 가격이 떨어지고 있는 일회용 섹스 시장을 어떻게 구매자 시장 buyer's market으로 묘사할 수 있을까? 일회용 섹스의 가격 하락은 분명 남성은 섹스를 원하고 여성은 남성과 섹스를 하기 위해서는 보상이 필요한 판매자이어서가 아니다. 오히려 남성은 여성보다 다수의 섹스 파트너를 훨씬 더 선호하는 반면, 여성은 자신이 하고 있는 섹스가 일회적인 경험이 아님을 확신하고 싶어 하기 때문이다. 이러한 맥락에서, 떨어지고 있는 '가격'이란 여성이 자신을 잘 대해줄 것임을 확신시켜 달라고 상대방에게 요구하는 수준을 의미한다. 물론 '잘 대해준다.'의 의미는 여성들마다 다르겠지만 말이다.

남성이 여성보다 다양한 파트너와 섹스를 하고 싶어 한다는 사실을 못 믿겠다면 독자가 직접 시험해 보라. 친구들이나 직장 동료, 아니면 그냥 길거리에서 마주치는 사람 아무에게나 물어보아도 좋다. 앞으로 2년 동안 얼마나 많은 파트너와 섹스를 해 보고 싶으냐고. 단언컨대, 남성들이 여성보다 더 많은 숫자를 댈 것이다. 과거에 실제로 이런 조사가 이루어진 적이 있었다. 그 조사에서도 여성들은 평균적으로 "한 사람만의 파트너이면 좋겠다."라고 답하였고, 남성은 평균 8명을 원하였던 것으로 드러났다. 한 전국 단위 설문조사에서는 "동시에 두 명 이상의 섹스 파트너를 갖고 싶은 생각이 있는가?"라는 질문을 던지기도 하였는데, 이때 응답자 중 남성은 42%, 여성은 8%가 그렇다고 답하였다.[4] 이렇듯 통계적으로 여성이 남성보다 다양한 섹스 파트너를 덜 즐긴다는 사실은 명백하다. 이 주제에 대해서는 배우자 간의 정조 문제를 다룰 8장에서 다시 논의하기로 하자.

이런 의문도 들 수 있다. 누군가와 섹스를 나누기까지 서로를 알아나가는 데 최소한 얼마만큼의 시간이 필요할까? 이 질문에 "5분 이내"라고 대답하는 여성은 아마 거의 없을 것이다. 과거 한 조사 결과에 따르면 많은 남성들이 "5분도 충분하다."라고 대답한 반면 여성은 "6개월 정도는 사귀어 보는 게 이상적"이라고 대답하였다. 앞서 인용한 전국 단위 설문조사 결과를 보면 남성들의 경우 31%가 낯선 여성과의 섹스에 유혹을 느낀다고 답한 반면 여성은 8%만이 낯선 남성과의 섹스에 마음이 끌린다고 답변하였다.

대학 내의 여초女超 현상은 단지 수적인 면에서 남자 파트너를 찾기 어렵다는 것만을 의미하지 않는다. 물론 남자 수가 적다는 것은 각각의 여자에게 자기만의 남자를 찾아내 취할 수 있는 가능성이 떨어진다는 뜻이긴 하다. 이런 현상은 남자가 섹스 시장에서 이전보다 더 큰 지배력을 갖게 만들어 줌으로써, 남녀 관계의 본성을 뒤바꿔 버리는 효과를 낳는다.

사회학자 레그너러스Mark Regnerus와 웨커Jeremy Uecker는 미국의 여러 대학 및 다양한 학생들을 대상으로 조사한 데이터를 사용하여 남학생

---

4 도널드 콕스Donald Cox의 조사 결과이다.

낯선 사람과의 묻지마 섹스

세계 섹스 산업의 동력은 다양한 섹스 파트너 그리고 낯선 사람과의 섹스를 원하는 남성들의 욕망이다. 하지만 애초 섹스를 위한 시장이 존재하게 된 이유는 여성들은 일반적으로 낯선 사람과의 섹스에 대해서 보상을 받으려고 하기 때문이다. 남성은 낯선 여성과의 섹스에 대해 보상을 받으려고 하지 않으며, 설령 원한다고 해도 상대 여성이 대가를 지불하려고 할 것 같지 않다. 이러한 사실은 왜 여성 고객을 위한 섹스 시장은 존재하지 않는지를 잘 설명해 준다.

낯선 사람과의 섹스에 대한 남녀의 선호도 차이를 연구한, 내가 아는 한 최고의 설문조사는 1970년대 말과 1980년대 초에 대학 캠퍼스에서 이루어졌다. 너무 오래된 연구가 아니냐고 생각하는 사람도 있겠지만, 사실 이때야말로 섹스와 관련한 조사를 하기에 가장 완벽한 시기였다. 당시에는 성 해방 무드가 한창이었고, 얼마 안 가 인류에게 들이닥칠 새로운 질병 에이즈에 대해서도 아직 알려지지 않았던 시기였기 때문이다. 에이즈가 도래하면서 일회용 섹스에 대한 사람들의 인식은 확 바뀌었다.

조사는 다음과 같은 방식으로 진행되었다. 아주 매력적인 남자와 여자가 각각 캠퍼스 내에서 이성에게 다가가 이렇게 물어본다. "그 쪽을 학교 안에서 오래 지켜봐 왔습니다. 아주 매력적이신 것 같아서요. 혹시 오늘 저하고……." 다음에 이어지는 질문에는 세 가지 종류가 있다. "밤에 식사나 하시겠어요?", "밤에 우리 집으로 가시지 않을래요?", "자러 가실 생각은 없나요?" 조사 대상자가 된 이들은 자신에게 다가온 낯선 사람을 '매력적'이라고 생각한 것이 틀림없다. 왜냐하면 질문을 받은 사람 중 50% 이상, 즉 여성은 56%, 남성은 50%가 저녁식사 제의에 '좋다.'라고 대답하였기 때문이다. 재미있는 결과는 다음에 이어진다. 섹스와 보다 밀접하게 연관된 질문일수록 남성은 긍정적인 답변을 많이 하고 여성은 부정적으로 답하였다. 낯선 여성과의 저녁식사를 수락한 답변보다 50%나 많은 수의 남성이 섹스 제의에 동의한 것이다. 섹스 제의를 거절한 25%에 불과한 남성들조차도 매우 아쉬워하는 기색이 역력하였다. 그에 비해 질문 대상이 된 여성들 중 낯선 남자와의 섹스에 동의한 사람은 한 명도 없었다. 단 한 명도.

모든 남성이 낯선 여성과의 섹스에 동의하지 않는 것처럼, 모든 여성이 낯선 남성과의 섹스를 싫어한다고 말하면 그건 진실이 아니다. 하지만 적어도 한 가지는 분명하다. 여성을 위한 남창 산업이 수익을 거두기에는 낯선 남성과의 섹스를 즐기려는 여성 수요자가 너무 부족하다는 사실이다. '공짜 섹스'도 거절하는 판에 돈 주고 섹스를 사려는 여성들이 어디에 있겠는가!

대비 여학생 수가 많을수록 여학생들이 고전적 의미의 데이트나 연애에 대해 부정적인 태도를 가지고 있다는 사실을 발견하였다. 이들은 여학생이 많은 학교와 남학생이 많은 학교를 비교 분석함으로써 다음과 같은 결과를 얻었다. 즉 대학 시절 남자 친구가 전혀 없었던 여학생들의 경우, 여학생 비중이 47%일 때는 처녀를 유지한 여학생이 69%나 되었지만 여학생 비중이 60%일 때는 처녀를 유지한 여학생의 비율이 54%에 불과하였다. 학교 안에서 '낚을 수 있는' 남자의 수가 적을수록 아직 진지한 연애를 경험해 보지 못한 여학생들이 가벼운 일회용 섹스에 쉽게 뛰어든다는 이야기이다.

과거에 남자 친구를 가져 본 적이 있는 여학생의 경우도 마찬가지였다. 남자 친구가 있었던 여학생이 남학생이 많은 학교에서 처녀로 남아 있는 비율은 45%인 반면, 여학생이 많은 학교에서 이 수치는 30%로 떨어졌다. 현재 남자 친구가 있는 여학생의 경우조차 이 법칙은 적용된다. 남학생이 많은 학교라면 여학생이 남자 친구에게 섹스를 허락하는 시기를 늦추기가 상대적으로 쉽다. 여학생이 많은 학교에서는 첫 섹스를 뒤로 미루는 여학생 비율이 17%에 불과하지만 남학생이 많은 학교에서는 이 비율이 30%까지 올라간다. 이와 같은 결과는 여학생이 많은 학교에서는 여학생이 남학생과 언제 '첫 관계'를 가질지 협상할 때 결정권이 사뭇 뒤떨어진다는 사실을 보여 준다. 이런 맥락에서 볼 때 여학생이 많은 캠퍼스에 묻지마 섹스가 더 성행하는 현상은 놀라운 일이 아니다. 과거에 남자 친구가 있었지만 지금은 혼자인 여학생이 지난 한 달 동안 섹스를 한 비중은 여학생이 많은 학교에서는 27%인데 남학생이 많은 학교에서는 이 비율이 20%로 떨어진다. 남성의 비율이 적은 곳일수록 여성이 섹스에 적극적으로 뛰어든다는 것이다.

이처럼 남학생이 드문 학교에서는 전통적 의미의 데이트를 찾아보기가 어렵다. 남학생의 숫자 자체가 적으니 놀라운 사실도 아니다. 하지만 데이터에 따르면 남학생 수가 부족한 것 이상으로 전통적 데이트가 위축되어 있다. 실제로 여학생 수가 1% 줄어들면 전통적 의미의 데이트를 여섯 번 또는 그 이상 할 수 있는 가능성이 무려 3.3%나 증가한다.

결국 여성들이 많은 집단에서는 전통적인 데이트가 줄어들고 하룻밤짜리 헌팅이 늘어나게 된다는 것인데, 이들은 최근 한 발 더 나아가 다음과 같이 주장하고 있다. 그들이 인터뷰한 많은 여성들이 자신이 원하지 않는 성행위를 하거나 원하는 것보다 많이 섹스를 하고 있다는 것이다. 이것은 많은 여학생이 남학생을 놓고 경쟁하게 되면서 여학생들이 섹스 시기나 섹스의 성격을 상대와 협상할 때 이를 주도적으로 결정할 능력이 갈수록 줄어들고 있다는 사실을 보여 준다.

원 샷!

—— 사라와 친구들이 그날 밤 술집에서 보여 준 모습을 통해 살펴볼 수 있는 것은 남녀 간 성관계 협상이 이루어지는 과정만이 아니다. 이 에피소드는 대학 캠퍼스의 문란한 성 문화가 폭음과 관련 있다는 사실도 시사하고 있다. 경제학자 디사이먼Jeffrey DeSimone은 이 관계를 실증적으로 밝히고 있다. 디사이먼은 136개의 미국 대학에서 수집한 데이터를 통해 대학 캠퍼스에서 벌어지는 위험한 성관계에 폭음이 큰 역할을 한다는 사실을 입증하였다.

그에 따르면 조사가 진행되는 수개월 동안 46%의 학생이 한 번 이상 폭음을 하였고, 60%는 지난 3개월 사이에 섹스를 하였으며, 12%가 여러 명의 파트너와 섹스를 하였다고 답하였다. 또한 많은 학생들이 섹스를 할 때 주의를 게을리하였다고 시인하였다. 지난 달 섹스를 한 적이 있었던 학생 중 65%가 콘돔을 사용하지 않았다고 답한 것이다. 만일 사라의 이야기가 사건을 침소봉대한 것이라고 의심하는 사람이 있다면, 이 설문 조사에서 전체 학생 중 10%가 이전에 임신을 하거나 여자에게 임신을 시킨 경험이 있다고 답하였다는 사실에 주목할 필요가 있다.

　학생들이 섹스에 얼마나 적극적으로 나서는가를 측정할 수 있는 가장 중요한 요소는 무엇일까? 바로 술 소비량이다. 전체 학생들의 절반 정도가 폭음을 즐기는데, 이들은 폭음을 삼가는 나머지 절반 학생들에 비해 위험한 섹스에 뛰어드는 경우가 훨씬 많다. 폭음가들은 술을 절제하는 학생에 비해 25% 정도 섹스에 더 적극적이며, 콘돔 없이 섹스를 하는 경향은 20% 더 높고, 다수의 파트너와 성관계를 나누는 성향은 94% 높다.

　폭음은 이처럼 학생들의 성 문화를 문란하게 만든다. 그렇다면 폭음이 늘어나는 이유는 무엇일까? 사라와 친구들의 경우에는 술집으로 향하기 전에 이미 집에서부터 술을 적잖이 먹은 상태였다. 음주에 나이 제한을 둔 법 때문에 많은 대학생들이 밤에 외출을 하기 전 집에서부터 과음을 하는 것이다. 2008년 7월부터 미국의 135개 대학 총장들은 정부를 상대로 음주 제한 연령을 낮춰 달라고 청원을 해 오고 있다. 적

섹스 관련 업종으로 학비 벌기

대학 시절에 나는 친구들과 함께 가까운 술집에 종종 들르곤 하였다. 그곳의 비싸지 않은 롱아일랜드 아이스티를 좋아하였기 때문이다. 술집에서는 스트립쇼도 하고 있었지만 우리는 그것에는 별로 관심을 갖지 않았다. 우린 정말로 싼 술이나 먹으러 그곳에 갔다! 그런데 어느 날 오후에 함께 간 친구들 중 한 명이 무대 위로 들어서는 여자 스트리퍼를 보고 소스라치게 놀라며 이렇게 속삭였다. "저 여자, 내 실험실 파트너야!"

섹스업계에서 일을 하여 학비를 버는 학생들은 생각하는 것보다 훨씬 많다. 매춘, 알몸 쇼, 매춘 알선, 에스코트 업체에서 뛰기, 매춘부들의 운전기사 겸 보디가드 노릇 해 주기 등의 일이 학생들에게는 단지 학비를 벌기 위해 하는 아르바이트의 일종일 뿐이라는 것이다.

리즈Leeds 대학교의 연구자들이 실시한 조사를 보면 그 현황을 알 수 있다. 영국 내 300명의 랩 댄서들을 인터뷰한 결과 이들 중 4분의 1이 대학을 졸업하였으며 3분의 1은 대학 과정에 해당되는 공부를 하고 있었다. 6%는 석사과정을 밟으면서 학비를 대기 위해 랩 댄스를 하고 있었다. 또 다른 조사 결과를 보자. 베를린연구센터의 조사에 따르면 설문 대상인 학생 3,200명 중에서 4%가 학비를 벌기 위해 섹스와 관련된 일을 했다고 답하였다. 더 나아가 베를린의 학생 중 33%, 파리 학생 중 29%, 키예프 학생 중 18.5%가 학비를 위해 섹스 산업에 뛰어들 것을 고려하고 있다고 답하였다.

'슈거 대디'sugar daddy, 성관계의 대가로 젊은 여자에게 돈이나 선물을 주는 중년 남자—

어도 21세가 되어야 술을 마실 수 있게 허용하는 법령으로 인해 나이
가 이에 못 미치는 학생들은 처벌을 피해 집에서 술을 마시고, 그 결과
오히려 더 위험한 행동을 하게 될 가능성이 높기 때문이다.

과음을 이끄는 경제적 요소도 있다. 바로 술값이다. 술값은 사람들이
술을 얼마나 많이 마시는가를 결정할 뿐만 아니라, 술을 마셨을 때 벌
이는 행동까지도 좌우한다.

폭음과 위험한 섹스의 관계

──── 2007년 12월 캐나다 노바스코샤의 핼리팩스 시는 학생들이 술에 취해 일으키는 소란을 더 이상 견딜 수 없어 도시 전체에 술값의 하한선을 지정하고 술집들이 개최하던 '달러 드링크'dollar drink, 술 1잔을 1달러에 파는 행사-옮긴이 행사를 없애도록 하였다. 술에 취한 대학생들이 술집의 영업이 끝나면 거리로 쏟아져 나와 파티를 벌이고 싸움질 하는 행태를 줄여 보기 위해 제정한 법이다. 그런데 이 법이 단지 술값을 높이는 효과에 그치지 않고 위험한 섹스 행각을 줄이는 데도 도움이 된다고 주장하는 연구들도 있다. 진짜로 이런 법률이 특히 대학생들의 위험한 섹스를 줄여 주는 데 도움이 될 수 있을까?

술값을 올렸을 때 위험한 성 행동이 줄어드는 효과가 나타나려면 다음과 같은 명제들이 참이어야 한다.

1) 어떤 사람들은 술을 마셨을 때 더 위험한 섹스를 시도한다.
2) 술값이 올라가면 일부 사람들은 술을 덜 마시게 된다.
3) 술값이 올라가면 술을 덜 마시는 사람들과 음주를 하였을 경우 위험한 섹스에 뛰어드는 성향이 강해지는 사람들은 동일한 집단이다.

첫 번째 명제는 이미 확인하였다. 적어도 학생들 집단에 관한 한 음주는 성생활을 문란하게 만들 뿐만 아니라 콘돔 없는 섹스로 원치 않는 임신을 하거나 성병에 감염될 위험도 늘어나게 한다.

호르몬으로 충만한 강의실의 섹시한 교수들

남자 교수든 여자 교수든 그들 자신도 한때 학생이었기 때문에 학생들이 교수의 말을 주의 깊게 듣고 있는 것처럼 보이는 그 순간에도 속으로는 그 교수가 얼마나 매력적인지 점수를 매기고 앉아 있다는 사실을 이미 알고 있을 것이다. 교수들을 평가해 별점을 매기는 한 인기 온라인 사이트에는 교수들의 공정함이나 교수법 평가와 함께 교수가 얼마나 매력적인지 평가하는 항목도 있다.

캐나다의 경제학자 아닌디아 센Anindya Sen과 울리 Frances Woolley는 이 웹사이트의 데이터를 통해 남자 교수는 외모가 매력적일수록 보수도 높아지는 반면 여자 교수에게는 그런 혜택이 없다는 사실을 밝혀냈다. 센과 울리는 '우리 교수님의 등급을 매겨요Rate My Professor' 사이트에 올라온 온타리오대학교 경제학과 교수들의 생산성과 매력 지수를 비교한 결과 남자 교수들은 매력 지수가 높을수록 보수가 높았다고 한다. 흥미롭게도 이 매력 프리미엄은 어느 정도 연륜을 쌓은 교수에게만 해당되는 것 같다. 젊은 남자 교수의 경우는 아무리 매력적이어도 급여에는 별로 변화가 없었다. 이를 통해 우리가 알 수 있는 것은 교수의 '외모 프리미엄'이 우리가 흔히 생각하는 섹시한 매력과는 다소 차이가 있다는 사실이다. 교수의 외모 프리미엄은 오히려 자신감, 확고한 자기주장, 창의성 같은 자질과 관련이 있다.

여자 교수의 경우 연륜이 있든 없든 매력과 보수 간에 아무런 연관성을 찾아볼 수 없었다. 학생들은 아무리 자신감 넘치고 자기주장이 있는 교수라고 해도 50세 넘은 여교수에게 '매력적'이라는 평가를 내리지는 않았다. 교수는 외모가 업무에 큰 영향을 미치지 않고, 특히 여성 교수의 경우 섹시함이 도리어 경력 관리에 좋지 못한 영향을 미칠 수 있는 직종이다. 여자 교수들은 남들 보기에 그리 흉하지 않은 외모를 유지하면서도 동시에 겉치장에 너무 신경 쓴 것처럼 보이지 않도록 균형을 맞추기 위해 진땀을 빼야 한다.

심리학자 존슨Stefanie Johnson, 포드래츠Kenneth Podratz, 딥보이Robert Dipboye, 기본스Ellie Gibbons의 연구 역시 이러한 가설을 뒷받침한다. 흔히 남성적인 직업이라고 여겨지고 외모가 중요하지 않은 직종에서는 여자가 너무 예쁘면 오히려 그 일에 적합하지 않은 것으로 간주되는 경향이 있다. 매력적인 외모가 오히려 구직을 방해하는 것은 여자들의 경우뿐이다. 남자들은 어떤 직업에서든, 심지어 여성적인 직업이라고 여겨지는 것에서조차 매력적인 외모가 장점으로 작용한다.

만일 학생들이 외모가 매력적인 여자는 교수로 적합하지 않다고 판단한다면, '우리 교수님의 등급을 매겨요'에서 최상 등급을 받은 여자 교수는 자신을 상대로 턱없는 몽상을 꿈꾸고 있는 학생들에 대해 걱정해야 할 판이다. 대학 내에서 학생들의 교수 평가가 교수의 승진에 얼마나 중요한 요소인가를 생각할 때, 여교수로서는 자신이 혹시 일자리에서 잘리는 건 아닌지 염려해야 할 처지이기 때문이다.

두 번째 명제에는 경제학적 해석이 필요하다. 술값이 올랐을 때 사람들의 술 소비량이 줄어든다면 정확하게는 가격이 1% 올랐을 때 수요량이 1% 이상 줄어들면 - 옮긴이 경제학자들은 술에 대한 수요가 가격탄력적이라고 말할 것이다. 하지만 술에 대한 모든 사람들의 수요가 가격탄력적이지는 않다. 예를 들어 소득이 많은 사람은 술값이 1달러 남짓 인상된다고 해서 술 소비량을 줄이지 않는다. 그리고 가격탄력성은 소득 수준만이 아니라 술집에서 먹는 것 이외의 다른 대안이 있는지에 따라서도 영향을 받는데, 이 경우에는 거의 완벽한 대체재가 있다. 술집에 가는 대신 가게에 들러 좀 더 싼 값에 술을 사 집에서 마신 뒤 밤에 외출을 나가든 말든 할 수 있기 때문이다. 만일 학생들도 주머니 사정이 넉넉해 술값에 신경을 쓸 필요가 없다거나, 술집 대신 집에서 돈을 덜 들이고 술을 마신다면 술집의 술값이 올라간다고 해도 음주량이 줄어들지는 않을 것이다. 이렇게 술값 상승이 반드시 술 소비량을 줄여 주는 것은 아니라고 전제하면, 술값을 올린다고 해도 술주정이나 위험한 섹스가 줄어들 것이라고 기대하기는 어렵다.

세 번째 명제는 술값이 올랐을 때 술 소비량을 줄이는 사람들이 바로 술을 마시면 위험한 섹스에 뛰어드는 사람들과 동일한 집단이라는 전제이다. 이미 말했듯이 내 제자들은 자신들이 다른 어느 집단보다 섹스를 많이 한다고 믿고 있다. 이것이 사실인지 아닌지 여부를 떠나 학생들, 특히 여초 현상이 심한 캠퍼스의 학생들은 섹스를 많이 하는 것이 현실이다.

그렇다면 문제는 이것이다. 학생들은 진짜 술값이 올라가면 술을 덜 마시는 집단인가? 그리고 술 소비량의 변화는 그들의 섹스 패턴에 어떤 영향을 미치는가?

아닌디아 센과 루옹May Luong은 최근 맥주 가격이 변동할 때 섹스를 통한 성병 감염률이 어떻게 변하는지를 조사하였다. 이들은 맥주 가격이 1% 올라가면 임질과 클라미디아 감염률이 0.8% 줄어든다는 통계를 통해 캐나다에서 맥주 가격 상승이 실제로 위험한 성행위를 줄여 준다는 사실을 확인하였다.

두 번째는 체슨Harrell Chesson, 해리슨Paul Harrison, 캐슬러William Kassler가 미국 데이터를 이용해 조사한 것으로, 술값이 오르면 사람들이 술 소비를 줄일 뿐만 아니라 위험한 성관계 역시 줄인다는 사실을 밝혔다. 역시 술 소비량과 성관계 간의 확실한 연관을 보여 주는 결과이다. 미국의 경우 주별로 주류세가 다른 점에 착안해서 조사한 이 연구는, 주류세가 1달러 오르면 임질 발병율은 2% 줄고, 6개들이 맥주의 주류세가 0.2달러만 올라도 임질 발병률은 9%, 매독 발병률은 33% 줄어든다는 사실을 밝혔다. 이들의 계산에 따르면 미국에서 6개들이 맥주 주류세를 0.2달러 올리면 연간 HIV 감염 건수는 3,400건, 골반 내 염증질환으로 인한 불임은 8,900건, 자궁경부암 발발은 700건 줄어든다.

세 번째로 비사카 센Bisakha Sen의 연구 결과도 있다. 이에 따르면 맥주 주류세가 오른다고 10대 여성들의 출산율이 떨어지지는 않지만, 맥주세가 100% 오를 경우 10대 낙태율은 7~10% 내려간다. 즉 주류세 상승이 원치 않는 임신을 큰 폭까지는 아니더라도 어느 정도는 줄여 준다는 뜻이다.

성적으로 자극받은 남자들은 소비욕을 억제 못한다

마케팅 교수들의 몇몇 연구에 따르면 남성들은 일상에서 흔히 볼 수 있는 야한 옷차림의 여성 사진을 보고 성적으로 자극을 받을 경우 소비성향이 강해지고 자기한테 불리한 제안도 덥썩 받아들이게 된다.

반 덴 버그Bram Van den Bergh와 드위트Siegfried Dewitte, 와롭Luk Warlop은 이를 실험을 통해 입증하였다. 첫 번째 실험에서 실험 참가자는 지금 당장 15유로를 받을 것인지 금액을 조금 더 높여서 다음 주에 받을 것인지를 선택할 수 있다. 이 실험은 돈을 받는 시점을 뒤로 미루면 받는 액수가 늘어나는 방식으로 참가자들의 소비성향을 조사한 것이다. 예를 들어 매우 참을성이 없는 피실험자라면 15유로, 많게는 30유로를 더 얹어 주어야 돈 받는 시점을 일주일 뒤로 미루겠다고 할 수 있다. 반면 참을성이 많은 피실험자라면 추가액을 아주 조금 부르거나 거의 요구하지 않을 수도 있다. 학생들은 일반적으로 소비욕을 억제하지 못하는 경향이 있는데, 이는 자기가 미래에 돈을 많이 벌 수 있을 것이라고 기대하여 당장 저축해야 할 필요를 별로 못 느끼기 때문이다. 술값이 올라도 소득이 비슷한 다른 집단에 비해 학생들의 술 소비가 줄지 않는 것 역시 이런 맥락에서 설명할 수 있다.

이제 실험에 참가한 남성들을 다른 종류의 시각적 자극에 노출시키고 나서 얼마나 많은 돈을 얹어 주어야 그 돈을 당장 쓰지 않고 한 달 뒤까지 참았다 쓸 수 있는지 물었다. 그러자 수영복이나 속옷 차림에 도발적 포즈를 취한 여자 사진을 본 참가자들은 전혀 에로틱하지 않은 풍경 사진 같은 데 노출된 참가자보다 더 많은 액수를 불렀다. 성적으로 흥분한 사람일수록 보다 충동적으로 변하는 것이다.

다른 실험에서는 실험에 참가한 남성들이 10유로를 나누어 가지자는 제안을 받아들일지 거부할지 선택하도록 하였다. 그 결과 에로틱한 사진에 노출된 남자들은 자기에게 불리한 분배 방식도 기꺼이 받아들이는 현상이 나타났다. 특히 남성 호르몬인 테스토스테론 수치가 높은 경우 그러하였다. 이는 성적으로 흥분한 남성들은 그렇지 않은 남성들에 비해 자신이 지불하는 상품 가격이 적정한지 아닌지에 별 관심을 보이지 않는다는 사실을 보여 준다.

그렇다면 이런 남자들이 과연 술값이 올랐다고 해서 술을 덜 먹게 될까? 만일 매력적인 여자들이 주변을 에워싸기만 한다면 남자는 술값이 얼마인지 거의 신경 쓰지 않을 것이다.

그러나 대학생 집단만 놓고 볼 경우 술값 상승이 섹스 관행에 미치는 영향은 일반인들만큼 극적이지 않다. 여기에는 이유가 있다. 앞서 이야기한 가격탄력성, 즉 1% 가격 상승이 술에 대한 수요를 얼마나 변화시키는가 여부와 소득 수준의 관계가 이를 잘 설명해 준다. 학생들은 현재 수입이 많지 않으면서도 실제보다 더 많은 돈을 벌고 있는 것처럼 소비하는 경향이 있다. 대학생의 경우 나중에 자신이 남들보다 돈을 더 많이 벌 수 있을 것이라는 기대감이 있기 때문에 자신과 소득이 비슷한 다른 사람들보다 돈을 더 펑펑 쓰는 것이다. 즉 미래에 벌어들일 양식을 때로는 술까지 지금 미리 당겨 와서 먹어치우는 셈이다. 그러므로 술값이 올라도 비슷한 수입을 벌어들이는 다른 집단에 비해 술 소비량을 줄이지 않는다. 이렇게 학생들이 술집에서 술 마시는 것도 별로 줄이지 않고, 아니면 술값이 좀 싼 곳에서 술을 사 들고 와서 집에서 마신다면, 술값을 아무리 올려본들 이들의 위험한 섹스 행각에는 큰 변화가 없을 것이다.

지난해 나는 학교 건물 벽에 심리학과에서 붙여놓은 실험 참가자 모집 포스터를 본 적이 있다. 포스터에는 "당신은 왜 술을 마시는가?"라는 제목이 붙어 있었는데, 이 질문 아래 아마도 교직원은 아니고 학생이 썼을 것으로 짐작되는 글이 끄적거려져 있었다. "섹스하기 위해서!"

이 낙서는 또 다른 가능성을 제기한다. 학생들은 술에 취하였기 때문에 어리석은 선택을 하는 것이 아니라, 어리석은 행동을 하고 싶어서 술을 마시는 것이 아닐까? 그렇다면 우리는 술값이 오를 때 술 수요가 탄력적인지가 아니라 섹스 수요가 탄력적인지에 주목해야 한다. 하지만 성이 노골적으로 거래되는 매매춘 시장에서 사람들이 많은 돈을 지불할 의사가 있기도 하는 것을 생각해 보면, 묻지마 섹스를 원하고 또 할 능력도 되는 사람들에게 있어 술값 몇 푼 오르는 것쯤이야 별 문제가 되겠는가!

폭탄주의 대가로서의 섹스

—— 　내가 학생들과 즐겨하는 게임이 있다. 성관계를 갖는 두 사람에 대한 몇 개의 시나리오를 주면 학생들은 이들 관계에 매춘의 요소가 있는지에 대해 답을 하는 것이다. 나는 명백한 시나리오부터 시작하는데, 여기에서는 한 쪽이 상대방에게 섹스를 할 때마다 돈을 준다. 물론 모든 학생들이 이를 매춘으로 간주한다. 다음에는 약간 애매한 상황으로 옮겨간다. 여자가 집주인에게 월세를 내는 대신 그와 섹스를 한다. 대부분 학생들은 남녀 불문하고 이 역시 매춘이라고 본다. 다음으로는 여자가 주말에 자신을 뉴욕에 데리고 가는 대가로 남자와 섹스를 하는 경우이다. 훨씬 적은 수의 학생이 이를 매춘이라고 보았는데, 남학생과 여학생의 견해가 크게 갈렸다. 이 게임은 항상 다음과 같은 시나리오에 대해 묻는 것으로 끝난다. 남자가 밤새 술집에서 술을 사주자 여자가 그 대가로 잠자리를 해 주어야 할 것 같은 느낌이 들어 섹스에 동의하였다면?

　이쯤 되면 강의실은 학생들의 아우성으로 시끄러워진다. 여학생들은 경악하며 절대 매춘이 아니라고 주장하는데, 그 이유를 물으면 "이 경우 여자는 반드시 섹스를 하도록 강요받지 않았고, 원한다면 그냥 집으로 가버릴 수도 있었기 때문"이라고 답한다. 나는 학생들에게 다른 시나리오에서도 여자는 섹스를 선택하지 않을 수 있었다는 점을 상기시킨다. 그래도 학생들은 마지막 시나리오는 매춘이 아니라는 믿음을 절대 바꾸지 않는다. 흥미로운 것은 남학생들의 반응이다. 남학생들은 대부분 이것이 매춘인지 아닌지 판단을 미뤄 둔 채 질문을 먼저 하곤 한다. 그 질문은 공통적으로 술값이 얼마나 비쌌는지에 대한 것이다.

심리학자 바소Susan Basow와 미니에리Alexandra Minieri의 최근의 실험 역시 내가 교실에서 관찰한 결과, 즉 여학생들은 남학생들이 생각하는 것보다 데이트 이후에 섹스를 해야 한다는 의무감을 덜 느낀다는 것과 일관된 결과를 보여 준다. 이들의 실험에서 가장 흥미로운 사실은, 조사에 참여한 여성 응답자들은 남자가 비싼 저녁을 한번 사 주었다고 해서 섹스의 권리를 얻지는 않지만 데이트에 투자하는 비용이 늘어날수록 상대 남성의 권리는 분명 늘어나는 것으로 생각한다는 점이다. 만약 그렇다면 이것은 왜 남학생들이 여자가 섹스를 해 주어야겠다고 생각하게 되기까지 남자가 얼마나 많이 취해야 하는지를 알고 싶어 하는지도 설명해 준다.

이 실험에서는 참여 대학생들에게 존이라는 남자와 케이트라는 여자의 데이트 상황을 묘사한 짧은 글을 읽도록 한다. 이 글은 존이 섹스를 제안하였을 때 케이트가 이를 분명히 거절하였는데도 결국 밤에는 그녀의 집으로 함께 가서 성관계를 갖는다는 내용으로 끝난다. 이 글을 읽은 학생들에게 다음과 같은 문장에 동의하는지 여부를 묻는다. "케이트는 존이 결국 섹스를 요구하리라는 사실을 예측하였어야 한다.", "존은 케이트에게 섹스를 하겠다는 욕망이 있다고 기대해 마땅하였다."와 같은 문장이다. 이에 대한 답으로 1부터 6까지의 점수를 매겼는데, 1은 강한 부정이고 6은 강한 동의이다.

케이트가 존에게 데이트의 대가로 섹스를 해 주어야 할 의무를 느껴야만 하였는지 그리고 존은 그녀와 섹스를 기대할 권리가 있었는지 여부를 판단하는 데 있어서 학생들은 네 개의 그룹으로 견해가 갈렸다. 두 그룹은 데이트 비용이 비싸다는 전제하에 이 돈을 존이 혼자 냈는지 케이트와 나누어 냈는지에 따라 갈린다. 다른 두 그룹은 데이트 비용이 쌌고, 이를 존이 혼자 냈는지 또는 둘이 나누어 냈는지에 따라 갈린다.

남성 참가자들은 존이 비싼 데이트 비용을 혼자 냈다면 케이트가 섹스를 하게 될 것이라고 예측하였어야 한다는 데 대해 3.21점을 주었다.6이 강한 동의 반면 여성은 같은 질문에 1.85점만을 주었다. 남자들은 여자들보다 훨씬 강하게 존이 비싼 데이트 비용을 댄 만큼 케이트는 존이 동침을 원할 것이라고 예측하였어야 마땅하다고 생각하는 것이다.

그렇다면 존이 섹스를 할 권리가 있다고 느끼는 것이 당연한가 묻는 질문의 경우는? 여기에 대해서는 남학생이나 여학생의 견해 차이가 비교적 적은 것으로 드러났다. 남학생이 2.93점, 여학생이 2.15점을 준 것이다. 남학생들은 존이 비싼 데이트 비용을 치른 만큼 케이트가 이를 섹스로 갚아 주어야 한다고 느끼는 것이 마땅하다고 생각하였고, 존도 그것을 기대할 자격이 있다고 판단하였다. 여학생 역시 정도는 다르지만 존에게 섹스를 기대할 자격이 있다고 생각하였다.

그런데 경제학적으로 볼 때 흥미로운 점은 데이트 비용으로 얼마를 썼는가에 따라 답변 결과가 변한다는 사실이다. 데이트 비용이 저렴하고, 그나마도 존과 케이트가 나눠서 돈을 냈을 때의 경우가 특히 그렇다. 이 경우 케이트가 존과의 섹스를 예측하였어야 마땅한가라는 질

흥분을 하면 어리석어진다

대부분의 실험에서는 참여자를 실험실에 앉혀 놓은 채 결정을 내리게 한다. 하지만 이런 환경에서 이루어지는 실험 결과는 피실험자가 성적으로 흥분하였을 때 내리는 결정과 일치한다고 보기 어렵다. 경제학자 애리얼리Dan Ariely와 로웬스타인George Loewenstein은 실험 참가자들모두 남학생들에게 자위행위를 하면서 의사 결정을 내리도록 하였다. 내가 아는 한 우리 분야에서는 유일하게 시도된 실험 방식이다. 이상하게 들릴지 모르지만, 이런 실험을 통해 성적으로 흥분된 상태의 학생들은 그렇지 않은 학생들과 완전히 다른 의사 결정을 한다는 사실이 밝혀졌다.

학생들은 여자를 잠자리로 끌어들이기 위해서라면 비싼 저녁을 사 주며 데이트를 할 의사가 있는지 질문을 받는다. 자위를 하지 않은성적으로 흥분하지 않은 학생들 중에는 그렇다고 답한 사람이 절반을 약간 넘는 데 비해, 자위행위를 한 학생들은 70%가 같은 답을 하였다. 데이트 상대와 동침하기 위해 사랑한다는 말까지 하겠느냐는 질문에 "그러겠다."라고 답변한 비율은 흥분하지 않은 학생의 경우 30%였던 것이, 흥분한 학생들에게서는 50%로 뛰어올랐다. 그리고 흥분한 피실험자의 63%가 상대와 동침할 가능성을 높이기 위해 여자에게 술을 권할 것이라고 말한 반면, 흥분하지 않은 피실험자는 46%만이 같은 답을 하였다. 게다가 흥분한 학생의 26%는 여자에게 마약까지도 건넬 것이라고 말하였고, 45%는 상대방이 섹스를 거절하는 경우라도 끝까지 동침을 요구할 것이라고 말하였다. 마지막으로 흥분한 학생들은 흥

분하지 않은 학생들보다 임신과 성병을 막기 위해 콘돔을 사용해야 한다는
필요성을 훨씬 덜 느낀다고 하였다. 그리 놀라운 현상도 아니다.

이처럼 성적으로 흥분하였을 때 내리는 의사 결정은 평상시 판단과 다르다
는 사실을 통해 학생들이다른 어느 누구도 마찬가지이긴 하지만 왜 성적 흥분 상태
에서는 평소 어리석다고 생각하였을 만한 짓도 쉽게 저질러 버리는가를 어
느 정도 설명할 수 있다. 경제학이란 각 개인이 이익에 비해 비용이 어느 정
도 될지를 가늠해서 합리적 판단을 내린다는 전제하에 성립하는 학문이다.
하지만 개인이 성적으로 흥분한 상태가 되면 비용은 실제보다 낮아 보이고
나중에 낼 돈이므로 이익은 실제보다 커 보인다. 지금 당장 누릴 수 있으므로 앞서 말
하지 않았는가! 아무리 이성적이라고 해도 후회할 일을 완전히 배제하고 살
지는 못한다고.

문에 남학생들의 평균적 점수는 데이트 비용이 비쌌을 때 3.21점이었던 것에서
2.27점으로 떨어진다. 같은 질문에 여학생들의 점수는 데이트 비용이 비쌌
을 때 1.85점에서 1.37점으로 떨어진다. 데이트 비용이 싸고 돈도 나누어
냈을 경우 "존이 섹스를 기대해 마땅하다고 생각하느냐?"라는 질문에
대한 점수는 남학생의 경우 2.93점에서 2.20점으로 떨어졌고, 여학생의
경우 2.15점에서 1.53점으로 떨어졌다.

실험 결과를 보면 여학생들은 일반적으로 "케이트는 존과 섹스를 해

야 한다는 의무감을 느낄 필요가 없고, 존 역시 그것을 기대해서는 안 된다."라고 생각한다. 하지만 이런 여학생들도 동의하는 것이 있다. 섹스에 대한 케이트의 의무감이나 존의 기대감이 데이트 비용으로 존이 얼마나 많은 돈을 썼는가와 밀접하게 연관되어 있다는 사실이다. 따라서 섹스에 대한 남녀 학생들의 기대치 차이는 남자가 데이트의 대가로 섹스를 기대해도 되는가가 아니라, 남자가 섹스를 기대할 수 있으려면 돈을 얼마나 써야 하는가에 의해 결정된다는 것이다.

이러한 결과는 우리를 이 장의 첫 부분에서 다루었던 내용으로 다시 되돌려 준다. 대학 캠퍼스가 남학생에게 유리한 구매자 시장이라는 것은 캠퍼스에서 섹스의 공급이 수요를 초과한다는 사실을 의미한다. 이 명제가 참이라면 섹스의 가격은 떨어져야만 한다. 앞서 말한 것처럼 여기에서 '가격'이란 남성이 섹스의 대가로 여성에게 보상을 해 주어야 한다는 의미가 아니며, 가격이 떨어진다는 말은 여성과 섹스를 하기 위해 남성이 데이트 같은 것에 별로 투자를 할 필요가 없다는 뜻이다. 또한 나는 남학생이 더 많은 캠퍼스에서는 여학생이 더 많은 캠퍼스보다 전통적 데이트가 훨씬 많았다고 말한 바 있다. 만일 데이트 비용이 시간적으로나 금전적으로 남학생들에게 너무 비싸게 느껴진다면 구매자 시장에서는 당연하게도 전통적 데이트가 줄어들게 된다. 그리고 이러한 시장에서는 여성이 상대 남성에게 섹스를 해야 한다는 의무감을 충분히 느낄 수 있도록 하기 위해 남성이 지불해야 하는 비용을 남녀 모두 낮추어 잡게 될 것이다. 또한 자신에게 그냥 술을 사 주는 정도가 아니라 아주 값비싼 술을 사 주는 남자와는 섹스를 해야 한다는 의무감을 여성이 더 많이 느낀다면 술값 상승은 오히려 문란한 성문화를 부추길 수도 있는 것이다.

이 장을 시작하면서 나는 제자들에게 "다른 동년배 집단보다 대학생들이 섹스를 더 자주한다는 믿음은 잘못되었다."라고 설득하였다는 말을 한 바 있다. 사실 대학 캠퍼스는 밖에서 볼 때 상당히 문란한 것처럼 여겨진다. 그래서 독자들도 내가 학생들에게 한 말에 동의하지 않을지도 모른다. 믿기지 않겠지만 그래도 이것은 사실이다. 대학생들의 성문화가 문란해 보이는 데도 정작 섹스 횟수가 적은 이유는 간단하다. 여러 사람들과 하룻밤 불장난을 즐기는 사람의 평균 섹스 횟수를 따져 보면 진지한 이성 관계에 있는 사람보다 오히려 섹스 빈도가 낮기 때문이다. 디사이먼의 연구에 따르면 최근 3개월 사이에 둘 이상의 상대와 섹스를 한 사람은 오직 한 사람의 파트너와 섹스를 한 사람보다 전체 섹스 횟수가 적었다. 또한 최근 한 달 사이에 20번 이상 섹스를 한 사람의 수 역시 여러 파트너와 섹스를 한 그룹보다 한 사람과 지속적으로 섹스를 나눈 그룹 중에 더 많았다.

만일 대학에 남학생보다 여학생이 더 많으며, 섹스 시장이 '닫힌 구조'라고 가정하면 학생은 학생끼리만 섹스를 하고, 학생이 아닌 경우 역시 학생이 아닌 상대하고만 섹스를 한다면 학생이 아닌 19~25세의 인구 집단에서는 남성이 여성보다 많을 수밖에 없다. 이미 앞에서 살펴보았듯이 남성이 여성보다 수적으로 많을 경우 전통적 데이트가 더 많아진다. 따라서 대학생들보다 대학생이 아닌 이들이 섹스를 오히려 더 많이 하게 되는 것이다. 대학생보다 이들 집단에 진지한 연애 관계가 더 많기 때문이다.

마무리하는 말

──   사라는 불운하였다. 이런 메커니즘을 진작 알고 있었더라면 첫 학기의 뼈아픈 경험은 하지 않았을 것이다. 하지만 그 경험을 통해 사라가 깨달은 것도 있을 것이다. 섹스 문제란 개인이 자유의지로 결정을 내리는 것이기도 하지만, 또 한편으로 자신의 손아귀 밖에 있는 시장의 힘 역시 무시할 수 없다는 사실 말이다. 이는 대학 캠퍼스의 성 풍토에 대한 정확한 지식을 바탕으로 각종 의사 결정을 내리고 싶어 하는 학생, 부모, 대학 당국, 정부 모두에게 매우 중요한 정보이다.

예를 들어 대학 진학을 앞둔 자녀가 캠퍼스에서 자유분방한 성생활을 하다 인생을 망칠까 걱정인 부모라면 자녀를 여학생보다 남학생이 많은 학교에 보내는 방법을 생각해 볼 수도 있다. 대학에 진학할 딸을 둔 부모 입장에서 볼 때 말도 안 되는 선택 같지만, 경제학적으로는 데이트 상대를 찾기 위해 여학생끼리 치열하게 경쟁해야 하는 학교에는 딸을 보내지 않는 것이 옳다.

마찬가지로 학생들의 문란한 생활 때문에 감수해야 할 비용_{이를테면} 높은 자퇴율 등이 많아 골머리를 앓는 학교라면 혹시 신입생을 선발할 때 여학생 지원자들에게 가산점을 너무 많이 주고 있는 것은 아닌지 점검할 필요가 있다. 만일 여학생 가산 제도를 발견하였고 그래서 이를 없애 버린다면 학교 내 남학생 비율이 늘어나 섹스의 '가격'이 높아지고 즉 연애 관계를 유지하기 위한 투자가 늘어난다는 뜻이다. 이에 따라 학교 안에 묻지마 섹스가 줄어드는 것은 정해진 수순이다.

남학생이 늘어나면 문란한 성 문화가 줄어든다니 역시 일반적 통념을 벗어난 이야기가 아닐 수 없다. 하지만 일회용 섹스를 줄이기 위해서는 캠퍼스 내에 전통적인 의미의 진지한 데이트가 늘어나야 하며, 그러기 위해서는 '본능적으로 좀 더 문란해지기 쉬운 족속'인 남자들을 더 많이 대학에 수용해야 한다.

캠퍼스 안의 섹스 시장 역시 정부 정책의 영향을 받는다는 점에서 완전한 자유시장free market은 아니다. 경제학적 접근이 대학의 섹스 시장을 분석하는 데 매우 유용할 수밖에 없는 또 다른 이유이기도 하다. 정부는 술 공급량이나 주류세를 조정하는 법 조항을 통해서 대학 섹스 시장에 영향력을 발휘한다. 물론 정부가 개개인의 침실 생활까지 간섭하는 것은 아니다. 하지만 21세 이하 금주령 같은 법령이 오히려 학생들에게 더 많은 술을 먹게 하고 대학 내 성생활도 보다 문란하게 만든다는 점을 생각해 보자. 그렇다면 정부가 현행 음주 법령에 손을 대는 것은 개인의 섹스를 방해하는 것이 아니라 오히려 그 반대 효과를 가져 온다. 음주 법령의 개정은, 규제가 존재하지 않았다면 완전 경쟁으로 인해 이미 달성되었을 수요 공급 균형을 깨뜨린 기존의 시장 왜곡 장치를 제거해 주기 때문이다. 경제학자들은 이 문제에 대해서도 일반인의 통념을 벗어나는 제안을 한다. 즉 정부가 대학 내의 문란한 성생활이나 이로 인해 초래되는 비용이 골칫거리라고 생각한다면 폭음을 조장하는 음주 연령 하한법을 철폐하라는 것이다.

자, 이제 좀 더 장기적인 연애 관계이는 보다 섹스를 자주 하는 관계를 의미하기도 한다.에 대해 관찰해 볼 때가 되었다. 여기에서 잠깐, 긴 시간 진지하게 만날 애인을 찾기 위해서 인터넷 사이트를 이용하려는 사람 모두에게 고마움을 표하고 싶다. 온라인 데이트 사이트는 경제학자들에게 있어 인간의 욕망을 분석할 수 있는 데이터를 대량 제공해 주는 귀중한 보물창고이기 때문이다. 다소 관음적으로 느껴질 수도 있겠지만, 독자들 역시 이어지는 장에서 온라인에서의 사랑에 대한 경제학적 분석을 살펴보며 스스로의 모습을 반추해 볼 수 있을 것이다.

3장
사랑 클릭!

온라인 데이트가 디저트 고르기와 다른 점

─── 만일 내가 "싱글로 오래 지내다 보니 이제는 좀 쑥스러운 것
같아."라고 말한다면, 그건 순 거짓말이다. 싱글로 살기가 쑥스럽기 시
작한 것은 이미 오래전이고, 이제는 아주 불편할 지경이다. 그래도 식
이장애eating disorder가 있다거나 마리화나를 많이 피운다거나 하는 비밀
을 들키고 싶지 않듯이 데이트 상대를 처음 만났을 때 이런 내 처지를
들키고 싶지는 않다. 하지만 취업 면접과 마찬가지로, 상대방은 미래
자신의 짝이 될지도 모르는 사람이 왜 이 자리에 나오게 되었는지 알
고 싶어 하는 것이 당연하다. 일반적으로 사람들은 지난 6개월 사이에
만난 이성만도 여럿인 헤픈 사람을 데이트 상대로 선호하지도 않지만,

너무 오랜 시간 데이트 한 번 하지 않고 살아온 사람 역시 주차장에 몇 년씩 방치된 자동차처럼 생각하기 마련이다.

그래서 나 같은 경우도 왜 애인 하나 없이 그 긴 시간을 혼자 보냈는 지 상대에게 변명할 거리가 필요하다. 친구들은 "그동안 너무 바빴다." 라는 식의 내 변명이 별로 설득력이 없으니 "전 그냥 독신 생활을 즐겼 던 거예요."와 같은 좀 더 독창적이고 그럴싸한 변명이 필요하다고 충 고한다. 물론 나의 이성적 사고로는 온라인에서 애인을 찾는다는 것은 말이 안 되는데, 요즘 내 또래들 대부분이 온라인 데이트를 이용하고 있으니 내가 운이 나쁜 사람이라고 내 진심을 말할 수도 있다.

그렇다고 내가 온라인에서 애인을 찾는 사람들을 비판하는 것은 아 니다. 실제 많은 사람들이 인터넷에서 사랑을 찾는 데 성공한다는 사 실을 알고 있다. 내가 문제라고 생각하는 것은 바로 이런 것이다. 이성 적인 의사 결정을 해야 하는 상황에서 선택 사항이 너무 많이 주어졌 을 때, 사람들은 단순화라는 방법을 택하는 경향이 있다. 단순화는 제 거 과정을 통해 이루어진다. 내가 왜 이것을 문제라고 생각하는지 비 유를 통해 설명하겠다.

온라인 데이트 사이트에서 짝을 찾는 것은 디저트 상점에서 달콤한 디저트 거리를 찾는 것과 비슷하다. 처음에는 둘 다 자신이 찾는 것이 정확히 어떤 것인지 잘 모르기 때문에, 특정 조건을 가진 대상부터 제 외하는 과정을 거쳐 선택을 단순화한다. 먹을 것이 너무 많이 널려 있 거나 데이트 후보자가 너무 많을 때 대상을 하나씩 제거하는 것은 비 효율적이다. 시간이 많이 걸리기 때문이다. 그래서 하나하나 제거하는 대신 보다 큰 범위의 카테고리를 제거하는 것이다. 하지만 디저트 상점에서 쇼핑하기가 데이트 상대 고르기와 다른 점은, 특정 카테고리를 제거해도 음식은 어디로 사라지지 않고 눈앞에 그대로 놓여 있기 때문에 그것이 얼마나 맛있을지 계속 신경을 쓰며 차선책으로 고려해 볼수 있다는 사실이다.

디저트 상점에 들어서자마자 "초콜릿하고 라스베리 얹은 마카롱 주세요!"라고 하며 원하는 것을 바로 주문하는 사람은 별로 없다. 대부분은 가게에 들어서서 찬찬히 디저트 거리들을 둘러본 뒤 결정을 내린다. "쿠키는 집에서도 쉽게 만들 수 있으니 안 사도 되고……"라는 식으로 필요 없는 카테고리를 제거해 나간다. 내가 원래 즐겨 먹는 것은 초콜릿을 얹은 캐러멜이지만, 이번 주에 이미 먹은 적이 있으니 선택 리스트에서 지우기로 한다. 이런 식으로 차례차례 카테고리를 제거해 나가다가 결국 나는 에클레르와 과일 타르트를 고르기로 한다. 때로 에클레르나 과일 타르트에 별로 구미가 당기지 않는 날도 있을 수 있다. 그렇다면 그런 날은 "남들은 모두 맛있는 걸 찾았는데 나 혼자 찾지 못하였구나." 하면서 빈손으로 집에 돌아가게 될까? 천만에! 다시한 번 가게를 둘러보고 "그래, 원래 내가 좋아하는 것은 초콜릿 라스베리 마카롱이잖아?"라며 아까 쿠키나 초콜릿은 안 사겠다고 결정하였던 것을 뒤엎고 마카롱을 골라 든 채 만족해하며 집으로 돌아올 것이다.

온라인 데이트 사이트에서 애인을 찾는 의사 결정 과정도 이와 비슷하다. 하지만 선택에 걸리는 시간은 더 길고 과정도 복잡하다. 온라인에 올라와 있는 많은 후보들이 얼굴 한 번 노출되지 못한 채 걸러진다. 사람 자체가 함량 미달이어서가 아니다. 온라인 사이트에서 데이트 상대를 물색하다 보면 시간 절약을 위해 특정 카테고리 후보군부터 제외하게 되는데, 마침 그들이 가진 일부 특성이 내가 제거하기로 마음먹은 카테고리에 해당되기 때문에 걸러지는 것이다.

디저트 고르기가 온라인 데이트와 같은 방식으로 작동한다고 가정해 보자. 나는 어떤 선택권이 있는지 고려해 보기도 전에 우선 검색 사이트의 필터링을 통해 '내가 집에서 만들 수 있는 것'을 걸러냄으로써 모든 쿠키를 선택권에서 제외시켜 버린다. 마카롱이나 초콜릿은 애초에 선택권 밖으로 빠져나가는 것이다. 이런 식의 걸러내기가 몇 번 반복되다 보면 결국 남는 것은 에클레르와 타르트 몇 개뿐이다. 그날 정작 먹고 싶었던 것은 그것이 아니었는데도 말이다. "오늘은 디저트를 포기해야 하는 날이구나."하고 실의에 빠져 디저트 상점을 걸어 나오게 된다. 아마 다른 집들도 마찬가지일 것이라는 체념과 함께.

내가 예전에 진심으로 사랑하였던 몇몇 애인을 떠올려 보면, 내가 만일 이들을 온라인 데이트 사이트에서 만났다면 과연 이들이 검색을 통한 걸러내기에서 살아남을 수 있었을지 의심스럽다. 너무 어리거나, 학력이 낮거나, 종교적으로 문제가 있거나, 키가 작다거나, 실직 상태였다거나, 너무 멀리 산다거나 하는 등등의 이유로 이들은 검색에서 살아남지 못하였을 것이다. 마찬가지로 나 자신도 그들이 그런 검색을 통해 걸러냈다면 살아남지 못하였을 애인감이었다.

독자들도 아마 지금껏 당신을 행복하게 만들어 주었던 많은 사람들

연애와 정치적 신념

결혼한 커플들이 종교 외에 배우자와 가장 공유하는 특성은 정치적 신념이다. 정치적 신념을 같이 할 수 있는 배우자를 찾는 것이 중요하다면, 온라인에서 애인을 물색할 때에도 같은 신념을 가진 집단에서만 후보자를 검색할 것이다.

정치학자인 클로프스태드Casey Klofstad, 맥더모트Rose McDermott, 헤이트미Peter Hatemi가 최근 발표한 논문에 따르면 온라인 데이트 사이트를 이용하는 사람들 대부분은 프로필에 자신의 정치적 성향을 명시하지 않는다. 그나마 정치 성향을 밝힌 대부분의 사람들도67% 이상 자신의 정치적 신념을 중도, 기타, 답변 안 함 등으로 표현하였다. 반면 자신의 정치적 신념을 보다기꺼이 드러내는 이들도 있다. 비교적 나이 든 연령층의 경우는 젊은 층보다 정치 성향을 분명히 밝힌다. 학력도 영향을 미치는데, 고졸자보다 고학력자가 15% 정도 더 많이 정치적 신념을 공개한다. 소득 수준을 기준으로 보면 약간 의외의 결과가 나온다. 7만 5,000~10만 달러를 버는 싱글들 중 자신을 중도라고만 밝힌 사람의 비율은 2만 5,000~3만 5,000달러 소득자의 경우보다 7% 더 많다.

하지만 온라인 데이트 이용자들의 진정한 성향을 파악하는 데 있어 정작 중요한 것은 그들이 프로필에 뭐라고 써 놓았는가가 아니라 시장 안에서 그들이 실제로 어떤 행동을 선택하는가이다. 심리학자 피오레Andrew Fiore, 테일러Lindsay Shaw Taylor, 멘델손Gerald Mendelsohn, 체셔Coye Cheshire가 온라인에서 데이트 상대를 찾는 사람들이 보낸 메시지를 관찰한 바에 따르면, 온라인에 자신과 같은 종교를 가진 사람을 선호한다고 써 놓은 사람이라고 해서 반드시 그런 상대하고만 데이트를 하려는 것은 아니라고 한다.

예를 들면 나이 든 여성의 절반 정도가 선호도 공개에서 "종교가 일치하는 것이 중요하다."라고 밝혔지만, 실제로 만나는 남자 중 같은 종교를 가진 사람은 30% 미만이었다. 공개적으로 표현한 선호도만 보면 나이 든 여성 대부분이 자신과 같은 종교를 가진 후보군에서만 데이트 상대를 찾을 것이라고 성급한 결론을 내릴 수 있지만 현실은 그렇지 않다는 것이다. 많은 사람들이 자신과 같은 종교를 지닌 상대와 결혼하는 것은 눈으로 확인할 수 있는 명백한 사실이다. 하지만 자신과 다른 종교를 가진 사람과도 한 번쯤 만나 볼 의향이 있다는 사람들 역시 모든 연령층에 두루 존재하고 있다.

또는 지금 당신 곁에 있는 바로 그 사람도 '필수 조건' 항목을 통해 온라인 검색을 하였다면 검열에서 살아남기 힘들었을지 모른다는 사실에 동의할 것이다. 이는 온라인 검색이 나이, 키, 학력, 인종, 수입 같이 측정하기 쉬운 항목 위주로 검색하게 설정되어 있기 때문이다. 하지만 인간관계에 필요한 중요 덕목들은 이런 식으로 측정 가능한 것이 아니라 실제 경험을 통해 겪어야 파악할 수 있는 특성이며, 온라인에서 수량적으로 검색하기 힘든 성격을 갖고 있다. 그래서 최근에는 많은 온라인 데이트 사이트들이 이런 경험적 덕목까지 포괄하는 검색 알고리즘을 적용하려고 노력 중이다. 그러나 아직도 충분히 괜찮은 후보군이 특정한 수량적 기준에 못 미치는 바람에 선택에서 제외되고 있다.

경제학적 관점에서 보았을 때 이렇게 제한적 성격을 가진 검색 기능은 활성화되어 있는 시장을 비활성 상태로 만드는 역효과가 있다. 온라인 데이트 시장이 활성화되었다는 뜻은 적어도 이론상으로 볼 때 전통적 데이트 시장보다 이곳에서 애인을 찾기가 더 쉬울 뿐 아니라, 그렇게 맺어진 관계의 질적 수준도 상대적으로 좋다는 사실을 의미한다. 그런데 만일 검색 과정에서 애인 후보군을 같은 인종 집단으로 제한한다면 이것은 데이트 시장을 작위적으로 비활성 상태로 만듦으로써 구매자나 판매자의 모집단을 축소시켜 버리는 것과 같다. 그렇게 되면 모든 사람이 기꺼이 거래에 합의할 만한 합리적 가격에 도달하는 것도 어려워지고, 거래의 진행이 느려질 뿐만 아니라 상품의 질도 떨어지게 된다.

내가 만일 온라인에서 데이트 상대를 찾아볼 생각을 갖게 된다면 나는 애인 후보군을 '아침에 일어났을 때 부드럽게 느껴지고 냄새도 좋은 남자'로 제한하고 싶다. 시도는 해 볼 수 있을 것이다. 하지만 내가 만일 '자신이 실수를 하였을 때 내가 깔깔대고 웃어도 기분 나빠 하지 않을 남자'를 데이트 후보자로 검색한다면 남아날 후보는 아마 한 명도 없을 것이다. 하긴 이것이 내가 이 나이 되도록 싱글로 남아 있는 이유이기도 하다.

인종별로 다른 인종 선호

—— 검색 과정에 대한 나의 실망은 그렇다 치고, 여하튼 사람들은 온라인에서 애인을 찾을 때 후보가 너무 많다 싶으면 검색할 선택 폭을 제한한다. 이러한 행동은 완벽한 애인을 찾는 데 적절한 방법은 아닐지 모르지만, 애인을 찾는 사람들의 선호를 파악하는 데 활용할 수 있는 흔치 않은 데이터를 제공해 준다. 경제학자들은 이 데이터를 통해 섹스와 연애 시장이 돌아가는 모습을 관찰하고 구매자와 판매자가 어떻게 거래에 즉 애인을 구하는 데 성공하는지를 이해한다.

온라인 데이트 사이트가 생기기 전에는 사람들이 어떤 과정을 거쳐 연애를 하게 되는지 파악할 수 있는 신뢰할 만한 데이터가 거의 없었다. 물론 기존 데이터로도 현재 진행 중인 연애 관계를 관찰할 수 있지만, 우리가 관찰하게 되는 커플은 이미 데이트 시장에서 거래를 마친 상태, 즉 '닫힌 시장'이기 때문에 우리가 알고자 하는 거래 과정에 대해서는 알려 주는 것이 없다. 연애 시장이라는 특수한 시장에서 균형 커플이 되는 것은 커플이 된 두 사람의 선호가 서로 작용한 결과이면서, 동시에 시장 안의 다른 후보들의 선호 역시 이들의 커플 형성에 영향을 미치기 때문이다.

연애 시장의 균형 equilibrium이 무엇을 의미하는지를 예를 들어 보자. 이미 결혼한 커플들의 데이터를 통해 가슴이 작은 여성은 대머리인 남성과 결혼하는 경우가 많다는 통계를 얻었다고 가정하자. 순전히 가정이다! 만일 이런 통계만 보고 "대머리는 가슴이 작은 여자를 선호한다."

라고 결론 내린다면 섣부른 행동이다. 이 통계 결과는 절대로 위 명제를 증명해 주지 못한다. 이를테면 이런 설명도 가능하기 때문이다. 가슴이 큰 여자가 머리숱이 풍성한 남자를 선호하기 때문에 대머리인 남자들은 가슴이 작은 여자를 고를 수밖에 없다. 또는 여자는 남자의 머리숱이 많거나 적거나 크게 상관을 하지 않는데, 머리숱이 많은 남자가 가슴 큰 여자를 선호하기 때문에 그 결과로 가슴 작은 여자는 대머리인 남자밖에 고를 수 없다는 설명도 가능하다. 어떤 경우든 간에 가슴 작은 여자가 대머리인 남자와 결혼하는 경우가 많다는 사실만으로는 개인의 가슴 사이즈나 머리숱 사이에 어떤 선호관계가 있는지 증명할 수 없다. 애인 찾기 시장에서 모든 남녀가 무조건 자기가 좋아하는 상대를 찾아 결혼에 골인한다는 것은 불가능한 일이기 때문이다. 그들이 결혼하는 상대는 '내 손에 닿을 수 있었고' 그와 동시에 '나와 기꺼이 결혼할 의사가 있었던' 짝이다.

그렇다고 결혼에 골인하는 사람들이 자기 배우자를 다른 후보자들보다 좋아하지 않는다는 뜻은 아니다. 단지 '나와 기꺼이 결혼하려고 하는' 후보들의 부분집합 안에서 지금의 파트너를 선호하였다는 뜻이다. 그렇다면 '나와 기꺼이 결혼해 주려고 하였기 때문에 나 역시 결국 선택한' 후보란 어떻게 결정되는 것일까? 이 결정은 바로 시장 안의 다른 모든 사람들이 어떤 선택을 하는가에 의해 좌우된다.

앞에서 든 예가 좀 장난스럽게 느껴진다면 실제 사례를 살펴보자. 2006년 미국 인구조사에 따르면 백인 여성과 결혼한 흑인 남성의 비율 6.6%은 흑인 여성과 결혼한 백인 남성 0.2%보다 훨씬 높다. 우리는 미혼인 흑인 여성이 적어서 이런 결과가 나온 것이 아니라는 점을 잘 알고 있다. 흑인 여성은 다른 어느 인종 여성들보다 미혼자가 많다. 2007년의 경우 전체 흑인 여성의 33%만이 결혼한 상태였다. 그렇다면 이런 데이터가 배우자를 찾는 이들의 인종적 선호도에 대해 설명해 줄 수 있는 것은 무엇일까? 답은 '거의 없다.'라는 것이다.

인종적 선호도를 이해하기 위해 정작 필요한 데이터는 현재 활동하고 있는 열린 시장에서 얻은 자료이다. 경제학자 피스먼Raymond Fisman, 아이옌가Sheena Iyengar, 카메니카Emir Kamenica, 시몬슨Itamar Simonson은 콜럼비아 대학원생들을 상대로 즉석 데이트 실험을 진행하였다. 피실험자에게 여러 명의 데이트 상대 후보자들을 보여 주면서 어떤 사람과 만날지 여부를 3분에서 5분 안에 결정하게 한 뒤 진짜 데이트를 할 생각이 있다고 하면 진행자를 통해서 상대와 연락처를 주고받을 수 있도록 하였다. 이 실험의 요점은 결혼 시장 데이터에서 발견되는 '같은 인종 선호도'가 과연 어떤 집단에 의해 결정되는가를 알아내는 것이다.

실험 결과에 따르면 결혼 시장의 인종적 분리를 주도하는 집단은 바로 '같은 인종과의 결혼'을 선호하는 여성들이다. 실험에 참여한 남성들은 데이트 상대로 특별히 같은 인종만을 고집하는 경우가 상대적으로 적었다. 여성들은 일반적으로 모두 같은 인종과의 데이트를 선호하였는데, 특히 흑인 여성의 경우 이 선호도가 백인 여성보다 더 강하였다. 이 실험 결과를 통해 우리는 '흑인 남성과 결혼하는 백인 여성'이 '백인 남성과 결혼하는 흑인 여성'보다 더 많은 진짜 이유를 알 수 있다. 그것은 백인 남성이 흑인 여성에게 매력을 느끼지 않아서가 아니라, 흑인 여성이 다른 어느 집단보다 같은 인종 남성과의 결혼을 강하게 선호하기 때문이다.

이메일 데이터를 통해 배우자 선호를 조사한 또 다른 결혼 시장 연구 결과도 있다. 온라인 데이트 서비스를 통해서 알게 된 남녀가 처음 주고받은 이메일 정보, 이를테면 "안녕하세요? 당신의 프로필을 읽어 봤는데, 저와 공통점이 많으신 것 같네요."와 같은 내용을 이용한 연구이다. 이 조사도 콜럼비아 대학원생들의 즉석 데이트 실험과 비슷한 결과를 보여 준다. 히치 Günter Hitsch, 호타크수 Ali Hortacsu, 댄 애리얼리는 나이, 결혼 경력, 수입, 학력, 자녀 유무 등의 다른 모든 요소를 통제한 상태에서 데이트 희망자가 상대방에게 처음 보내는 이메일에 어떻게 자기 성향을 드러냈는지 살펴보았다. 그 결과 모든 인종 집단에서 여성이 남성보다 상대를 인종에 따라 '차별'하였고 같은 인종을 선호하였음이 밝혀졌다.

또한 이 조사는 백인 여성이 상대를 선택할 때 인종을 얼마나 고려하는지 알아보기 위해 여성들이 심사숙고할 것으로 여겨지는 상대방의 또 다른 특성, 이를테면 소득 같은 기준과 비교하여 인종적 선호도를 측정하였다. 조사는 여성들에게 각종 수치를 물어보는 식으로 진행되었다. 배우자감의 소득 수준과 인종 모두를 고려해서 짝을 찾으려고 하는 여성 앞에 인종이 다른 한 남성이 나타난다. 이 남성이 다른 인종임에도 불구하고 여성의 선택을 받으려면 과연 얼마나 소득 수준이 높아야 하는 것일까?

여기에서 가상의 남성 두 명을 설정한다. 한 명은 여성과 같은 인종의 남성이고 1년에 6만 2,500달러를 번다. 또 다른 한 명은 여성과 다른 인종이며 1년에 X달러를 번다. 두 남성의 여타 조건은 모두 동일하다. 여기에서 X가 얼마나 커야 여성이 자신과 다른 인종인데도 불구하고 이 남성과 만날 생각을 갖게 될까? 이와 같은 실험을 이용하면 소득수준 대비 인종적 선호도를 측정할 수 있다.

온라인 데이터를 통해 얻은 결과는 의미심장하다. 백인 여성의 경우는 흑인 남성이 백인 남성보다 1년에 15만 4,000달러를 더 번다면 백인 대신 흑인 남성을 선택할 것으로 나타났다. 히스패닉 남성의 경우는 백인 남성보다 7만 7,000달러를 더 벌어야 하고, 아시아 남성은 24만 7,000달러를 더 벌어야 백인 남성 대신 선택될 수 있다.

이러한 수치는 흑인 여성의 경우 훨씬 커진다. 흑인 여성은 백인 남성이 1년에 22만 달러를 더 벌어야 같은 조건의 흑인 남성 대신 백인 남성을 택할 것이며, 히스패닉 남성이라면 18만 4,000달러를 더 벌어야 조건이 맞는다. 다만 특이하게도 아시아 여성들은 같은 아시아 남성보다 백인 남성을 선호하는 경향이 강하다. 백인 남성이 아시아 남성보다 2만 4,000달러를 덜 번다고 해도 아시아 남성보다는 백인을 택한다는 것이다.

이렇듯 여성이 다른 인종을 선택하게 하기 위해 필요로 하는 남성의 소득 수준은 그 편차가 상당히 크다. 하지만 그렇다고 여성들이 오로지 소득에만 관심을 갖는다고 생각해서는 안 된다. 설령 여성들이 진짜로 소득 수준에 집착하고 남성의 수입을 중요한 요소라고 생각한다고 해도, 현실에서 이루어지는 실제 데이트 관계에서는 이 수치가 작아질 것이다. 현실 속 여성은 자신과 다른 인종의 남자가 조금만 소득 수준이 높아도 충분히 그에게 이끌릴 수 있다. 다만 이 조사를 통해 제시된 숫자들은 그만큼 여성들이 남성의 소득 수준에 비해 인종을 중요시한다는 증거일 뿐이다.

그렇다면 남성들의 선택은 어떨까? 이 조사에 따르면 남성은 여성을 평가할 때 소득 수준은 무시해도 좋을 정도로 거의 고려하지 않는다. 남성들의 온라인에서의 행동을 보면 여성보다는 상대방의 인종에 신경을 쓰지 않지만, 같은 인종 여성을 고르려던 남성에게 다른 인종 여성을 선택하게 하기 위해 필요한 소득의 규모는 엄청나게 컸다. 그렇다고 이것이 여성의 경우처럼 남성도 같은 인종을 강하게 선호한다는 것을 의미하지는 않는다. 그저 남성의 경우에는 여성을 고를 때 여성의 소득 수준이 그다지 결정적 요소는 되지 않는다는 뜻이다. 남성이 배우자를 고를 때 인종을 얼마나 고려하는지 측정하려면 남성들이 정말 중요하게 생각하는 여성의 조건, 즉 미모를 기준으로 삼아야 한다.

데이트 시장에 대한 경제학적 접근

—— 앞의 조사를 보면 온라인 데이트 역시 하나의 시장처럼 작동한다는 사실을 알 수 있다. 각각의 시장 참여자는 자신을 상품으로 내놓는 동시에 자신이 구할 수 있는 최선의 애인감을 찾기 위해 다른 후보들의 자질에 가치를 매기고 이를 교환한다. 데이트 시장 역시 다른

시장처럼 구매자와 판매자로 구성되어 있으며, 구매자와 판매자 모두 기꺼이 교환에 동의할 만한 가격을 조정하는 데 성공해야 균형에 이른다. 대부분 데이트 시장에서는 돈이 노골적으로 오가지 않는다. 데이트 시장에서 지칭하는 가격은 돈으로 측정되는 것이 아니다. 이 시장에서 가격이란 내가 데이트 상대로 특정인을 선택함으로써 포기하게 되는 다른 기회opportunity costs, 기회비용에 의해 결정된다.

예를 들어 보자. 온라인 데이트 사이트를 검색하다 보면 아주 매력적인 외모의 후보 프로필을 발견할 수 있다. 이 매력적인 후보에게 외모의 등급을 매긴다면 전체 인구 집단의 상위 10%에 속할 수 있을 것이다. 매력적인 후보들은 가격이 매우 비싸다. 시장 안의 모든 사람들이 이런 후보의 주목을 받기 위해 경쟁할 것이 분명하고, 이렇게 수량이 제한된 상품에 치열한 경쟁이 붙으면 가격은 올라가게 마련이다. 이렇게 매력적인 후보의 관심을 끄는 데 당신이 성공하는가 아닌가는 당신 자신의 가격에 의해 결정된다. 이 시장에서는 모두가 구매자인 동시에 판매자이기 때문이다.

아마도 이 시장이 파할 때쯤이면 가장 비싼 후보들은 역시 가장 비싼 사람과 짝을 맺고 중간 수준의 사람은 역시 같은 수준의 상대와 짝을 맺는 식으로 커플링이 진행되어, 결국 싱글로 남는 사람들은 가격이 형편없는 후보들과 역시 그 비슷한 수준의 상대방밖에 없을 것이 분명하다. 이렇듯 서로 비슷한 사람들끼리 짝을 맺는 현상을 동류혼assortative mating이라고 부른다. 실제로 사람들이 자신과 학력, 수입뿐만 아니라 키나 체중, 외모 같은 신체적 특성까지도 비슷한 상대와 결혼하려고 한다는 증거는 도처에 있다. 동류혼은 실생활에서 흔히 찾을 수 있는 보편적 현상이다.

미모란 '제 눈에 안경'이 아니다

——— 온라인 시장에서 외모가 얼마나 중요한 경쟁력인지를 보여 주는 연구 결과가 있다. 조사 대상이 된 웹사이트에서는 이용자들이 다른 후보자의 프로필을 보고 여기에 매력도를 점수로 매길 수 있고, 그 후보에게 사귀고 싶다는 메시지를 직접 보낼 수도 있다. 핫오어낫www. hotornot.com 사이트가 바로 그런 곳으로, 이용자들이 올린 사진 옆에는 원하는 사람에 한해 덧붙인 몇 마디 소개도 눈에 띈다. 방문자들은 이 사이트에 접속하였을 때 화면에 무작위로 나타나는 후보군의 사진을 보고 외모의 매력도를 10점 만점으로 매긴다. 만일 방문자가 한 번쯤 만나 보고 싶은 후보를 발견하면 사진 속 인물에게 자신의 관심을 전달하기 위해 로그인을 해서 '만나 주세요' 링크를 클릭한다.

레오나드 리Leonard Lee, 조지 로웬스타인, 댄 애리얼리, 제임스 홍James Hong, 짐 영Jim Young 다섯 학자는 이 사이트에서 10일간 수집한 데이터를 통해 1만 6,550명 남자 75.3%, 여자 24.7%의 행동을 관찰할 수 있었다. 이 데이터에서 각 개인은 10일간 평균 144장의 사진을 보았으며, '만나 주세요'의 총 클릭 수는 200만 번이 넘었다. 이들은 이렇게 이용자들이 만나고 싶다고 선택한 대상의 외모 점수를 분석함으로써 외모라는 단일 항목에 대한 선호를 측정할 수 있었다.

이 연구는 데이트 사이트에서 매력적인 외모의 후보를 둘러싸고 치열한 경쟁이 벌어진다는 사실을 증명한다. 가장 매력적이라고 평가받은 후보는 상대적으로 매력이 떨어지는 후보에 비해 압도적인 차이로 '만나고 싶다'는 제의를 많이 받았다. 후보의 매력도 점수가 1점 올라갈 때마다 점수가 5점에서 6점으로 올라갈 경우 사진만 보고도 만나자고 요청하는 사람은 130% 많아졌다. 남성 회원들은 대개 여성들보다 앞뒤 안가리고 이성에게 들이대는 경향이 있지만 남성들은 여성보다 240% 정도 많이 '만나 주세요' 링크를 눌렀다. 일부 남성들은 자기와 매력도 차이가 너무 많이 나는 매력녀를 만나 보겠다고 애를 쓰는 모습까지 보였다. 남성들의 이런 성향은 사실 그다지 놀라운 것은 아니지만 말이다. 반면 여성의 경우는 자신보다 외모상 더 매력적인 상대를 만나는 데 남성들만큼 집착하지 않았다.

이 사이트에서는 상대에게 말을 거는 데 드는 비용이 적다. 돈도 낼필요 없이 링크만 누르면 된다. 하지만 보통 배우자감을 쫓는 작업에는 시간이나 돈이 많이 필요하며, 이런 비용 때문에 대부분의 사람들은 배우자를 찾는 일에 되도록 적은 시간을 쓰려고 한다. 그렇다면 연애 시장에서 빨리 짝을 찾아내 탈출하는 가장 좋은 방법은 무엇일까? 바로 시장 내에서 자신의 가치가 어느 정도인지 정확하게 평가해 적절한 가격을 매기는 것이다. 그리고 이를 위해서는 나 자신이 시장 내의 다른 경쟁자들과 어떻게 비교될지 파악하는 것이 도움이 된다.

여성들의 옷차림이 야해지면 경제가 활성화된다?

1920년대 펜실베이니아대학교 와튼스쿨의 경제학자 조지 테일러George
Taylor는 경제 상황과 여성의 치마 길이는 반비례 관계에 있다고 주장하였
다. 경기가 좋을 때는 여성들이 실크 스타킹을 과시하기 위해 짧은 치마를
입는 반면, 경기가 나빠지면 스타킹을 살 수 없기 때문에 긴 치마를 입는다
는 것이다. 즉 치마 길이가 호황일 땐 짧고 불황일 땐 길다는 것이다.

장기적으로 관찰해 보면 이 주장이 참이라는 증거는 없다. 하지만 최근 마
케팅 전문가들인 잰슨스Kim Janssens, 팬덜래어Mario Pandelaere, 반 덴 버그,
밀레트Kobe Millet, 렌스Inge Lens, 로Keith Roe가 조사한 바에 따르면, 미혼 남
성들은 실험 기간 동안 보수적 옷차림의 여성을 보았을 때보다 야한 옷을
입은 여성들을 보았을 때 신분을 과시하는 종류의 상품을 더 강하게 선호하
는 모습을 보였다. 다만 현재 진지한 연애를 하고 있는 남성에게서는 이런
성향이 엿보이지 않았다. 이처럼 미혼 남성들이 젊고 매력적인 여성들 앞에
서 드러내는 상품 선호를 보면 남성들은 매력적인 여성을 자기 애인으로 찜
하는 데 도움이 될 만한 상품을 고르려고 한다는 주장이 가능하다. 남성은
이런 상품을 사면 자신의 재력이 드러나므로 여성의 관심을 끌 수 있으리라
고 무의식중에 생각한다는 것이다.

이러한 결과를 보면 흥미로운 질문이 떠오른다. 최근까지 여성들의 옷차림
은 점차 야하게 변화해 온 것이 사실이다. 그렇다면 남성들의 상품 선호는
어떨까? 여성들의 옷차림 변화에 맞추어 남성들 역시 자신의 사회적 지위

를 노골적으로 드러내 주는 방향으로 구매 성향을 변화시켜 왔을까? 아마도 그렇지는 않은 것 같다. 경제학의 가장 기본적 원칙은 가격이 상품의 상대적 희소성과 연관되어 있다는 사실이다. 만일 야하게 옷을 입은 여성이 드문 상황이라면 그들의 가격은 높게 책정된다. 여기에서 '가격'이란 남성이 매력적인 여성에게 자신의 재력을 과시하기 위해서 쓰는 돈의 액수를 뜻한다. 그러나 야한 차림의 여성이 늘어나면 희소성이 떨어지기 때문에 남성으로서는 더 이상 제한된 상품을 차지하기 위해 동성끼리 경쟁할 필요가 없으므로 여성의 가격은 떨어진다. 따라서 여성이 치마 길이를 너도나도 줄일수록 남성들의 지위를 드러내는 상품 소비량은 줄어들 것이다.

너도나도 나르시시스트

—— 사람들은 보통 자신을 실제보다 너무 후하게 평가하는 경향이 있다. 스스로를 평균보다 더 재미있고 똑똑하고 친절하고 잘생겼으며, 침대에서도 유능하다고 생각하는 것이다. 온라인 데이트 사이트에서도 자신의 외모에 등급을 매겨 보라고 하면 1% 미만의 사람만이 자신의 외모를 '평균 이하'라고 평가한다. 자신을 '평균 수준' 또는 '길거리에서 흔히 볼 수 있는 수준'이라고 평가한 사람 역시 남성의 경우 29%, 여성은 26% 밖에 되지 않는다. 결국 전체 평가자 중 남성 68%와 여성

72%가 스스로를 평균보다 매력적이라고 평가한 셈이다.

앞서 언급한 '핫오어낫' 사이트 연구를 보면 사람들이 연애 시장에서 자신의 가치를 정확히 평가하는 데 얼마나 무능한지 알 수 있다. 이 사이트에서 매력도 점수가 높은 사람들은 상대를 매우 까다롭게 고른다. 반면 매력도 점수가 떨어지는 사람들은 자기보다 점수가 높은 상대를 포함하여 보다 광범위한 후보들과 미팅을 시도한다. 실제로 매력도 평가에서 낮은 점수를 받은 사람들일수록 상대를 가리지 않고 적극적으로 만남을 신청하며, 비록 받아들여질 가능성은 없다 해도 자신보다 매력도가 훨씬 높은 사람들한테까지 과감히 프로포즈를 한다.

그저 외로운 사람이 꿈이라도 한번 꾸어 보자는 심정으로 도전하는 것처럼 보일지 모르지만, 실제는 그렇지 않다. 매력 점수가 낮은 사람들은 자신보다 매력적인 상대를 선호하는 데 그치는 것이 아니라 자신과 외모 레벨이 비슷한 상대는 무시해 버리는 경향까지 있다. 즉 대부분의 사람들은 도무지 자기를 만나 줄 것 같지 않은 상대는 애타게 만나고 싶어 하는 반면, 자신을 기꺼이 만나 줄 만한 상대는 자기 쪽에서 접촉하기를 꺼린다는 것이다.

이러한 결과를 보면 다음과 같은 가정을 해 볼 수도 있다. 만일 누군가 데이트 사이트에서 당신을 보고 관심을 표명하였다고 치자. 그렇다면 그 사람은 십중팔구 당신의 수준에 못 미치는 후보일 것이다. 물론 순전히 통계적인 차원에서 볼 때 그렇기는 하지만, 어쨌든 누군가 당신을 만나고 싶어 하는 사람이 있다면 아마도 거의 대부분의 경우 그 사람보다 당신의 외모가 더 나을 것이다. 온라인 데이트에서 빈발하는 이런 현상에 딱 들어맞는 말을 그루초 마르크스Groucho Marx, 미국의 코미디언-옮긴이가 한 적이 있지 않은가! "제발 내 거절을 받아 줘요. 나는 나 같은 사람을 멤버로 받아들이려고 하는 클럽 따위에는 소속되고 싶지 않아요."

돈은 사랑도 살 수 있게 한다

─── 그렇다면 사람들은 온라인 데이트에서 외모를 얼마나 중요하게 여길까? 히치, 호타크수, 댄 애리얼리가 개발한 측정 방법을 다시 이용해 보자.

가상의 여성 한 사람이 있다. 그녀는 다음 두 유형의 남성 중 한 명을 선택할 수 있다. 한 명은 아주 매력적이고, 다른 한 명은 그렇지 않다. 전자는 외모에 관한 한 상위 10%에 해당하고대부분의 사람들이 그의 외모에 9점에서 10점을 준다. 1년에 6만 2,500달러를 번다. 후자는 외모가 하위 10%에 속하고대부분의 사람들이 그의 외모에 10점 만점의 1점을 준다. 연봉이 X 달러이다. 이 외모 하위 10%의 남성이 여성의 선택을 받으려면 외모 상위 10%의 남성보다 얼마나 더 많은 돈을 벌어야 할까? 답은 이렇다. 외모가 뒤떨어지는 남성은 잘생긴 남성보다 1년에 18만 6,000달러를 더 벌어야 여성에게 선택될 수 있다.

그렇다면 남성이 못생긴 여성을 선택하게 하려면 그에게는 어떤 보상이 주어져야 할까? 글쎄, 이것은 아예 거론할 필요도 없다. 가능성이

온라인에서 애인 찾기 성공률을 높일 수 있는 시그널이 있을까?

경제학자들은 시그널링signaling, 즉 거래에 참여시킬 목적으로 다른 사람에게 정보를 전달하는 수단에 관심이 많다. 만일 시그널링에 비용이 든다면 이는 신호를 받는 사람에게 신호를 보내는 사람의 의도가 진지하다는 것을 알려 준다. 예를 들어 데이트 사이트 이용자가 자기 수준에 못 미치는 어떤 상대로부터 메시지를 받았다고 치자. 이런 메시지에는 보통 시간 낭비라고 생각하여 답변을 안 해 주기 십상이다. 이 경우 메시지를 보낸 사람이 이 시장에서의 자신의 가치에 대해 정확히 주제 파악을 하였다면 메시지를 보낼 때 별도의 신호를 담았어야 하였다. 이런 신호를 통해서 자신의 의도가 얼마나 진지한지를 표현해야만 비싼 상대로부터 답변을 얻어낼 가능성이 높아지기 때문이다. 한국의 경제학자 이수형, 김혜림, 김우근과 니덜Muriel Niederle은 온라인 데이트에서 가상 장미를 보내는 것과 같이 아주 약간의 비용이 발생하는 신호만으로도 데이트에 큰 영향을 미칠 수 있다는 사실을 확인하였다.

한 온라인 데이트 파티의 경우 싱글 참가자들은 데이트를 신청한다는 내용이 담긴 규격화된 메시지를 최대 10명에게 보낼 수 있다. 파티가 끝나면 메시지를 받은 사람들은 4일 동안 프로포즈를 받아들일지 여부를 결정한다. 이때 모든 참가자들은 자기가 상대를 얼마나 진지하게 생각하는지 표현할 수 있는 온라인 가상 장미도 각자 두 개씩 받은 상태이다. 상대에게 가상 장미를 보내는 데는 비용이 든다. 모든 프로포즈 메시지에 장미를 보낼 수는 없기 때문이다. 메시지를 보내는 사람은 자신이 고른 10명 중에서도 가장 관심 있는 이성에게만 장미를 첨부한다. 장미를 함께 보내면 장미를 안 보내고 프로포즈를 하였을 때보다 상대방이 데이트 신청을 받아들일 가능성이 20% 올라간다. 이 전략이 가장 적중하는 경우는 프로프즈를 하는 사람이 받는 사람보다 매력도 점수가 더 높을 때이다. 다른 모든 조건이 똑같은 상황에서 프로포즈를 하는 쪽의 매력도 점수가 받는 사람보다 높을 경우 장미를 함께 보낸 쪽의 데이트 신청이 받아들여질 가능성은 50% 높아진다.

모든 온라인 데이트 서비스가 가상 장미와 같은 시그널링 수단을 제공하지는 않는다. 따라서 프로포즈를 보내는 사람은 상대에게 자신만의 신호를 전달할 수 있는 방법을 궁리해야 한다. 이를테면 상대에게 개인적으로 메시지를 보내 자신이 그의 프로필을 아주 꼼꼼히 읽었다는 사실을 전달하는 방법도 있다. 하지만 사람들이 잘 모르는 사실이 하나 있다. 답변을 얻기 위해서 굳이 신호까지 보낼 필요는 없다고 생각하는 허접한 상대야말로 사실은 내가 신호를 보냈을 때 가장 답변을 해 줄 확률이 높은 사람들이라는 사실이다.

전혀 없는 이야기이기 때문이다. 여성의 외모를 중요시하는 남성이든 여성의 소득 수준에 개의치 않는 남성이든 간에 남성들에게 있어 여성의 경제력은 미모를 대체하기 위한 보상이 되지 못한다.

앞서 매력적인 후보는 시장에서 가격이 비싸다고 말한 바 있다. 위에서 언급한 측정 방법과 같이 여성이 매력적인 남성과 데이트하기 위해 포기할 용의가 있는 다른 상대방의 소득이라는 측면에서 이 매력적인 남성이 얼마나 비싼지를 알 수 있다. 하지만 데이트 시장에는 금전적 가치만으로는 측정하기 어려운 흥정 요소가 있다. 이를테면 어떤 사람들은 종교가 같은 상대를 택하기 위해 잘생긴 사람과 만날 기회를 포기한다. 또 어떤 사람들은 자기와 학력이 비슷한 배우자를 만나기 위해 이상적으로 키가 큰 후보를 희생시키기도 한다. 남성들은 되도록 젊은 여성과 결혼하고 싶어 하는 것이 일반적인 성향이지만, 어떤 남성들은 경제적인 여유를 제공할 수 있는 배우자를 얻고 싶어 좀 더 나이 든 여성을 선호할 수도 있다. 9장에서 좀 더 알아보자.

바너지Abhijit Banerjee, 듀플로Esther Duflo, 가타크Maitreesh Ghatak, 라포천 Jeanne Lafortune이 수행한 연구에 따르면, 인도에서는 같은 카스트 내 상대와 결혼하려는 성향이 너무 강해서 상대의 학력이 아주 처지는 한이 있어도 같은 카스트의 사람과 결혼하려고 한다고 한다. 이렇게 사람들에게는 애인 후보가 갖추어야 할 필수 자격 조건 중 일부를 포기하면서까지 꼭 취하고자 하는 특정 요건이 있다. 어떤 조건을 포기하고 다른 조건을 선택하는가는 각 개인의 선호 체계, 즉 개인이 각 조건들에 상대적으로 얼마만큼의 가치를 부여하는지에 달려 있다. 반면에 사람들이 얼마만큼을 포기해야 하는가는 자신의 시장 가치, 즉 자신이 이 시장 안에서 얼마짜리 후보인지에 의해 정해진다. 이 점수는 앞서 말한 것처럼 경쟁자들과의 비교 평가, 즉 시장에 참여한 경쟁자들이 어떤 조건을 얼마만큼 가지고 있느냐에 따라 결정된다.

외모 인플레이션

—   이런 실험을 해 보자. 같은 성별, 같은 연령층 사람들과 비교하였을 때 자신의 외모가 1점에서 10점 중 과연 몇 점 정도 된다고 생각하는지 솔직히 점수를 매겨 보라. 만일 당신이 동년배들 70%보다는 잘생겼지만 나머지 30%보다는 뒤처진다고 생각하면 7점을 매기는 식이다. 이 점수가 바로 당신이 시장에서 어떤 위치에 놓여 있는가를 보여 주는 자기 평점이다.

이제 온라인 데이트 사이트에 찾아가서 당신과 동성이며 같은 연령층의 사람들을 검색해 보라. 이를 위해서는 자신의 성별을 숨기고 반대 성별인 척할 필요도 있다. 그리고 다른 참여자들이 각자를 홍보하기 위해 올려놓은 프로필 사진을 살펴보고 이 중 무작위로 10개의 사진을 골라서 이들의 매력도에 점수를 매겨 보기 바란다. 그러면 애초 내가 스스로에게 주었던 외모 평점이 지나치게 부풀려졌다는 사실을 깨달을 것이다. 나와 동급이라고 점수를 매긴 사진 속 인물을 객관적으로 보면 사실 그쪽이 나보다 훨씬 잘생겼기 때문이다.

이런 불일치가 발생하는 것은 반드시 내가 스스로를 너무 과대평가하였거나물론 당신이 과대평가하였을 수도 있지만 그것은 지금 중요한 사실이 아니다. 나보다 잘생긴 사람들만 온라인 데이트 사이트를 이용하기 때문만은 아니다. 원인은 다른 데 있다. 모든 사람은 적어도 하나쯤 아주 잘 나온 자기 사진을 갖고 있다. 모든 사람들이 저마다 가장 잘 나온 사진을 온라인 프로필에 올린다면, 프로필 사진만으로 상대방의 매력도를 평가할 때 사람들의 평균적 매력 점수를 부풀려 평가할 수밖에 없는 노릇이다.

이것이 사실이라면 온라인에서 만났던 사람을 현실에서 실제로 만났을 때 또는 상대로부터 프로필 외의 다른 사진을 받았을 때 당신은 이들의 점수를 하향조정하고 싶은 생각이 들 것이다. 왜? 당신은 이미 온라인 데이트 시장을 통해서 후보들의 평균 매력 점수를 지나치게 높게 매겨 놓은 상태이기 때문이다.

이러한 현상을 사회심리학자들은 대비효과contrast effects라고 한다. 이것은 특정 이미지를 평가할 때 이보다 더 멋진 사진을 먼저 본 다음 점수를 매기라고 하면 두 이미지 사이의 대조 때문에 멋진 사진을 보지 않고 평가를 할 때보다 낮은 점수를 매기는 것과 같은 현상이다. 현장 조사자들이 남성들에게 매력적인 여성의 사진이나 풍경 사진 같은 등의 이미지를 보여 준 뒤 평범하게 생긴 여성의 매력도를 평가하라고 하면, 매력적인 여성의 사진을 본 사람들은 이런 사진을 보지 않았거나 풍경 사진을 본 사람들에 비해서 평범하게 생긴 여성에게 낮은 점수를 주었다.

다른 말로 표현하면 온라인 데이트 사이트의 프로필 사진은 '외모 인플레이션'을 낳는다는 것이다. 이 인플레이션은 사람들에게 사회 전반의 외모 분포도에 대해 왜곡된 개념을 심어 줌으로써 외모를 평가하는 개인의 눈높이를 지나치게 올려 버린다. 이런 현상은 외모라는 특성에만 국한되어 일어나는 것이 아니다. 온라인 데이트 참여자들은 사이트에 자신의 다른 자질도 부풀려서 소개한다.

이러한 과장된 자기소개 글 때문에 마치 전체 온라인 시장이 매력적이고 학력도 높고 수입도 좋은 후보자들로 가득 찼으며, 그들이 당장이라도 나와 함께 공원이나 해변에 놀러 가기 위해 줄을 서서 기다리고 있는 듯한 착각을 갖게 한다. 온라인 시장에 이제 막 첫발을 들인 사람이라면 그저 황홀할 따름이다. 모든 시장 참여자가 평균 이상은 된다는 착각은 장기적으로 봤을 때 오히려 시장 거래가 성사될 수 있는 시점을 뒤로 늦출 뿐이다. 나 자신도 이 시장에서 스스로의 능력을 과대평가하게 되기 때문이다.

데이트 시장 참여자들은 남녀 불문하고 나이를 먹어갈수록 시장에서의 가치가 떨어지는 감가상각을 감수해야 한다. 따라서 애초에 자신의 시장 가치를 부풀리지 않고 정확하게 평가해서 시장에 참여하는 것이 자신에게 유리하다. 시장에서 자신의 가치가 하락하기 전에 서둘러 거래를 마치고 시장을 빠져나와야 하기 때문이다.

경제학적 접근 방식으로 표현하자면 데이트 시장에 참여하는 사람들이 처음부터 자신의 가치가 어느 정도인지 솔직히 인식하고 자신이 원하는 모든 조건의 충족보다는 어느 정도 타협할 수 있는 수준에서 상대방을 찾는다면, 더 많은 사람들이 더 쉽게 파트너를 찾을 수 있을 것이므로 데이트 시장은 더욱 빨리 균형점에 도달하게 될 것이다.

부자여서 문제가 될 수 있을까?

──   경제학자들은 인간의 행동을 되도록 단순화해서 묘사하려고 하지만 실상 인간은 매우 복잡한 생명체이다. 이미 앞에서도 언급하였듯이 완벽한 짝은 리스트 상의 여러 가지 조건을 보고 판단하기보다는 직접 부딪치며 경험하면서 찾는 것이 더 효과적이다. 리스트 상의 조건들을 보면서 잘 어울릴 것 같은 애인을 찾으려고 할 때에도 경우에 따라서는 각각의 조건 그 자체보다 그 조건들이 결합되어 나타나는 전체적 특성이 더 중요할 때도 있다.

반복해서 이야기하지만 여성은 애인을 찾을 때 상대의 외모만이 아니라 다른 자질을 동시에 고려한다. 사회학자 추Simon Chu, 파Danielle Farr, 무뇨즈Luna Muñnoz, 라이셋John Lycett에 따르면 여성들은 평범한 남성보다 잘생긴 남성을 좋아하고 가난한 사람보다 부자를 더 좋아하지만, 만일 비슷하게 잘생겼지만 수입에 차이가 있는 두 남성이 있다면 돈을 아주 잘 버는 남성보다 조금 수입이 처지는 남성을 선호하는 경향이 있다.

이처럼 의외의 결과가 관찰된 이유는 여성이 자신에게만 충실할 수 있는 남성을 찾으려고 한다는 사실과 관련이 있다. 잘생긴 남성을 애인으로 삼을 만큼 능력 있는 여성이라면 다른 여성에게 추파를 던질 가능성이 비교적 적은 남성 쪽을 선호한다는 것이다.

돈 많은 남성은 여성들에게 쉽게 추파를 던진다. 이는 숫자로도 확인된다. 다음 실험을 보자. 온라인 데이트 사이트에 외모 점수가 각각

1에서 10에 해당하는 가상의 남성 20명의 프로필을 올려놓았다. 이 남성들의 직업으로는 사회적으로 지위가 높은 직종의사, 건축가, 중간인 직종교사, 사회복지사, 그리고 지위가 낮은 직종우편배달원, 콜센터 상담원이 두루 들어 있다. 그리고 이 프로필을 본 여성들에게 어떤 남성과 길게 보고 연애할 마음이 있느냐고 질문하였다.

실험 결과 여성들은 남성의 외모 점수가 7~10점으로 높은 경우 고소득층의 남성보다 중간 정도 소득의 남성을 선호하였다. 반면 남성의 외모 점수가 4~6점으로 조금 낮은 경우는 중간 소득자보다 고소득의 남성을 택하였다. 특히 스스로 타인을 잘 신뢰하지 못하고 데이트 시장에서 별로 성공할 자신이 없다고 말한 여성일수록 이런 선택을 하였다.

결론은 이렇다. 상대가 자신에게 충실할 것이라고 쉽게 믿지 못하는 여성은 다른 여성들의 관심을 끌 만한 남성을 짝으로 고르지 않으려고 한다. 남성이 자신을 속일 것이라는 걱정 때문이기도 하지만 다른 여성들의 공세로부터 잘난 남자를 지키는 것은 피곤한 일이기 때문이다. 즉 다른 여성들이 줄줄 쫓아다닐 것 같은 남성과 엮여서 비싼 대가를 치러야 할 일은 애초에 만들지 않으려는 것이다.

어디에서 찾아야 할까?

—— 지금까지는 온라인 데이트 시장에 한정되었지만, 최근에는 소셜네트워킹 사이트SNS, Social Networking Site들이 전통적 데이트 사이트

못지않게 애인을 구할 수 있는 명소로 떠오르고 있다. 옥스퍼드 인터넷연구소의 호건Bernie Hogan, 나이 리Nai Li, 더튼William Dutton은 1997년 이후 온라인에서 만나 동거를 한 커플의 30%가 SNS를 통해 만났다는 사실을 발견하였다. 온라인 데이트 사이트처럼 오로지 애인 찾기를 목적으로 한 사이트를 통해 만난 커플이 28%이므로 이를 앞지른 셈이다. SNS가 21세기에 들어서야 비로소 널리 확산되었다는 점을 감안할 때 이와 같은 수치는 오늘날 얼마나 많은 온라인 데이트가 데이트를 전문으로 한 사이트 외부에서 이루어지고 있는지를 분명하게 보여 준다.

SNS의 강점은 데이트 전문 사이트보다 훨씬 실제적이라는 점이다. SNS에서도 데이트 전문 사이트에서 제공하는 나이나 학력 같은 정량적인 정보를 충분히 인지할 수 있으며, 이보다 훨씬 중요한 것도 확인할 수 있다. 애인 상대로 고려하고 있는 상대가 사이트 내에서 다른 사람들과 어떻게 상호작용하는지 관찰할 수 있다는 점이다. 이런 관찰을 통해 다른 사람들이 이 사람을 어떻게 평가하는지를 알 수 있다. 이러한 정보는 내가 관찰하고 있는 사람이 데이트 시장에서 어떤 위치에 있는지 파악하는 데 도움이 되므로 나와 동등한 가치를 지닌 애인을 찾고자 할 때 유용하게 활용할 수 있다.

그렇다면 이런 질문을 하지 않을 수 없다. SNS가 인터넷에서 애인을 찾는 데 이토록 핵심적 역할을 하게 되었다면 굳이 돈까지 지불하며 인터넷 데이트 서비스를 이용할 필요가 없지 않을까? 무료 온라인 데이트 서비스들은 유료 사이트보다 회원 수가 더 많다는 자료를 제시하며 자신들의 경쟁력을 강조한다. 유료 서비스 사이트의 가입자가 무료 사이트 이용자보다 적은 것은 사실일지 모른다. 하지만 이용자들에게 필요한 것은 많은 애인 후보자가 아니다. 실제로 찾는 것은 결국 단 한 명의 애인이다. 중요한 점은 온라인에서 사귄 사람과 실제로 만나려고 할 경우 유료 서비스를 통해 알게 된 사람이 무료 사이트에서 사귄 사람보다 오프라인 만남에 응할 가능성이 크다는 사실이다.

심리학자 콜먼Martin Coleman은 온라인 데이트 시뮬레이션을 이용한 최근 연구를 통해 이러한 이론을 검증하였다. 피실험자는 자신의 이상형을 묻는 질문 몇 가지에 대답한 뒤 유료 온라인 사이트에서 돈을 내고 배우자감을 찾아달라고 요청한다. 피실험자가 검색 결과를 받아 보니 애인 후보를 뽑아주기는 하였지만 원래 자신이 원하였던 자질을 완벽하게 갖춘 사람은 아니라고 한다. 이는 누구나 경험해 보았을 법한 일이다! 바로 이 시점에서 피실험자는 친구로부터 그가 찾던 조건을 완벽하게 갖춘 사람과 미팅blind date을 주선해 보겠다는 제의를 받는다. 그렇다면 한 시간을 쪼개서 이 두 후보와 데이트를 진행해야 할 경우 시간을 어떻게 배분하면 좋을까? 한 쪽에는 온라인 사이트에서 소개한 조건이 조금 뒤떨어지는 상대가 있고, 다른 한 쪽에는 보다 완벽한 상대와의 블라인드 데이트가 있다. 이들 각자에게 과연 얼마나 많은 시간을 할애할 것인가?

관찰 결과를 보면 피실험자는 온라인 데이트 서비스를 이용하기 위해 얼마나 많은 돈을 냈는가에 따라 시간 배분을 달리 하였다. 피실험자가 온라인 사이트에서 무료로 서비스를 이용하였거나 돈을 조금 냈을 경우에는 돈을 많이 낸 사람들에 비해서 미팅을 더 선호한다. 온라인 서비스에 전혀 돈을 내지 않은 경우 온라인 데이트에 28분을 할애한 반면 50달러의 이용료를 낸 온라인 데이트에는 49분 가까이 시간을 배분한 것이다. 한편 여성의 경우는 서비스 이용료가 무료였을 때 13분, 50달러를 내고 이용하였을 때 28분을 온라인 데이트 쪽에 할애하였다.

외모가 쳐지는 사람일수록 자신을 부풀린다

몇 년 전 온라인 데이트 사이트에서 대학을 졸업하였다고 한 남자와 채팅을 한 적이 있다. 내가 전공이 무엇이냐고 묻자 뒤늦게 고백을 하는데, 실은 커뮤니티칼리지 community college, 미국의 2년제 대학-옮긴이에서 6년이나 공부하였지만 결국 학위 이수에 실패하였다면서 "지금쯤이면 의사가 되었어야 하였는데 말이죠!" 하는 것이었다. 그 말을 듣자마자 나는 이런 메시지를 보냈다. "안녕히 가세요!"

어느 누구도 서로 신뢰하는 관계로 발전할 수 있으리라고 기대하였던 사람한테 속고 싶지는 않을 것이다. 어떤 조사에 따르면 바로 그런 이유로 대부분의 사람들이 방금 소개한 남자와 달리 데이트 사이트에 자기소개를 거짓으로 올리지 않는다고 한다. 남자라면 키가 몇 센티미터 더 크다고 살짝 보탤 수 있고 여자라면 실제보다 좀 더 날씬해 보이려고 3~4킬로그램 줄여서 프로필에 올릴 수도 있을 것이다. 하지만 사람의 몸무게나 키 맞추기 축제 같은 데서 아르바이트를 해 본 이가 아니고서야 그 정도 살짝 보태거나 뺀 것은 크게 문제가 되지 않는다.

커뮤니케이션을 연구하는 토마Catalina Toma와 핸콕Jeffrey Hancock이 최근 조사한 바에 따르면, 외모가 뒤쳐지는 사람일수록 실제와 다르게 너무 잘 나온 사진을 프로필에 올리며 키나 몸무게도 거짓으로 적어 넣는 경향이 있다고 한다. 흥미로운 점은 외모에 자신이 없는 사람들도 이를 보완하기 위해 사회적 지위를 내세우지는 않는다는 사실이다. 즉 소득, 교육, 직업 등에 관해서는 자신들보다 외모가 뛰어난 사람들보다 더 과장하지는 않는다고 한다.

이를 보면 남녀 모두 시장에서 자신의 외모가 어느 정도 수준인지를 제대로 평가하고 있는 것으로 보인다. 다만 외모가 뒤쳐지는 사람들은 온라인에서 애인을 찾는 데 많은 시간을 쓰고 성공 가능성도 낮기 때문에 보다 많은 관심을 받기 위해 자신의 프로필을 수정하는 것일 수 있다. 이와 같이 외모가 뒤쳐지는 사람들은 사람들의 관심을 더 끌기 위해 자신의 프로필을 수정함에 따라 덜 정직한 것처럼 보이게 된다. 만약 그렇다면 사람들의 외모 부풀리기는 자기 스스로를 외모가 뒤쳐지는 것으로 평가한 결과라기보다는 시장에서 애인을 찾는 데까지 걸리는 시간의 함수라고 할 수 있다.

마무리하는 말

—— 오래전 한 친구가 나한테 자기가 아는 남자를 소개시켜 주려고 한 적이 있다. 그는 40대 후반에 잠시 실업 상태였고, 아주 지저분한 이혼 과정을 겪고 있던 참이었다. 자녀도 셋이나 된다고 하였지만 나는 흔쾌히 "그래, 만나 볼게!"라고 답하였다. 그런데 친구가 그 남자에게 나에 대해 소개하자 이렇게 답하였다고 한다. "됐네요. 난 스물다섯 살 아래하고만 데이트합니다." 나처럼 직장도 있고 수입도 괜찮은 여자를 거부하다니! 이런 남자야말로 섹스와 연애 시장을 경제학적 관점에서 바라보는 법을 반드시 배워야 할 사람이다. 그래야 연애에서 뭐 하나라도 건질 수 있을 것이 아닌가!

내가 지금 독자들과 함께 살펴보고 있는 데이트 시장의 경제학은 현재 진행형으로 애인을 찾고 있는 이들에게만 유용한 도구가 아니다. 이것은 현대 사회에 나타나는 경제와 사회 현상을 전반적으로 이해하는 데 큰 도움이 되는 학문이다. 예를 들어 데이트 시장에 대한 경제학적 분석은 왜 최근 수십 년 사이에 최고 부유층과 최빈곤층의 가계 소득 격차가 점점 더 벌어지는지를 이해하는 데 도움이 된다. 이런 현상이 일어나는 이유 중 하나는 데이트 시장이 서로 비슷한 소득의 사람들끼리 쉽게 짝지어지는 방향으로 작동하기 때문이다. 고학력에 수입도 좋은 남성이 단지 같은 고향 출신이라는 이유로 미숙련 저임금의 고졸 여성과 사랑에 빠져 결혼을 하던 시대는 이제 옛일이 되었다. 지금은 돈 잘 버는 남성이 자신과 똑같이 돈 잘 버는 여성과 결혼하는 시대이다.

이런 현상이 일어나는 것은 비단 여성들의 평균 임금 수준이 높아졌기 때문만이 아니라물론 그것도 사실이다. 남성들이 보다 폭넓은 데이트 시장에서 배우자를 찾을 수 있게 되었기 때문이다. 보다 넓은 데이트 시장을 검색하여 보다 마음에 드는 사람을 찾을 수 있게 되면 자신과 학력과 소득 수준이 비슷한 상대를 만날 가능성이 커진다. 그리고 이렇게 소득 수준이 높은 개인들끼리 결혼을 하면 고소득자가 저소득자와 결혼한 경우보다 훨씬 가계 소득이 많은 가정이 탄생하게 된다. 온라인 데이트를 쉽게 이용할 수 있게 된 것도 이런 현상에 한몫한다. 온라인을 통해 보다 쉽게 선택적 짝짓기를 하게 되면서 경제적 계급의 경계가 강화되고 부유층과 빈곤층 간의 가계 소득 격차도 크게 벌어지는 것이다.

우리는 데이트 시장에 대한 경제학적 접근을 통해 이 시장이 비효율적으로 운영될 경우 개인은 더 긴 시간 미혼 상태를 벗어나지 못한다는 사실도 살펴보았다. 만일 개인이 데이트 시장에서 자신이 몇 점짜리인지를 제대로 평가하지 못한다거나 직접 부대끼며 경험해 보아야 할 자질보다는 나이, 키, 학력, 인종, 소득 수준 같이 계량적인 특성에만 집중해 애인을 찾으려고 한다면 너무 오랜 시간을 허비할 수밖에 없고, 결과적으로 나이를 먹도록 결혼이 주는 경제적 혜택도 누리지 못하게 된다.

다음 장에서는 결혼이 주는 혜택을 살펴볼 것이다. 사회적 관점에서 보았을 때 결혼 시장이 효율적으로 작동하지 못하면 전체 출생률은 하락하지만 미혼모 출산은 늘어나는 문제가 생기게 된다. 또 결혼이 30대나 40대로 미루어지는 바람에 임신이 어려워진 커플들이 불임치료에 많은 돈을 소비하게 되고 아예 결혼을 못 하는 사람도 늘어날 것이다. 바로 이 때문에 싱가포르 같은 나라에서는 정부가 나서서 짝짓기 시장을 활성화시키고 있다. 정부가 무료 온라인 데이트 서비스를 제공하는가 하면 미혼 남녀들이 서로 만날 자리를 주선하기도 하고, 주변 친구들이 중매쟁이 역할을 제대로 해낼 수 있게 도와주는 워크숍까지 조직한다.

경제학은 미국 내 흑인 여성의 결혼율이 눈에 띄게 떨어지고 있는 이유도 설명해 준다. 이는 흑인 여성들의 학력이 흑인 남성에 비해 전반적으로 높아지고 있는데다 흑인 남성들이 감옥에 들어가는 비율이 높아지면서 흑인 남편감이 점차 줄어들었기 때문에 빚어진 현상이다. 이 문제 역시 다시 설명할 것이다. 하지만 이런 요소들이 결혼율에 영향을 미친 것은 흑인 여성들이 자신과 다른 인종과의 결혼을 극도로 꺼리기 때문이다. 만일 모든 싱글들이 배우자감의 인종에 신경을 쓰지 않는다면 흑인 여성의 결혼율도 백인 여성의 그것과 비슷해질 것이다. 우리는 이 장에서 데이트 현장에 나타나는 인종 선호도를 조사함으로써 오늘날 어째서 흑인 여성의 결혼율이 유독 다른 집단보다 낮은지에 대해 경제학적인 설명을 얻을 수 있었다.

이 모든 이야기가 향하는 곳은 바로 결혼이라는 화두이다. 섹스와 연애라는 주제를 다루는 데 있어 결혼만큼 관심을 끄는 주제는 없다. 경제학자들이 잘 하는 일 중 하나는 변화를 이해하는 것인데, 결혼은 좋든 싫든 끊임없이 변화한다. 결혼에 대한 법적 정의만이 아니라 개인이 결혼 상대자를 고를 때 고려하는 조건도 변하고 결혼을 한 뒤 부부가 중요한 의사 결정을 내리는 방식도 변화한다. 앞으로 살펴보겠지만 우리가 결혼에 골인해서 데이트 시장을 벗어난 뒤에도 이 시장은 여전히 우리의 섹스와 연애에 계속해서 중요한 역할을 한다.

4장
내 부족함을 채워 주는 당신

"당신이 원하는 것을 늘 얻을 수는 없다. 하지만 노력한다면 필요한 것을 얻을 수는 있다."

—— 그룹 롤링스톤즈의 보컬 믹 재거는 젊은 시절 런던정경대학교 London School of Economics에서 고작 2년밖에 공부하지 않았지만, 연애 시장의 작동 원리만큼은 확실히 이해한 것 같다. 위의 소제목은 롤링스톤즈가 부른 노래 'You Can't Always Get What You Want', 즉 '원하는 것을 늘 얻을 수는 없다.'에서 따온 것이다. – 옮긴이 아무도 연애와 결혼에서 자신이 원하는 모든 것을 얻을 수는 없다. 왜냐하면 시장이 마감되었을 때 당신 곁에 누가 짝으로 남게 되는가는 그 시장에서의 당신 가치에 의해 결정되기 때문이다. 시장 이론에 따르면 당신이 결혼하는 상대방은 시장에서 당신과

비슷한 가치 평가를 받는 사람이다. 혹 누군가는 자신보다 시장 가치가 더 높은 상대를 만나기 위해 기다림으로써 보다 좋은 결과를 얻을 수 있을지도 모른다. 하지만 가장 생산적인 짝짓기는 거래를 통해 서로 이익을 취할 수 있을 만큼 각자가 지닌 특성이 판이한 사람끼리의 만남이다. 따라서 당신이 비록 결혼을 통해 원하는 것을 모두 얻지는 못 할지라도 다행히 당신과 비슷한 시장가치를 지닌 상대를 만나게 된다면 그가 바로 당신에게 필요하였던 사람이라고 할 수 있다.

우리가 평생을 함께하고 싶은 사람을 어떻게 선택하는지 알아보기 전에 우선 왜 결혼을 하는지부터 살펴보자. 도대체 무엇이 두 사람의 타인을 결혼이라는 제도로 이끄는 것일까? 참고로 이 장과 다음 장들에서 다루는 내용은 법적으로 인정받는 결혼과 함께 동거만 하는 장기적 연애 관계, 동성 결혼 모두에 대해 적용될 수 있다.

러브 스토리가 아닌 결혼 스토리

―― 지금부터 소개할 결혼 서약서의 내용은 경제 이론을 바탕으로 만들어졌다. 이 서약서는 하나의 예시일 뿐이며 커플마다 배우자의 장단점에 따라 다른 내용을 채워 넣을 수 있다. 나중에 확인할 수 있겠지만, 지금 소개하는 서약 내용은 1장에서 만났고 6장에서도 계속해서 살펴볼 여성 캐릭터 제인의 사례를 염두에 두고 쓴 것이다. 만일 제인이 자신의 결혼 서약을 쓸 때 미래를 내다볼 수 있는 혜안이 있었다면

지금 소개하는 이 서약이야말로 그녀의 결혼 생활과 딱 들어맞는 내용이라고 무릎을 쳤을 것이다.

신랑: "나는 신랑이라는 이름으로 신부인 당신과 결혼 생활에서 지켜야 할 계약을 맺는 데 동의합니다. 나는 과거 내가 신부의 필수조건이라고 생각한 자질을 모두 갖춘 여성을 몇 명 만난 적이 있지만, 그들이 나를 남편감으로 부족하다고 생각하였기 때문에 결국 당신을 내 아내로 선택하였다는 사실을 인정합니다. 당신은 학력이나 수입 면에서 내 기준에는 못 미치지만, 젊음과 미모로 이를 보상하고도 남았기에 내 신부로 선택하기에는 충분하였다는 점을 맹세합니다. 당신의 가치는 나이가 들어감에 따라 감가상각될 것이고 또 나로서는 새 여자를 찾는 데 비용도 별로 들지 않기 때문에 언젠가는 새 아내를 찾고 싶다는 유혹을 느낄 수도 있을지 모릅니다. 그러나 어쨌든 지금 나는 당신에게 충실할 것을 맹세합니다. 나는 우리 가족의 번영을 위해 당신과의 분업을 통해 일할 것을 맹세합니다. 또한 당신이 기대하는 가계 소득에 부합하는 수입을 올리기 위해 나의 인적 자본을 끊임없이 투자하겠습니다. 이성적으로 들리는 이야기는 아니지만, 여하튼 마치 죽음이 우리를 갈라놓을 때까지 헤어지지 않을 것을 기대라도 하는 것처럼 자식들의 양육과 자산 운영에 투자할 것을 맹세합니다."

신부: "나는 신부라는 이름으로 신랑인 당신과 결혼 생활에서 지켜야 할 계약을 맺는 데 동의합니다. 나는 과거에 신랑감의 필수조건이라고 생각한 자질을 모두 갖춘 남성을 몇 명 만난 적이 있지만, 그들이 나를 신부감으로 부족하다고 생각하였기 때문에 결국 당신을 신랑으로 선택하였다는 사실을 인정합니

다. 당신은 키나 매력 모두 내 기준으로 볼 때 흡족하지 못하지만, 높은 학력과 직업 때문에 이를 보상하고 남았으므로 내 신랑으로 선택하기에 충분한 조건이었음을 맹세합니다. 앞으로 내가 낳는 자식들은 모두 생물학적으로 당신의 아이일 것을 보장합니다. 비록 좀 더 유전적으로 뛰어난 자질을 지닌 남자를 만나게 되었을 때 외도를 하고 싶은 유혹도 느낄 수 있겠지만 말이죠. 당신이 우리 가족의 생계를 보장할 만큼 충분한 돈을 벌어다 줄 것이란 전제하에, 나도 아이들의 인적 자본을 위해 내 인적 자본을 희생할 것입니다. 이성적으로 들리는 이야기는 아니지만, 여하튼 나는 책임을 회피하지 않고 우리 결혼과 자산 운영에 투자할 것을 맹세합니다. 마치 죽음이 우리를 갈라놓을 때까지 헤어지지 않을 것이라고 기대라도 하는 것처럼 말이죠."

이 시점에서 신랑 신부는 결혼반지를 교환하며, 신부의 동생이 앞으로 나와 비틀즈의 'Can't Buy Me Love'를 감동적으로 부른다. 보다 현대적인 노래를 선호하는 사람이라면 Panic at the Disco 미국의 록밴드—옮긴이 의 'I Write Sins Not Tragedies' 결혼식 하객들이 혼전에 문란한 생활을 하였던 신부를 흥보는 내용의 노래로, 과거야 어쨌든 결혼에 골인하였으니 결국 성공한 것 아니냐고 비꼬는 내용—옮긴이 를 부르며 곧 부부가 될 커플에게 다음과 같은 충고를 전할지도 모른다. "이런 문제 결혼—옮긴이 는 침착하고 이성적으로 대하는 것이 좋을 거야."

사람들이 결혼을 하는 이유는 다양하다. 하지만 경제적 관점에서 보았을 때 결혼의 목적은 결국 다음 두 가지로 귀결된다. 살림에 필요한 상품과 서비스의 효율적 생산, 그리고 궂은 날에 대비한 보험 가입이다. 이 보험 가입 문제에 대해서는 부부간의 협상에 대해 살펴볼 6장에서 자세히 다룰 예정이다. 지금은 우선 결혼의 장점, 즉 상품과 사랑, 섹스, 자녀와 같은 서비스 생산을 최대치로 끌어올릴 수 있는 제도로서 결혼의 특징을 살펴보는 데 집중할 것이다.

생활에 필요한 상품과 서비스는 개인이 직접 만들 수도 있고 시장에서 구입할 수도 있다. 하지만 일반적으로는 두 사람이 가정을 이룰 경우에 이를 보다 효율적으로이를테면 더 적은 비용으로 생산할 수 있다. 예를 들어 보자.

결혼을 통해 생산할 수 있는 상품 또는 서비스로는 우선 섹스와 사랑을 들 수 있다. 섹스는 시장에서 돈을 주고 살 수 있지만 사랑은 그럴 수 없다. 또한 시장에서 돈을 주고 섹스를 사면 가격이 비쌀 뿐더러 감염 위험도 있고, 신분이 드러날 경우 망신살이 뻗치거나 조롱을 당할 수도 있다는 점에서 고비용이다. 만일 성매매가 불법적 행위일 경우에는 경찰에 잡힐 수도 있고 때로 폭력이 수반될 위험도 있다. 불편함도 불편함이지만, 무엇보다도 시장에서 섹스를 사는 것은 결혼 생활을 통해 성관계를 갖는 것보다 효율성이 떨어진다. 물론 사람들은 매춘 시장이 아니더라도 언제든지 술집이나 온라인에서의 헌팅 등을 통해 일회용 섹스 상대를 찾을 수 있다. 하지만 이런 행위 역시 매춘 시장에서와 마찬가지로 위험부담을 갖고 있다. 게다가 사람들이 나이를 먹을수록 일회용 섹스 시장을 이용하는 데 있어 감수해야 할 것이 많아진다.

흔히 결혼한 사람은 싱글들보다 성관계 횟수가 적을 것이라고 생각하기 쉽지만 이는 사실이 아니다. 데이빗 블랜프라워와 앤드류 오스왈드가 조사한 바에 따르면 기혼자들이 싱글들에 비해 훨씬 많은 섹스를 한다. 기혼자 중 76%가 한 달에 적어도 두세 번 섹스를 하는 반면 미혼인 경우 이 수치는 57%로 떨어지고 이혼한 사람, 사별한 사람, 애인과 헤어진 사람 등은 41%밖에 안 된다. 한편 지난 12개월 동안 한 번도 섹스를 해 보지 못한 비율은 이혼하거나 사별한 사람의 경우 43%, 미혼의 경우 24%인데 기혼자들의 경우는 전체의 6%밖에 되지 않았다.

아마 당신은 섹스의 질과 양은 다른 문제가 아니냐고 반문할지 모른다. 맞는 말이다. 하지만 앞에 언급한 조사 결과에 따르면 지난 12개월 동안 오직 한 사람의 상대와 섹스를 한 사람의 행복도가 여러 명의 파트너와 섹스를 한 경우에 비해 훨씬 높았다. 이 조사 결과가 반드시 결혼한 사람끼리의 섹스가 질적으로 더 우월한지를 증명하는 것은 아니겠지만, 섹스 파트너가 많다고 해서 행복이 보장되는 것은 아니라는 것을 보여 준다. 섹스를 결혼이 제공해 주는 '서비스'의 일종으로 볼 때, 사람들이 결혼을 하는 이유 중 하나는 바로 이 서비스를 미혼자에 비해 저렴한 비용으로 얻을 수 있기 때문이다.

결혼이 제공해 주는 상품 또는 서비스의 두 번째 예는 생물학적 자녀이다. 모든 부부가 아이를 원하는 것은 아니며 아이를 갖고 싶어도 못 낳는 사람도 있다. 하지만 생물학적인 자식을 원하는 이성애 부부라면 결혼이야말로 가장 적은 비용으로 아이를 얻을 수 있는 방법이다. 물론 연애만으로도 아이를 낳을 수 있고 연애 외의 또 다른 방법으로 출산을 할 수도 있지만 역시나 모두 비용이 많이 들고 이용도 불편하다.

결혼을 통해 아이를 갖는다는 것은 여성의 입장에서 볼 때 아이 아버지가 자신의 시간이나 자원 또는 그 둘을 모두 제공해 줄 것이라는 보장을 받는 것이다. 남성 쪽에서 보면 결혼은 자신이 양육을 돕는 아이가 생물학적으로 다른 남자가 아닌 바로 자신의 자식이라는 사실을 보장해 준다. 이렇듯 결혼은 생물학적 아이를 얻는 유일한 방법은 아니지만 가장 저렴한 비용으로 효과적으로 아이를 얻는 방법이다. 사실상 서로 섹스를 즐기고 임신 능력도 있는 부부에게 있어 생물학적 아이를 얻는 데는 거의 아무 비용도 들지 않는다고 볼 수 있다.

결혼의 세 번째 기능은 가장 경제적인 요소라고 할 수 있는 요리, 세탁, 청소 등의 가내 서비스 생산이다. 결혼을 하면 이런 서비스를 보다 저렴하게 생산할 수 있는데, 이는 두 나라 간의 무역과 비슷한 메커니즘이다. 두 나라는 각자 자급자족할 때 이를테면 국제무역을 완전히 차단하는 등의 형태보다 서로 거래를 할 때 더 큰 이득을 누릴 수 있다. 국가와 마찬가지로 사람들도 각자 잘하는 일이 따로 있다. 한 사람이 다른 사람보다 가사노동에 더 유능하다면 그 사람에게 가사를 맡기고 다른 사람이 그 외의 일을 함으로써 이익을 늘릴 수 있다.

내가 알고 있는 부부의 예를 들어 설명하자. 조던과 알렉스는 20개월 된 아이를 가진 커플이다. 두 사람에게는 매일 저녁 해야 하는 일이 있다. 아이를 재우는 일과 부엌을 치우는 일이다. 그들에 따르면 조던은 이 두 가지 모두를 알렉스보다 잘한다. 두 가지 일 모두 알렉스보다 적은 시간을 들여 해 낼 수 있기 때문이다. 조던이 부엌을 치우는 데는 45분 걸리는 반면 알렉스는 60분 걸리고, 딸을 재우는 데도 조던은 30분이면 충분한 데 비해 알렉스는 60분 걸린다. 그렇다면 알렉스는 TV나

보고 있고 조던이 1시간 15분 동안 부엌도 치우고 아이도 재우는 것이 가장 효율적인 것이 아니냐고 생각할 수 있다. 하지만 이런 방식으로는 거래를 통한 이익을 얻을 수 없다.

이들은 가사를 보다 효율적으로 분담할 수 있는데, 이를 위해서는 각자의 비교우위, 즉 누가 어떤 일을 하는 것이 상대적으로 효율적인지 측정할 필요가 있다. 조던은 두 가지 일 모두를 알렉스보다 더 빨리 해낼 수 있지만, 조던이 아이를 재울 시간30분 소요에 대신 부엌을 치웠다면45분 소요 부엌 치우기는 3분의 2밖에 못 해냈을 것이다. 한편 알렉스는 아이를 재우는 데 필요한 시간60분 소요을 이용해 부엌을 치웠다면 그 시간 내에 부엌 치우기를 모두 끝마쳤을 것이다60분 소요. 이것은 조던이 아이를 재우는 데 비교우위가 있고 알렉스는 부엌을 치우는 데 비교우위가 있다는 사실을 뜻한다. 즉 상대방과 일을 바꿔서 할 때보다 이런 방식으로 일을 분담하는 것이 더 효율적이라는 것이다.

따라서 가장 이상적인 일 분담은 조던이 아이를 재우고 알렉스가 부엌을 치우는 방법이다. 이들이 저녁에 해야 할 집안일이 오로지 이 두 가지밖에 없다고 가정할 경우, 알렉스가 미처 부엌을 다 치우기도 전에 조던이 아이 재우기에 성공하였다면 조던은 알렉스의 남은 부엌일을 도와줄 수 있다. 이를테면 한 명이 식기건조기를 치우는 동안 다른한 명은 싱크대 위를 닦는 식으로 부엌일을 나누어서 함으로써 거래를 통한 이익을 보다 늘리는 것이다. 이렇게 일을 나누어서 하면 보다 빠른 시간에 일이 마무리되어 집안일을 시작한 지 45분이 안 돼 두 사람 모두 휴식을 취할 수 있다. 물론 당신이 지금 자녀를 키우는 부모의 입장이라면 "제발 그럴 수 있길, 행운을 빌어요!"라고 하겠지만.

거래를 통한 이익은 지금 살펴본 것처럼 보다 많은 시간적 여유라는 형태로만 나타나지 않는다. 집이 더 깨끗해지고 아이들이 좀 더 살뜰한 보살핌을 받는 등 삶의 질이 높아지는 형태로 나타날 수도 있다. 이렇듯 거래를 통해 얻는 이익으로 무엇을 할 것인가는 부부가 함께 결정할 일이지만, 일반적으로 더 많은 레저 활동을 즐기거나 생산 활동의 질을 더 높이는 데 투자한다고 한다.

비교우위의 장점은 가사나 자녀 양육에만 적용되지 않는다. 여성은 임신이나 출산에서 남성에 비해 뚜렷한 비교우위를 갖고 있다. 남성은 여성만큼 저렴한 비용으로 아기를 낳을 수 없기 때문이다. 그렇다면 부부 사이의 섹스에서는 각자의 비교우위가 어떻게 적용될까? 이 문제만큼은 각자 알아서 파악하라고 독자들의 몫으로 남기겠다.

거래를 통한 이익 추구는 사람들이 왜 미혼으로 남지 않고 굳이 결혼을 하려는가를 설명해 준다는 점에서뿐만 아니라 이들이 미래의 배우자감을 어떻게 선택하는가를 설명해 준다는 점에서도 중요하다. 적어도 이론상으로 본다면 가장 효과적인 결혼이란 각자 잘하는 일이 서로 다른 두 사람이 만나서 결합하는 것이다. 예를 들어 돈을 잘 버는 사람이 자기 자식은 24시간 부모로부터 보살핌을 받으며 자라게 하고 싶다고 생각한다면 배우자감으로 아이를 키우는 데 비교우위가 있는 상대를 고르면 된다. 돈을 잘 버는 사람은 돈을 벌고 배우자는 집에서 아이를 돌보는 것이다.

또한 비교우위론은 전통적 결혼이 왜 산업혁명의 시작과 동시에 남성 생계부양 모델male breadwinner model로 진화하였는지를 설명해 준다. 남성이 밖에서 돈을 벌고 여성은 집에서 자녀를 돌보는 식으로 역할 분담이 이루어진 것은 여성이 천성적으로 약한 자를 돌보는 데 재능을 갖고 태어나서가 아니다. 이는 육체노동이 고되어짐에 따라 시장에서 남성의 비교우위가 커진 반면 여성은 집안일에 비교우위가 커졌기 때문이다. 그러다가 정신노동이 육체노동의 중요성을 앞서고 남녀가 시장에서 벌어들일 수 있는 임금 격차가 줄어들게 되면서 비로소 가사노동의 분담 방식이 변화하기 시작하고 결혼해서 아이까지 가진 여성들이 일터로 나오게 된 것이다.

서로 다른 재능을 가진 두 사람의 결혼이 효율적이라는 사실은 왜 전통적으로 비교적 나이 많은 남성 돈을 버는 데 비교우위과 그보다 젊은 여성 아이를 낳는 데 비교우위의 결혼이 연상녀-연하남 커플보다 많은지를 설명해 준다. 하지만 빠르게 변화하는 사회에서 학력과 소득이 높은 여성들이 그 어느 때보다 많아진 지금은 연상녀-연하남 커플 역시 차츰 늘어나는 추세이다.

비교우위 이론은 고임금 국가의 일부 남성들이 남녀 모두 임금 수준이 낮은 외국에서 배우자감을 찾는 현상도 설명해 준다. 외국에서 배우자를 찾는 남성들은 돈벌이 능력에서 자신의 외국인 아내에 비해 우월할 뿐만 아니라 아내의 모국 남성들과 경쟁하는 것도 어려운 일이 아니다. 한편 외국인 아내의 입장에서도 모국에서보다 남편의 나라에서 살림을 하고 아이를 기르는 것이 더 경쟁력이 있으리라고 기대한다. 국제결혼 문제는 6장에서 다시 다룰 것이다.

비교우위는 부부가 가사노동을 어떻게 나눌지를 확정해 버리는 전가의 보도가 아니다. 비교우위의 역할은 부부가 어떻게 해야 집안일을 최소한의 노력으로 함께 처리할 수 있을지 공동의 관심을 갖고 고민할 때 도움을 주는 것이다. 만일 각자가 그저 자기 몫의 일을 줄이는 데에만 관심이 있다면 답은 간단하다. 누가 더 결정권이 큰가만 판가름하면 된다. 권력이 센 사람이 결정권을 휘둘러 자신은 집에서 빈둥거리고 놀기만 하고 다른 한 사람이 온갖 일을 떠맡아 하면 되기 때문이다.

남편은 두었다가 뭐에 쓰는가?

버논Victoria Vernon의 최근 조사에 따르면 기혼 여성의 여가시간은 미혼 여성보다 하루 34분이 더 길다. 기혼 여성들이 가정의 상품과 서비스 생산에서 결혼의 편익을 얻고 있다는 증거이다. 하지만 이런 혜택을 누리는 것은 고소득 가정의 여성에 국한된다. 저소득 가정의 여성은 자녀가 있는 경우 하루 15~34분 더 일하고 자녀가 없는 경우는 37~48분 더 일을 한다.
남성들의 경우는 기혼이라고 해서 자유시간이 늘어나는 혜택이 없다. 고소득 가정의 기혼남은 자녀가 없을 경우 오히려 하루 13분 더 돈을 벌기 위한 일을 하며, 자녀가 있는 경우 35분 더 일을 한다. 저소득 가정 남성의 경우 결혼을 하고 나면 이런 현상은 더욱 심해진다. 자녀가 없는 경우 83분, 자녀가 있는 경우 110분이나 더 오래 일을 하는 것이다.

문제가 되는 것은 고소득 가정의 기혼 여성이 미혼 여성에 비해 여가시간이 많음에도 불구하고 집안일은 더 많이 한다는 것이다. 결혼한 여성의 여가시간이 늘어나는 것은 오로지 노동시장에서 보내는 시간이 줄었기 때문에 가능한 것이다. 실제 자녀가 있는 기혼 여성은 미혼 여성보다 청소에 31~41분, 요리에 41~50분, 식구들 뒤치다꺼리에 8~11분을 더 쓴다. 그렇다고 결혼한 여성이 손해라는 뜻은 아니다. 이는 남편이 직장에서 비교우위를 발휘하여 일하는 동안 결혼한 여성은 자신의 비교우위를 가정 내 서비스 생산에서 발휘한다는 뜻이다. 여성에게 집안일의 비교우위가 있는 것은 여성이 빨래를 정리하는 데 남성보다 특출한 재능을 갖고 있기 때문이 아니다. 남성이 노동시장에서 더 많은 돈을 벌기 때문에 빚어진 결과이다.

혹자는 집안에 사람이 하나 늘어나는 것 자체로 여성의 자유시간이 34분 늘어나지 않겠느냐고 생각할 수도 있을 것이다. 하지만 여가시간의 증가는 다른 데서 이유를 찾아야 한다. 첫째, 결혼한 여성의 가정은 집안일이나 서비스의 질이 훨씬 좋다. 둘째, 결혼을 하였다고 모든 부부가 거래의 혜택을 누리는 것은 아니다. 비교우위의 장점을 이해하지 못하고 절대우위에 근거해서 집안일을 분담하는 커플은 여가시간을 추가로 얻는 등의 혜택을 누릴 수 없다. 왜냐하면 커플 각자가 자신이 비교적 잘할 수 있는 일을 하고 배우자도 자신이 잘하는 일을 맡아 하는 것이 아니라, 커플 중 한 사람이 자기 배우자보다 더 잘하는 일을 모두 맡아서 해 버리게 되기 때문이다.

도시로, 도시로

———   사랑을 찾는 미혼 남녀들은 두 가지 이유로 대도시로 몰려든다. 인구가 밀집된 곳에서는 애인을 찾는 데 필요한 탐색 비용이 적고, 배우자감이 많아야 그중에서 찾은 상대가 질적으로 더 우수할 수 있기 때문이다.

인구 밀집 지역에서 짝을 찾을 경우 비용이 적게 드는 이유는 간단하다. 인구가 희박한 곳에 비해 사람을 접촉할 기회가 많기 때문이다. 대도시에 사는 사람들은 번잡한 커피숍, 식당, 술집에 다니며 매일 다른 사람을 만날 수 있다. 반면 시골에서는 이런 장소에 가도 매일 만나는 사람이 뻔하다. 도시인들은 낯선 사람에게 개방적이지 않으므로 별 도움이 되지 않을 것이라고 생각하는 사람도 있을 것이다. 어쩌면 그 생각이 맞을 수도 있다. 하지만 사람이 많다는 사실 자체가 애인을 찾는 데 소요되는 시간을 줄여 주는 것은 사실이다.

간단한 예를 들어 보자. 당신에게 직장 동료가 다섯 명 있다고 해 보자. 어느 날 당신은 동료들에게 이제 연애를 해 보겠다고 선언하고 소개해 줄 만한 친구들이 있는지 물어본다. 인구 밀도가 높은 도시 지역에서는 직장 동료들이 각자 한 사람씩만 친구를 소개해 줘도 당신은 다섯 명을 만날 기회를 얻는다. 직장 동료들 각자 서로 겹치지 않는 별도의 사회적 네트워크에서 활동하고 있을 확률이 높기 때문이다. 반면 인구가 희소한 지역에서는 동료들이 동일한 사회적 네트워크에 속해 있을 가능성이 높으며, 따라서 동료들은 같은 사람을 겹치기로 당신에게 소개시켜 줄 수 있다. 그 결과 당신은 다섯 명의 동료로부터 고작 한두 명을 소개받게 될 수도 있다.

이렇듯 인구 희소 지역에 산다는 것은 당신이 동료들을 통해 '나의 반쪽'을 찾을 가능성이 낮다는 사실을 의미한다. 이런 상황에서는 애인을 찾는 데 보다 긴 시간을 소비해야 하므로 애인을 찾는 데 드는 비용이 높아진다. 여기에서 비용이라는 개념이 명확하지 않다면 이런 예를 생각해 보라. 앞으로 몇 년간 결혼할 전망이 없는 여성은 그만큼 아이를 낳을 수 있는 확률도 낮아진다. 그녀에게 있어 배우자를 찾는 데 소요되는 긴 시간의 대가는 그녀가 어쩌면 평생 가져 보지 못할 수도 있는 자식의 값어치이다. 어떤 사람들에게는 이 비용이 혼자 쓸쓸히 보내는 시간 그 자체일 수도 있다.

인구 희소 지역에서 취할 수 있는 또 다른 선택은 애인 찾기를 계속하는 것이 너무 암울하다 보니 탐색을 중단하고 비록 이상적 배우자감은 아니더라도 적당한 상대가 나타났을 때 정착해 버리는 것이다. 바로 이것이 미혼 남녀들이 애인을 찾기 위해 도시로 모여드는 두 번째 이유이다. 즉 탐색 비용이 낮은 도시 지역에서 좀 더 마음에 드는 짝을 찾을 가능성이 커지기 때문이다.

직장 동료들에게 미혼인 친구가 없는지 물어보았던 이야기로 돌아가 보자. 당신이 배우자감에게서 최소한 이것만은 꼭 갖추었으면 하고 바라는 조건이 있다고 치자. 이러한 조건이 바로 당신의 배우자감에 대한 유보가치이다. 당신은 이 가치 기준을 넘어서는 사람을 만났을 때 비로소 결혼을 하고자 할 것이다. 만일 인구가 희소한 시골에서처럼 당신이 만나볼 수 있는 데이트 상대들이 고작 한두 명 정도에 그친다면 당신은 자신의 유보가치를 매우 낮게 설정할 것이다. 그렇지 않으면 애인을 찾아내기까지 너무 많은 비용을 들여야 할 테니 말이다. 하지만 데이트 상대 후보 집단이 도시처럼 크다면 당신은 유보가치를 훨씬 높게 설정하게 된다. 비교적 적은 비용으로도 그 정도 기준을 충분히 달성할 수 있으리라고 기대하기 때문이다.

사람들은 애인 탐색 비용이 적을수록 좀 더 나은 배우자감을 찾는 데 기꺼이 시간을 할애한다. 그리고 그에 따라 자신의 유보가치를 높게 설정한다. 인터넷을 이용하면 보다 마음에 드는 짝을 찾을 가능성이 높아지는 것도 같은 이유이다. 온라인 검색은 애인을 찾는 데 드는 비용이 적기 때문에 이를 이용하는 사람들은 자신의 유보가치를 높게 설정하는 경향이 있다. 이렇듯 인구 밀도가 높은 지역은 보다 저렴하게 짝을 찾을 수 있는 데다 마음에 드는 짝을 만날 가능성도 높기 때문에, 미혼남녀들이 도시로 짝을 찾아 몰려드는 것이다.

또 하나 생각해 볼 수 있는 것은 더 이상 짝을 찾을 필요가 없는 결혼한 사람들은 집세가 싸고 자녀를 키우기에 적합한 도시 이곽으로 이주하는 경향이 있다는 점이다. 이것은 도시에 더 많은 미혼 남녀들이 있을 뿐만 아니라 이들이 교외나 시골에서보다 인구의 더 큰 부분을 구성한다는 것을 의미한다. 우리가 예로 든 직장 동료들의 경우에도 도시 외곽보다는 도시에 미혼인 친구가 있을 확률이 높다.

이와 같이 일반적으로 도시가 시골보다 사랑을 찾기에 적합하지만 전통적으로 도시에서 연인을 발견하는 데 어려움을 겪어 온 집단이 하나 있다. 바로 고학력 여성들이다. 던컨Roderick Duncan에 따르면 도시의 결혼 시장에 고학력 미혼 여성이 많은 것은 단지 인구 숫자와 이성에 대한 선호 때문이라고 한다. 일단 여성이 남성보다 대학에 많이 가게 되면서 고학력 여성의 수가 고학력 남성의 수를 상회하고 있다. 게다가 고학력 남성들은 신부감의 학력에 크게 개의치 않는 반면, 고학력 여성들은 자신보다 학력이 높은 사람을 배우자로 선호하기 때문에 애인을 찾기가 더욱 어렵다.

우리는 이미 1장에서 1980년대 후반 이래로 여성이 남성보다 더 많이 대학에 진학하며 졸업율도 높다는 사실을 살펴보았다. 또한 여성들은 자신이 비교우위를 발휘하는 것을 허용해 줄 만한 남성을 선호하지만, 역사적으로는 남녀 간의 임금 격차 때문에 남성은 임금노동에, 여성은 가사노동에 비교우위를 가져 왔음을 잘 알고 있다. 이러한 임금노동에서의 남성의 비교우위는 점차 사회적 규범이 되었고 이에 따라 여성은 자신보다 소득이 더 높은 남성을 배우자로 찾게 되었다. 그런데 이제 고학력 남성이 고학력 여성에 비해 희소해지면서 적어도 일부 여성은 자신의 기대치를 충족시킬 수 없게 되었다. 이에 따라 기대치는 변화하고 있는데 사회적 규범은 천천히 진화하고 있는 사이에 많은 여성들이 흡족한 결혼 상대자를 찾는 데 애를 먹고 있다.

과거에 대부분의 사람이 고졸 수준이었을 때는 거의 모든 여성들이 자신보다 학력이 낮은 남성과도 기꺼이 결혼하였다. 여성이 남성보다 고등학교를 마칠 확률이 높았던 것이 가장 큰 이유였다. 우리 부모님도 그러하였다. 미국에서 교육을 받은 어머니는 고등학교 졸업장을 갖고 있지만, 남아프리카공화국에서 태어난 아버지는 열네 살에 군대에 들어가느라 고등학교를 마치지 못하였다. 이 분들이 결혼할 당시에는 취업을 하느라 학교를 중퇴한 남성과 고졸 여성이 결혼하는 것이 전혀 이상한 일이 아니었다.

로더릭 던컨의 조사에 따르면 1940년도에는 고졸 여성 중 45%가 고등학교를 마치지 못한 남성과 결혼한 반면, 고졸 여성의 20%만이 대학물을 조금이라도 먹은 남성과 결혼하였다. 1960년대에 이르자 변화가 일어난다. 고졸 여성의 33%만이 고등학교를 끝마치지 못한 남성과 결혼하고, 고졸 여성 중 23%가 대학을 조금이라도 다녀 본 남성과 결혼한다. 1990년대가 되면 수치는 역전된다. 이제 대학을 다녀 본 남성과 결혼하는 고졸 여성이 고졸 이하 학력의 남성과 결혼하는 고졸 여성의 수를 뛰어넘게 된 것이다. 이러한 수치는 내가 앞서 이야기한 비교우위 이론과 상반된 것처럼 보일 수도 있다. 하지만 수십 년 전에는 고등학교를 마치지 못한 남성도 고졸의 아내보다 높은 소득을 올릴 수 있었고, 따라서 여성은 학력 면에서는 밑지게 결혼을 하면서도 소득 면에서는 이득인 결혼을 할 수 있었던 것이다.

이것은 오랫동안 자신보다 학력이 좋은 남편을 찾을 필요가 있었던 여성들은 주로 대학 교육을 받은 여성들이었음을 말해 준다. 그런데 지난 30년 동안 저학력 노동자의 임금은 갈수록 떨어지고 여성 임금이 남성 임금보다 상대적으로 더 상승하면서 저학력 여성까지도 자신보다 학력이 좋은 남성을 찾아 나서게 되었다. 이는 고졸 이하 학력의 남성이 더 이상 고졸 학력의 아내보다 더 많이 벌 수 없게 되었기 때문이다. 이제는 이와 같은 임금 변동으로 인해 학력을 불문하고 모든 여성이 고학력 남성을 찾아 나섬에 따라 고학력 남성이 고학력 여성에 비해 상대적으로 희소해졌다.

한편 남성은 굳이 고학력 여성을 배우자로 선호하지 않는다. 여성은 가사노동자여야 하고 남성은 돈을 벌어오는 사람이라는 식의 사회적 규범이 있어 왔기에, 전통적으로 남성들은 배우자가 자신보다 학력이 낮아도 자신들을 돈벌이에 전념할 수 있게 해 주는 여성에게 만족하였다. 우리가 3장에서 보았던 데이트 사이트의 조사 결과도 이러한 사실을 뒷받침해 준다. 즉 온라인에서 짝을 찾는 남성들도 배우자감의 소득 수준에 대해서는 그다지 신경을 쓰지 않았다.

고학력 싱글들이 도시로 몰려드는 것은 결혼에 유리하기 때문만이 아니다. 고학력 노동자가 도시에서 더 높은 임금을 받을 수 있다는 것도 이유 중 하나이다. 이것은 남녀 모두에게 해당되는 현상이지만 고학력 여성들에게는 고학력 남편감을 찾기에 도시가 훨씬 유리하다는 점도 중요하다. 물론 저학력 여성들도 똑같은 이유로 도시로 몰려든다. 저학력일 경우에는 도시로 온다고 해서 더 높은 임금을 보장받는 것은 아니지만, 이들에게도 역시 고학력 남편감을 찾기에는 시골보다 도시가 조건이 더 좋은 것이다.

에들런드Lena Edlund는 스웨덴의 데이터를 이용해 이 가설을 시험해 보았는데, 어떤 특정 도시에서 25~44세 고학력 남성의 소득이 높을수록 그 도시의 여성 비율이 남성에 비해 높아지는 것으로 나타났다. 남성들이 도시에서 상대적으로 돈을 잘 벌 수 있다면 남성들이 도시로 더 많이 모여드는 것이 당연하다. 그런데 전체 인구 중 남성 비율보다 오히려 여성 비율이 높아진다는 것은 재미있는 조사 결과가 아닐 수 없다. 물론 남성의 고소득은 남성을 도시로 끌어들이겠지만 실제로는 남성보다 여성을 더 많이 도시로 이주하게 만든다. 이처럼 남성의 소득이 높으면 남성의 비율이 떨어진다는 것은 사실임에 틀림없다.

이러한 현상을 보면 다음과 같은 궁금증이 생긴다. 여성들은 학업에 얼마나 긴 시간을 투자할지 결정할 때 자신들의 결혼 전망도 고려하지 않을까? 학교에서 오랜 시간을 보낼수록 미래에 남편감을 찾을 때 경쟁이 더 심해지는 것은 분명하다. 학력이 높은 여성이나 낮은 여성 모두 배우자감의 공급이 부족한 데다가 많은 남성들이 자신보다 학력이 낮은 여성과 기꺼이 결혼하기 때문이다. 또한 여성이 공부를 마치고 남편감을 찾기 시작할 때면 자신은 이미 나이가 많이 든 상태인데 경쟁자들은 학력은 낮을지언정 나이는 젊은 여성들이 아닌가!

이 문제에 천착한 캐나다 경제학자 데시Sylvain Dessy와 제바리Habiba Djebbari는 쟁쟁한 직종에 여성보다 남성이 많이 종사하는 이유를 파헤쳤다. 여성은 결혼 시장에 늦게 진입하였다가 그에 따르는 위험을 감수하느니 보다 젊은 나이에 결혼 시장에 뛰어드는 편을 선택한다는 것이다.

여성들 중 일부가 결혼 시장에서 경쟁력을 갖기 위해 자신의 교육에 덜 투자하는 것은 분명하다. 공부를 하느라 결혼이 미루어지면 아이를 낳을 수 있는 몇 년의 가임기를 허비하게 되기 때문이다. 고학력 남성이 나이 들고 학력이 높은 여성보다 학력은 좀 처져도 젊은 여성을 선호한다고 할 때, 여성의 입장에서는 학교를 빨리 떠나 하루라도 젊을 때 고학력 남편감을 찾아나서는 것이 유리할 수 있다. 특히 남편 못지

않게 교육을 받았음에도 불구하고 자신의 비교우위가 직장 생활보다는 아이를 돌보고 집에서 일하는 데 있다고 느끼는 여성에게 이는 절절하게 다가온다.

갈수록 고학력 여성이 배우자감을 찾기 어려워지는 요즘의 추세를 보면 결혼 시장의 균형 상태가 깨진 것처럼 느껴진다. 시장은 공급이 수요를 초과할 때면 언제나 균형에서 벗어나게 된다. 이 특별한 시장을 균형 상태로 되돌리기 위해서는 다음 세 가지 방법을 생각해 볼 수 있다.

첫째, 남성들이 결혼 시장에서 자신의 지위를 개선하기 위해 교육에 더 많은 투자를 하는 것이다. 진학 문제를 고민하는 10대 청소년들이 미래 결혼 전망까지 내다볼 것 같지는 않지만, 학업을 계속하면 앞으로 여자들과 잠자리를 같이 하는 데 도움이 될지 안 될지 주판알을 튕겨보는 경우는 있을 것이다. 갈수록 대학에 여학생이 많아진다는 2장의 조사 결과에 비춰 볼 때, 이 이유 하나만으로도 남성들은 더 많이 대학에 진학하고자 할 것이다.

둘째, 도시의 고학력 여성들이 애인을 찾기 위해 도시가 아닌 다른 시장, 즉 지방의 결혼 시장을 뒤져보는 방법이 있다. 도시에 고학력 여성들이 넘쳐나는 것과 마찬가지 이유로 지방에는 저학력 남성이 여성보다 많다. 여성들이 대거 도시로 떠나갔기 때문이다. 지난 10년간 기술이 발전함에 따라 고학력자에게는 근무 장소를 선택할 수 있는 탄력성이 생겼다. 여성이 자기보다 학력이 낮은 남성과 결혼할 준비가 되어 있다고 치자. 실제 퓨 리서치센터가 조사한 바에 따르면 최근 자신보다 학력이 낮은 남성과 결혼하는 여성의 비율28%은 자신보다 학력

할리우드 스타의 결혼에도 학력은 문제가 된다

일류 영화배우 400명의 결혼 상태를 조사한 경제학자 브루제Gustaf Bruze는 스타들 역시 일반인들처럼 자신과 학력이 비슷한 배우자를 선호한다는 사실을 밝혀냈다.

2008년 조사 당시 남성 영화배우 중 52%가 결혼한 상태였고 여성은 평균 연령이 41세였음에도 불구하고 38%만이 결혼한 상태였다. 기혼자들 중 같은 배우이거나 모델, 가수, 음악가 등 대중에게 알려진 배우자와 결혼한 사람은 절반 정도였고, 이들이 현재의 배우자와 결혼을 한 나이는 남성 38세, 여성 35세였다. 많은 수의 배우들이 한 번도 결혼한 적이 없거나27%, 결혼 경력이 한 번에 그쳤다45%. 미국인 전체 평균과 비교해 봤을 때 결혼을 한 번 한 스타들의 비율은 평균보다 약간 낮았고, 한 번도 결혼을 하지 않은 스타들의 비율은 평균보다 조금 높았다. 스타들의 경우 두 번 결혼한 사람들의 비율20%이나 세 번 결혼한 비율8%은 미국 평균보다 약간 높았지만 그 차이는 미미해서 무시할 수 있을 정도였다.

흔히 할리우드 스타들은 결혼 횟수도 많고 결혼 지속기간도 짧을 것이라고 생각하기 쉽지만, 의외로 톱스타들도 일반인들과 별다를 바 없는 결혼 생활을 한다는 것이 조사 결과 밝혀졌다. 흥미로운 점은 스타들의 경우 일반인들과 달리 학력과 소득 수준 간에 인과관계가 그다지 없다는 사실이다. 이들의 소득은 학력보다는 교실에서 배울 수 없는 다양한 재주와 능력에 더 크게 좌우된다. 따라서 할리우드 결혼 시장에서는 커플들이 학력보다는 외모와 같이 소득을 높여 주는 특징들로 맺어져야 할 것이다.

그럼에도 불구하고 할리우드의 결혼에서도 배우자의 학력이 중요한 것 같다. 대부분의 스타들 역시 일반인들과 마찬가지로 자신과 교육 수준이 비슷한 사람과 결혼하려는 경향이 있다. 이는 자신과 교육 수준이 비슷한 배우자를 찾는 이유가 단지 소득 때문은 아니라는 사실을 시사한다. 교육 수준이 비슷한 사람들은 공유하는 것이 많은데, 아마 유명인들에게도 이 점이 마찬가지로 중요한 것으로 보인다.

이 높은 남성과 결혼하는 여성의 비율19%보다 높아졌다. 그렇다면 일부 여성들에게는 도시에 기반을 둔 직종이지만 재택근무가 가능한 직업을 택하는 것도 좋은 해결책이 될 수 있을 것이다.

마지막 가능성은 고학력 여성이 저학력·저임금 남성과 결혼하느니 차라리 미혼으로 남는 것이다. 결혼을 포기하면 앞서 우리가 살펴본 각종 결혼의 혜택을 누릴 수 없게 되지만 다른 시장에서 원하는 것을 구하는 방법이 있다. 이를테면 정자은행을 이용해 아이를 출산하는 방법도 가능하다. 또한 대개 고소득인 이들 여성은 결혼을 통해 얻을 수 있는 상품과 서비스를 돈으로 구입할 만한 능력도 충분하다. 많은 여성들에게는 이것도 완벽한 삶의 대안일 수 있다.

결혼은 경제적 계급을 강화시킨다

결혼 시장이 폐장 시간에 이를 즈음이면 커플들은 소득 수준이나 교육, 종교, 키, 외모 심지어 몸무게 같은 특징들에 따라 일률적으로 분류된다. 그런데 찰스Kerwin Kofi Charles, 허스트Erik Hurst, 킬리왈드Alexandra Killewald는 최근 발표한 논문에서 이러한 분류 기준에 또 하나의 요소가 추가되어야 한다고 주장하였다. 바로 부모의 재산이다.

가령 부모의 재산이 1,000달러가 되지 않는 남성을 무작위로 다른 여성과 짝짓기를 시켜 보면 상대 여성 부모의 재산이 1,000달러 미만일 확률은 16%가 되어야 한다. 하지만 현실에서는 저소득 가정의 아들 중 35%가 비슷한 수준의 저소득층 가정의 딸과 결혼한다. 한편 부모의 재산이 10만 달러가 넘는 남성 중 한 사람을 무작위로 짝짓기 시킨다면 상대 여성 부모의 재산이 10만 달러를 넘을 확률이 39%이다. 하지만 실제로는 이들 중 60%가 소득 분위 최상층의 딸들과 결혼하고 있고, 1,000달러 이하의 재산을 가진 가정의 딸과 결혼하는 비율은 7%밖에 되지 않는다.

부모의 재산이 결혼 시장에 큰 영향을 미친다는 것이 당연해 보이는 데는 몇 가지 이유가 있다. 우선 대부분의 사람들이 자기 부모의 사회적 네트워크 안에 있는 배우자를 만날 수 있는데다, 비슷한 재력을 가진 사람들끼리 공통의 관심사가 많아서일 수도 있다.

재력에 따라 끼리끼리 결혼하는 현상에서 흥미로운 점은 각 계층에 따라 결혼을 통해 얻을 수 있는 이득이 서로 다르다는 사실이다. 부유한 사람들은 가난한 사람보다 결혼을 통해 얻을 수 있는 이득이 크다. 그리고 부모의 재산이 자식의 수입그리고 학력과 깊은 관계가 있다는 사실에 비추어 보면 왜 고소득층의 결혼율이 저소득층보다 높은지도 이해할 수 있다.

같은 소득 계층끼리 결혼을 하다 보면 부유층과 빈곤층 사이의 부의 격차는 시간이 흐름에 따라 더욱 커지게 마련이다. 부유한 가정의 자녀는 자기 부모의 재산뿐만 아니라 배우자 부모의 재산까지 물려받기 때문이다. 한편 가난한 가정의 자녀는 부모의 부채뿐만 아니라 배우자의 빚까지 떠안게 된다. 따라서 부모의 재력에 따른 결혼 시장의 분할은 사회의 부가 결국 소수의 부유층에게 집중되도록 부추기는 결과를 낳는다.

동성 결혼 또는 결혼하지 않을 것 같은 사람들로부터의 교훈

—— 지금까지 이야기한 내용의 대부분은 이성 간 결합뿐 아니라 동성 간 결합에도 적용될 수 있다. 하지만 동성 결합의 경우 다른 점이 한 가지 있는데, 동성 관계의 사람들은 이성 커플과 달리 배우자와의 임금 격차를 전제하지 않는다는 점이다. 즉 레즈비언들은 자신의 경력에 얼마만큼 투자할지를 결정할 때 남성과 결혼하는 여성들처럼 자신보다 고소득의 배우자와 결혼하리라고 기대할 이유가 전혀 없다.

실제 레즈비언들은 이성애 여성에 비해 6~13% 더 높은 임금을 받고 있다고 한다. 레즈비언이 왜 이성애 여성보다 높은 임금을 받는지 조사한 연구를 살펴보면 역으로 이성애 여성들이 언젠가는 남성과 결혼할 계획 때문에 자신의 경력을 위한 투자를 어떻게 조정하는지도 파악할 수 있다. 이 조사에 따르면 레즈비언들은 이성애자들보다 평균적으로 고학력이고 백인과 도시 거주자가 압도적으로 많다. 자녀 수가 적은 것은 물론이고 특히 전문직 종사자가 많다. 이러한 여러 가지 차이점을 모두 통제하고 성적 취향 외에는 모든 조건이 비슷한 여성들을 비교해 보아도 레즈비언들의 임금 우위는 여전하다.

이런 현상은 우리가 살펴보았던 비교우위론을 통해 잘 설명될 수 있다. 즉 전통적으로 남자가 집이 아닌 일터에서 여성보다 더 높은 수입을 얻는다는 사실 때문에 여성에게는 집안일에 비교우위가 주어져 왔다는 이론 말이다.

여성과 남성의 임금 격차는 좁혀져 온 것이 사실이다. 하지만 만일 여성이 언젠가는 자기보다 수입이 많은 남성과 결혼하게 될 것이라고 믿는다면, 노동시장에서 가산점으로 작용할 수 있는 능력을 개발하기 위해 투자를 해 봤자 얻는 것은 많지 않을 것이다. 소위 인적 자본human capital에 대한 투자는 단지 정규교육만이 아니라 노동시장에서 고임금으로 보상받을 수 있는 다양한 능력을 포함한다.

그러나 남성과 결혼할 의사가 없거나 동성과 결혼할 계획을 갖고 있는 여성이라면 자신의 인적 자본을 개발하는 투자에 망설일 이유가 없다. 이들은 연애 상대가 자신보다 소득이 많거나 적거나 상관하지 않는다. 또한 이들은 자신보다 소득이 높은 남편을 만나면 자신은 가사에 비교우위를 갖게 되고 그에 따른 혜택을 누릴 것이라고 기대할 일도 없다. 따라서 레즈비언 여성들은 노동시장에서 가산점이 될 만한 기술 개발에 이성애 여성보다 더 많은 투자를 하는 것이다.

대니쉬베리Nasser Daneshvary, 웨둡스Jeffrey Waddoups, 위머Bradley Wimmer는 이러한 가설을 검증하기 위해 서로 다른 특성을 지닌 두 레즈비언 집단의 임금을 비교 조사하였다. 하나는 한 번이라도 남성과 결혼한 적이 있는 집단이고, 또 하나는 결혼한 적이 없는 집단이다. 덧붙여 이들은 다음과 같은 합리적인 가정을 도입한다. 즉 한 번이라도 남자와 결혼한 적이 있는 레즈비언 여성피실험자의 44% 중에는 추정컨대 결혼 전 자신보다 소득이 높은 남성과 결혼하게 되리라고 기대해 본 사람이 있을 것이다. 결혼을 한 적이 없는 레즈비언 여성들 중에도 이런 기대를 가져 본 사람이 있을지 모르나, 평균적으로 이 여성들은 자신이 남성과 결혼하는 대신 동성과 연애할 것으로 예측하는 경우가 더 많았다.

과연 조사 결과가 레즈비언 여성의 임금이 높은 이유가 시장이 필요로 하는 능력 개발에 보다 많은 투자를 하기 때문이라는 가설을 증명해 주었을까? 실제로 남성과의 결혼 경험이 있는 레즈비언 여성의 임금은 결혼한 적이 없는 레즈비언 여성의 임금에 비해 17% 낮아 이 이론을 지지해 준다. 하지만 비록 5.2%에 불과하지만 결혼 경력이 있는 레즈비언 여성의 임금은 이성애 여성보다 여전히 높았다. 왜 이런 현상이 일어나는지는 미스터리로 남아 있다.

언젠가 결혼할 것이라고 기대하는 여성들이 자기 경력 개발에 투자를 덜 하는 경향이 있다는 증거는 또 있다. 이 증거는 통계적으로 자신과 같은 조건의 사람은 결코 결혼할 수 없으리라고 마음을 접어버린 여성들에게서 얻은 수치이다. 바로 뚱뚱한 여성들이다.

보건경제학자 브라운Heather Brown의 조사에 따르면 다른 모든 조건이 동일할 경우 체질량 지수가 낮은 날씬한 여성들보다 뚱뚱한 여성이 임금을 더 많이 받는다. 다소 의외의 결과이다. 보통 뚱뚱한 여성은 결혼 여부를 떠나서 단지 체중이 많이 나간다는 이유로 임금 책정에 불이익을 당하는 경우가 있기 때문이다.

실제로 직업, 건강, 교육, 나이, 자녀 수 등의 다른 모든 조건을 통제한 상황에서 조사해 본 결과 결혼한 남성이나 미혼 여성의 경우 몸무게가 많이 나갈수록 임금이 높았다. 하지만 미혼 남성이나 결혼한 여성의 경우는 임금과 체질량 지수가 반비례 관계가 되어 뚱뚱할수록 임금이 낮아진다.

왜 기혼 남성은 몸무게가 무거울수록 임금이 높을까? 브라운은 이렇게 설명한다. 남성은 뚱뚱해도 결혼 시장에서 여성의 경우만큼 불리하지 않지만, 여성이 뚱뚱하면 배우자감을 찾는 데 결정적 장애가 된다. 결혼을 하고 나면 아내에게 '몸이 잘 빠지지 못한' 대신 수입으로 보상을 해 주려고 경력 관리에 보다 많은 투자를 한다는 것이다. 치아포리Pierre-André Chiappori, 오레피스Sonia Oreffice, 퀸타나-도미크Climent Quintana-Domeque 는 미국과 유럽 5개국에서 수집한 자료를 기반으로 이를 설명하고 있다. 일반적으로 남성들은 체중이 10킬로그램 불어날 때마다 평균 소득을 1% 높이는 것으로 아내에게 보상하려고 한다는 것이다. 하지만 여성은 뚱뚱할 경우 무조건 결혼 시장에서 불리하다. 결혼 가능성 자체가 낮아질 뿐만 아니라 결혼을 한다고 해도 소득이 낮은 남편을 얻기 십상이다. 모든 기혼 여성 집단에서 여성의 체질량 지수가 높을수록 남편의 수입은 적었다.

헤더 브라운에 따르면 뚱뚱한 여성은 자신이 결혼을 못하게 되거나 하더라도 저소득 남성과 할 수밖에 없다는 사실을 인식하고 자신의 인적 자본을 개발하는 데 더 많이 투자하게 된다. 혼자 살더라도 결혼을 한 여성들 못지않은 생활수준을 유지하기 위해서이다. 그리고 혹시 뚱뚱한 자신에게도 언젠가 결혼을 해 주겠다고 나타나는 남성이 있을 경우 그에게 경제적으로라도 보상을 해 주고 싶은 마음이 들어 인적 자본에 더 많이 투자할 수도 있다.

반면 언젠가 자신보다 소득이 높은 남성과 결혼할 수 있으리라고 믿는 여성들은 자신의 경력 개발에 비교적 투자를 덜하게 된다. 이처럼 결혼한 커플들이 가정의 상품과 서비스 생산을 조직하는 방식 배후의 경제학을 이해하면 사람들이 배우자를 어떻게 선택하는지 뿐만 아니라, 부분적으로는 여성의 임금이 놀랄 만큼 상승하였는데도 남녀 간 임금 격차가 여전히 유지되는 원인도 이해할 수 있다. 성별 간 임금 격차가 발생하는 이유를 오로지 고용주의 차별 탓으로 돌려버리면 답이 쉬워질 것 같지만, 현실은 그렇지 않다. 혹시나 일부 여성들이 결혼에 대한 기대감 때문에 일터에서 자신들의 생산성을 저하시키고 평균 여성 임금을 낮추고 있는 것은 아닌지 의심해 볼 일이다.

수감 기간이 길어질수록 결혼율은 낮아진다

—— 퓨 리서치센터에 따르면 30~44세 흑인 여성의 결혼율은
1970년에 62%였으나 2007년에는 33%로 떨어졌다. 흑인 남성의 결혼
율도 1970년 74%에서 2007년 44%로 떨어졌다. 다른 인종의 고학력
여성들과 마찬가지로 흑인 고학력 여성 역시 고학력 남편감을 찾는 데
어려움을 겪고 있다. 전체 흑인 여성의 57%가 대학 교육을 받는 데 비
해 흑인 남성은 48%만이 대학에 진학한다. 이러다 보니 대학 졸업장
을 가진 흑인 남성은 고등학교도 졸업하지 못한 흑인 남성에 비해 결
혼을 할 확률이 높다. 실제 대졸자의 55%가 결혼을 하는 반면 고졸 미
만의 학력자는 27%만이 결혼을 하고 있다.

그렇지만 흑인 여성의 결혼율이 유독 낮은 이유를 오로지 남녀 간 학
력 차이로만 설명할 수는 없다. 여기에는 또 다른 원인이 있는데, 바로
흑인 남성이 이전보다 감옥에 많이 들어간다는 사실이다. 흑인 남성이
투옥되는 비율은 흑인 여성에 비해서는 물론이고 다른 어느 집단보다
높다. 흑인 여성들이 남편감으로 같은 인종을 선호하는 성향이 강하다
고 할 때실제 기혼인 흑인 여성 96%가 흑인과 결혼하였다. 흑인 남성의 높은 수
감률은 결혼 시장에서 흑인 여성에게 불리한 요소로 작용한다. 이는
흑인 남성들이 수감 기간 중에 공동체로부터 격리되기 때문이기도 하
고, 전과 기록을 가진 남자는 나중에 가계를 부양할 수 있을 만큼 충분
한 소득을 올리기 힘들어서이기도 하다.

'그냥 아니라고 말하라 Just Say No!' 캠페인1980년대부터 1990년대까지 미국

에서 펼쳐진 '마약과의 전쟁' 캠페인으로, 이후 폭력과 혼전섹스에 대한 반대 캠페인으로 확산되었다.-옮긴이이 벌어지던 1980년대 후반, 미국에서는 마약 사범을 엄중하게 처벌하였다. 이 때문에 그때부터 1990년대 중반까지 수감률이 차츰 증가해 미국은 전 세계에서 수감률이 가장 높은 나라 중 하나가 되었다. 이렇게 수감률이 높아진 것은 유죄 판결 자체가 늘어난 탓도 있지만 이전보다 처벌 기간이 길어짐으로써 특정 시점에서 감옥 안에 수감되어 있는 사람 수가 늘어났기 때문이다.

수감률은 사회 경제적 계급과 인종에 따라 편차가 심하다. 2004년 25세에서 29세 사이 흑인 남성의 수감률은 12.5%에 달한 데 비해 히스패닉 남성은 3.5%, 백인은 1.7%였다. 여성이 미래 남편감을 같은 인종 안에서 찾으려고 하는데 같은 인종의 남성이 감옥에 많이 갇혀 있다면 결혼 시장에서 짝을 찾는 것이 어려워질 수밖에 없다. 커윈 코피 찰스와 루오Ming Ching Luoh가 조사한 바에 따르면 수감률이 1% 증가할 때마다 결혼을 한 번이라도 해 본 여성의 비율은 2.4% 포인트 떨어진다. 이들은 1990년대 이래 결혼율이 13% 하락한 현상을 오로지 남성의 수감률이 높아졌다는 사실만으로도 충분히 설명할 수 있다고 주장한다. 특히 큰 영향을 받은 것이 흑인 여성의 결혼율로, 1990년대 이래 수감률이 높아지면서 흑인 여성의 결혼율은 18%나 떨어졌다.

흑인 남성의 수감률 상승과 남녀 간 학력 수준의 차이가 흑인 여성의 결혼율 감소를 설명해 주는 요인이라면, 고학력 흑인 남성의 결혼율 역시 과거보다 하락한 것은 무엇 때문일까? 고학력 남편을 선호하는 여성들이 늘어난 데 비해 고학력 흑인 남성들이 희소해졌다면 이들

교육은 인종 간 결혼에 순기능을 한다

흥미로운 질문 한 가지를 해 보겠다. 만일 당신이 교육 수준이 자신과 비슷한 배우자감과 같은 인종의 배우자감 중 한 사람만 골라야 한다면 누구를 선택할까? 퍼타도Delia Furtado와 테오도로풀로스Nikolaos Theodoropoulos가 미국 인구조사 데이터를 이용해 조사한 바에 따르면 남성과 여성 모두 교육을 받은 기간이 1년 늘어날수록 같은 인종과 결혼할 확률이 1.2% 줄어든다. 즉 학력이 높을수록 다른 인종과의 결혼에 거부감이 덜하다는 것이다. 이와 같은 조사 결과는 교육을 더 많이 받은 사람일수록 자기가 태어난 공동체에서 멀리 떨어져 살 가능성이 높다는 점을 감안할 때 그리 놀랍지 않다.

그런데 흥미롭게도 평균적인 교육 수준이 높은 인종 공동체에서는 이러한 연관성이 나타나지 않는다. 교육 수준이 여느 인종 공동체보다 전반적으로 높은 곳에서는 학력이 높아질수록 오히려 같은 민족과 결혼하려는 경향이 강해진다는 것이다. 예를 들어 웨스트 팜비치의 과테말라 사람들은 평균 학업 기간이 다른 인구 집단에 비해 7년 이상 짧은데, 개인이 받은 교육기간이 1년 늘어날수록 같은 과테말라계 사람과 결혼할 확률이 5% 포인트 줄어든다. 즉 이 공동체에서는 교육을 많이 받을수록 자신의 인종 공동체를 벗어나 결혼할 가능성이 높아진다. 반면 피츠버그의 인디언 공동체는 다른 인구 집단에 비해 평균 학업 기간이 4년 정도 긴데, 이곳 사람들은 교육 기간이 1년 늘어날 경우 같은 인디언계 사람과 결혼할 확률이 2% 포인트 증가한다. 교육을 많이 받을수록 자신의 인종 공동체를 벗어나 결혼하려는 경향이 줄어든다는 것이다.

경제학자들은 부모가 자식의 교육 계획을 세울 때 장래 소득을 최대화하는 방향으로 교육 기간을 결정한다고 가정하지만, 같은 인종 간의 결혼을 고집하는 부모라면 이와 다른 선택을 할 수도 있다. 자식이 같은 인종과 결혼할 가능성을 높여 주는 방향으로 교육 기간을 정하기도 한다는 것이다. 이는 자식이 경제적으로 성공할 수 있도록 제공하는 교육과 차원이 다른 교육이다. 각 인종 공동체마다 자녀 교육에 투자하는 정도가 다른 이유는 이렇듯 인종 내 결혼 선호도와 교육 사이의 상관관계를 통해서도 설명할 수 있다.

의 결혼율은 높아져야 하는 것이 아닌가? 그 이유는 이렇다.

고학력 흑인 남성의 수가 여성에 비해 적어지면 결혼 시장에서 이들의 가치는 높아지고, 일회용 섹스에서도 시장 협상력이 커진다. 따라서 고학력 흑인 남성은 결혼을 좀 미룬다고 해도 나중에 신부감을 찾기 어려울 것이라고 염려할 필요가 없다. 원하기만 하면 결혼 전에 싫증이 날 때까지 실컷 일회용 섹스 시장을 이용할 수도 있다. 그래도 나중에 언젠가는 성별 불균형의 혜택을 받아 결혼하게 되겠지만, 여하튼 특정 시점에서의 남성의 결혼율이 낮은 것처럼 보이는 현상은 흑인 남성들의 이러한 느긋함 때문에 생기는 것이다.

마무리하는 말

─── 4장의 앞부분에서 소개한 결혼 서약은 사람들에게 인기를 끌지 못할 내용임이 분명하다. 하지만 세상 그 누구도 완벽하지 않다는 사실은 인정해야 한다. 나 자신도 마찬가지이다. 나는 관심사를 함께 나눌 수 있는 배우자를 원하기 때문에 나와 학력이 비슷한 남자를 만나고 싶다. 하지만 만일 외모가 너무나 멋진 남자가 나타난다면 비록 학력이 떨어진다고 해도 마음이 바뀔 수 있을 것 같다. 몸이 근사한 남자라면 일단 보기에 즐겁기도 하지만 오래 살 확률 역시 높기 때문이다. 물론 고학력에 몸까지 근사하다면 금상첨화겠지만, 그런 사람을 찾기 어려울 경우(또는 그런 남자 중에서 나랑 결혼해 줄 만한 사람이 없다면) 나는 외모와 고학력 중 어떤 요소가 나에게 더 중요한지 선택해야 한다.

앞서 경제적 요인을 고려하지 않고서는 우리를 둘러싼 세계를 완전히 이해할 수 없다고 말한 바 있다. 이는 특히 사람들이 인생 동반자를 고르는 방식을 이해하려고 할 때 꼭 필요하다. 경제학에서 가장 중요한 개념 중 하나는 기회비용으로, 이것 아닌 다른 것을 택하였다면 취할 수 있었던 잠재적 혜택을 뜻한다. 진지하고 낭만적인 관계에 돌입하였다는 것은 기회비용, 즉 다른 어떤 사람과 연애를 하거나 아예 연애를 하지 않는 데서 얻는 혜택보다 이 사람과의 연애가 내게 더 많은 이익을 준다고 판단하였다는 의미이다.

기회비용은 경제적 요인의 하나이므로, 경제 자체가 진화하면 기회비용 역시 변화한다. 이와 같은 관점에서 볼 때 시간의 흐름에 따라 파트너를 고르는 전략 역시 변화하는 것은 당연지사이다. 학력이 임금 수준을 결정하는 데 갈수록 중요한 요인이 되어 가고, 일터에서 남성의 비교우위는 점차 사라지며, 숙련된 직업을 얻을 수 있는 기회를 얻고자 더 많은 노동자들이 도시 환경으로 몰려드는 시대를 맞아 우리의 배우자 선택 전략 역시 수정될 수밖에 없는 것이다.

이러한 경제적 요인들에 의해 오늘날 결혼의 형태는 끊임없이 변화 발전하고 있으며 이는 미래에도 계속될 것이다. 더구나 경제적 요인과 결혼은 일방적으로 영향을 주는 것이 아니라 상호작용하는 관계라는 점에서 이런 인식은 더욱 중요하다. 이를테면 남자든 여자든 중요한 경제적 결정을 내려야 할 때면 이것이 자신들의 장래 결혼 시장 전망에 어떤 영향을 미칠지 고려해서 판단을 해야 한다는 것이다. 앞으로도 개인들이 결혼 시장에서 보여 주는 행동 방식은 경제적 결과물을 두 가지만 예로 든다면 성별 임금과 교육의 격차가 변화하는 데 일정한 영향을 미칠 것이다.

일단 결혼을 하였다고 해서 기회비용이 더 이상 중요하지 않은 것은 결코 아니다. 결혼 시장, 더 중요하게는 재혼 시장에서 가치가 높은 개인일수록 결혼 후에도 배우자에 대해 막강한 협상력을 과시할 수 있기 때문이다. 이어지는 5장에서는 결혼이 법적으로나 사회적 측면에서 훌륭한 제도라는 점을 살펴보고 6장에서 부부간의 협상력 이야기를 다시 나누도록 하자.

5장
결혼은 훌륭한 제도

결혼은 하나의 제도

—— 매 웨스트Mae West, 미국의 영화배우이자 극작가 - 옮긴이가 남긴 명언
이 있다. "결혼은 훌륭한 제도이다. 하지만 난 아직 그 제도 안으로 들
어갈 준비가 안 되어 있다." 매 웨스트의 말이 맞다. 경제적 의미에서
볼 때 결혼은 훌륭한 제도institution이다. 경제학자들에게 제도의 의미
는 단순명료하다. 경제학자들에게 제도란 인간의 사회적 행동을 지배
하는 규칙이나 신념을 의미한다. 그래서 사회학자들이나 인류학자들
이 50년 넘게 결혼이란 무엇인가에 대해 논쟁을 하고 있는 동안 경제
학자들은 결혼이란 개인들이 공동체 내에서 가족이 되는 행위를 의미
한다고 이해하는 것으로 그냥 만족해 왔다.

결혼을 그저 제도일 뿐이라고 받아들이면 결혼이 돌에 뭔가를 단단히 새겨 넣는 일처럼 고정된 것이라는 생각에서 자유로워질 수 있다. 제도란 것은 장소에 따라, 공동체에 따라, 그리고 특히 시간의 흐름에 따라 변한다. 공동체의 결혼 제도는 공동체 전체의 의견으로 채택한 것으로, 개개인이 그 형태를 바꿀 수는 없다. 하지만 결혼 제도 역시 시간의 흐름에 따라 변하기 나름이며, 경제적 요인을 포함한 다양한 요소들이 제도가 어떻게 진화할지를 결정한다.

과거 대부분의 인간 사회는 한 남성과 여러 여성의 결합, 즉 이성 간의 일부다처제를 결혼으로 간주해 왔다. 또 다른 많은 사회에서는 한 남성과 한 여성의 결합인 이성 간의 일부일처제를 결혼으로 인정하였다. 일부 사회에 국한되지만 결혼을 다자 간 사랑여러 남성과 여러 여성의 결합이나 일처다부제한 여성과 여러 남성의 결합로 받아들인 경우도 있다. 오늘날에는 대부분의 국가들이 일부일처제를 법으로 규정하고 있는데, 이는 실상은 순차적 일부일처제serial monogamy라고 표현하는 것이 맞다. 두 사람 이상의 상대와 동시에 결혼하는 것은 허락되지 않지만 평생 여러 명의 아내나 남편을 가질 수는 있기 때문이다. 즉 일생이라는 관점에서는 일부다처제나 일처다부제이다.

결혼 제도를 경제력 측면에서 살펴보면 선진공업국에서는 예외 없이 일부다처제를 받아들이지 않고 있음을 알 수 있다. 이러한 현상은 경제학자들에게 다소 의외이지만왜 그런지는 곧 설명할 것이다. 한 나라의 경제력과 정부가 인정하는 결혼 형태 간에는 분명한 연관성이 있다. 경제와 결혼 제도 간의 관계를 드러내 주는 또 다른 예는 부유한 나라들

결혼의 간략한 역사

인류의 결혼 형태가 어떻게 형성되어 왔는지는 음식을 축적하는 방법과 깊은 연관이 있다. 원시 부족을 이루고 살았던 초기 채집인들500만~180만 년 전에게는 장기적인 짝짓기 관계가 존재하지 않았다. 남성이든 여성이든 간에 많은 상대와 섹스를 하였고, 섹스의 대가로 음식을 공유하였다. 남녀 양방향으로 음식과 섹스를 주고받았을 뿐 아니라 동성들 간에도 교환이 이루어졌다. 당시 음식은 과일, 견과류, 벌레 같이 아이를 데리고 다니거나 보호하면서도 너끈히 채집할 수 있는 것들이었다. 따라서 남성이 보호자나 음식 제공자 역할을 할 필요가 없었고 결혼이란 것도 불필요하였다.

날씨가 점차 따뜻해지고 숲이 줄어들면서 인간은 숲에서 나와 사바나 초원에서 살게 되었다. 이제 식물을 채집하거나 포식 동물이 남긴 고기 쓰레기를 뒤져서 음식을 구하였고, 종국에는 도구를 이용해 동물을 사냥하게 되었다. 식단에서 고기가 늘어남으로써 아기가 엄마 뱃속에서 좀 더 일찍 나오게 되었으며, 따라서 아기가 생존하는 데 엄마의 보살핌이 보다 많이 필요하게 되었다. 자원은 남성들 사이에 공평하게 분배되었기 때문에 이 시기180만~2만 3,000년 전에는 일부일처제가 널리 받아들여졌다. 하지만 당시의 결혼 형태를 보다 정확히 표현하자면 순차적 일부일처제라고 할 수 있다. 이들 커플들은 자식이 충분히 생존할 수 있을 것이라고 판단되면대략 4년 더 이상 함께 살지 않았기 때문이다.

이후 인류는 2만 3,000년부터 1만 년 전 사이에 농경을 시작하면서 자기가 먹을 음식을 직접 길러 내게 되었다. 이어 4,000년 전에 쟁기plow가 발명되면서 남녀 간의 분업이 생겨났다. 그리고 이것은 남성이 부를 축적할 수 있게 해 줌으로써 이전까지 존재하였던 평등시대를 끝내는 계기가 되었다. 그러나 이러한 불평등에도 불구하고 일부일처제는 여전히 지배적인 제도였는데, 추측컨대 남성들이 농사일을 하면서 한 명 이상의 아내를 건사하는 것이 어려웠기 때문일 것이다.

한편 나는 브룩스 카이저Brooks Kaiser와 함께 인간은 생물학적으로 일부일처제에 가장 적합하게 배선되어 있다고 주장한 바 있다. 일부일처제야말로 자식의 생존율을 가장 높일 수 있는 제도이기 때문이다. 또한 낙농업은 가축들이 만들어 내는 암수 한 쌍의 결합을 촉진하는 호르몬pair-bonding hormone을 통해 일부일처제를 지속시킨 원동력이 되었다. 유럽과 같이 소목축이 많았던 지역에서는 일부일처제가 지배적이었던 반면 목축이 드물었던 아프리카 같은 곳에서는 일부다처제가 많았다는 관찰은 이러한 주장을 지지해 준다.

이 동성 간의 일부일처 결혼에 보이는 관대한 태도이다. 동성 결혼또는 동성 시민 결합을 법적으로 허용하는 나라라고 해서 모든 국민이 이를 결혼으로 수용하는 것은 아니다. 하지만 제도를 수정하는 데 공동체 내 모든 사람의 합의를 얻을 필요는 없다. 기존의 룰을 법적으로 손질하는 것만으로도 제도 변화는 가능하다.

　동성 결혼과 국가의 경제력 간의 관계는 순차적 일부일처제와 국가 경제력 간의 이상한 상관관계에 비하면 납득하기가 한결 쉽다. 한 나라가 부를 축적할 수 있으려면 개인의 권리와 자유를 존중하고 새로운 기술을 꽃피울 수 있는 창의적 환경이 갖추어져야 한다. 이러한 개인의 권리와 자유에 대한 존중이 있었기에 이들 국가에서는 동성 간 결혼을 옹호하는 투쟁이 가능해지고 이를 제도화하는 싸움에서 승리할 수 있었던 것이다. 따라서 경제적 발전이 동성 결혼을 가능하게 만든 것이 아니라, 국가를 부유하게 만들어 주었던 바로 그 덕목이 결혼 제도의 변화도 가능하게 해 주었다고 할 수 있다.

　제도에 대해 더 이야기하기에 앞서, 우선 개개의 가정이 어떻게 결혼 형태를 선택하고, 또 이것이 어떻게 전 사회적인 제도로 전환되는지를 결정하는 데 경제학이 수행하는 역할을 설명해 보겠다. 다음의 예를 살펴보는 것으로 시작하자.

위키피디아의 한 면을 장식한 빌 게이츠의 저택

──　위키피디아에 따르면 빌 게이츠의 집은 5,950제곱미터가 넘는 대저택으로 '재나두Xanadu'라는 별명이 붙어 있는데, 영화 "시민 케인"에 등장하는 은둔자 찰스 케인의 저택 이름을 본 딴 것이다. 물론 빌 게이츠의 삶은 홀로 고딕 스타일의 대저택에서 살아가다 외롭게 죽

은 진짜 재나두의 주인_{물론 이 역시 소설 속 가상의 존재이긴 하지만}보다 덜 외로울 것이다. 이 집에서 아내 멜린다 게이츠와 함께 살고 있으니.

여기에서 완전히 상상에 기대어 하나의 시나리오를 써 보자. 너무 큰 집에 살다가 외로움을 느끼게 된 빌 게이츠가 어느 날 두 번째 아내를 갖기로 결심한다. 여러 가족이 살기에 충분할 만큼 집도 크니 이 결정으로 손해 볼 사람도 없지 않은가!

아마 멜린다는 심리적으로는 자신이 유일한 아내 노릇을 하는 것보다 불쾌할 것이다. 하지만 경제적으로는 남편에게 아내가 한 명 더 생긴다고 해도 자신이나 아이들이 쓸 수 있는 자원이 줄어들어 생활수준이 나빠질 일은 없을 것이다. 또한 멜린다가 빌과 결혼을 결심할 당시 언젠가는 빌이 두 번째 아내를 얻게 될 것이라고 예상하였다고 하더라도, 두 번째 아내를 가질 가능성이 없는 다른 남자와 결혼하는 것보다는 빌의 첫 번째 아내인 것이 여전히 이득인 것도 사실이다. 현실에서는 이러한 일부다처 가정을 상상하기 어려운 만큼 이 시나리오는 직관적이지 않다. 하지만 만일 멜린다가 언젠가는 아내가 둘이 될 수도 있다는 것을 예상하고 빌과 결혼하였고 그녀가 자신과 _{잠재적} 자녀들의 이익에 따라 의사 결정을 하였다면, 이것은 멜린다가 다른 남성과 결혼하는 것보다 두 번째 아내를 감내하더라도 빌과 결혼하는 것을 선호한다는 것을 드러내 준다.

빌의 두 번째 아내를 나탈리라고 부르자. 나탈리 역시 빌을 선택함으로써 다른 어떤 선택을 한 것보다 큰 이익을 누린다. 세상에서 가장 부유한 남자와 결혼하는 것이니 그녀와 자식들은 생활에 필요한 자원이 부족해지는 일 따위를 절대 겪을 리 없다. 물론 두 번째 아내가 된다는 것은 즐거운 일이 아니다. 하지만 그녀 역시 빌이 이미 멜린다와 결혼한 사실을 알고 있었고, 자신과 자식에게 최선의 이익을 추구한다는 차원에서 볼 때 다른 남자를 선택하는 것보다 빌과 결혼하는 편이 얻는 것이 훨씬 많다. 그녀는 다른 남자, 십중팔구 빌보다는 가난한 남자의 유일한 아내가 되는 길을 택할 수도 있었고 아예 결혼을 안 할 수도 있었다. 그런데도 그녀가 빌의 두 번째 아내가 되기를 선택한 것은 이 결혼이 그녀를 가장 행복하게 만들어 주기 때문이다.

빌 역시 두 번의 결혼으로 더 많은 혜택을 누릴 수 있을 것이다. 엄청난 부자여서 여러 아내를 거느린다고 해도 그가 쓸 수 있는 재산이 줄어들 걱정을 할 필요가 없다. 또한 그가 두 번째 아내를 갖겠다고 결정한 사실 자체는 빌이 한 명의 아내를 갖는 것보다 아내가 둘인 상황을 선호한다는 점을 드러내 준다.

이 가상의 일부다처 가정 '재나두'를 들여다보면 모든 가족 구성원이 일부다처제를 통해 일부일처제보다 더 많은 혜택을 누리고 있다. 모두 일부다처 시스템에 자발적으로 동참하였으니 그럴 수밖에 없을 것이다. 물론 일부다처제가 이들 모두에게 특히 여성들에게 이상적 결혼이란 말은 아니다. 단지 이들에게 선택 가능하였던 여러 결혼 형태 중에서는 이것이 가장 만족스러웠다는 뜻이다.

이제 여기에서 다음 질문을 던질 수 있다. 만일 빌 게이츠 같은 최상위 부자가 여러 여성을 아내로 삼을 수 있고 게다가 일부다처가 가족 모두에게 득이 된다면 왜 미국 정부는 일부다처제를 법으로 금지하는가? 다른 식으로 표현하면, 왜 빈부 격차가 큰 부유한 국가가 일부다처제가 아닌 일부일처제를 법으로 채택하고 있는 것일까?

이 질문에 대한 답은 다음 두 가지 요소가 핵심이다.

우선 멜린다는 지적이고 교육도 많이 받은 여성이다. 학력과 지성이 중요한 선진국 결혼 시장에서 그녀는 상당히 높은 평가를 받는다. 그녀는 결코 첫 번째 또는 두 번째 아내가 되는 데 동의하지 않을 것이다. 자신을 유일한 아내로 기꺼이 맞아 줄 남성이 아주 가난하지 않은 사람들 중에도 얼마든지 있기 때문이다. 물론 그 남성이 세상에서 제일 돈 많은 남성은 아닐 테지만 멜린다는 남편을 다른 아내와 공유하느니 차라리 억만금을 기꺼이 포기할 것이 뻔하다.

이것은 빌이 여러 명의 아내 중의 한 사람이 되는 것도 마다하지 않는 여성과 결혼하려면 멜린다보다 지성과 학력이 떨어지는 상대를 선택해야 한다는 것을 의미한다. 얼핏 보면 좋은 아이디어 같지만 빌은 그렇게 하지 않을 것이다. 사회가 똑똑함이나 고학력을 높은 가치로 평가하는 만큼 똑똑하고 공부도 잘하는 자식을 갖고 싶기 때문이다. 물론 일부 부유층 남성은 예쁘지만 학력이 떨어지는 여성과 결혼하기도 한다. 하지만 이런 여성들 역시 나름대로 시장에서 높은 평가를 받고 있기 때문에 유일한 아내가 되는 결혼을 선택할 수 있다. 따라서 빌은 설령 법률이 일부다처제를 허락한다고 해도 아내를 한 명만 갖는 데 만족하였을 것이다. 빌과 같은 부유한 선진국 남성들은 역사적으로 이상적이지 않은 여러 아내보다 이상적인 아내 한 사람과 사는 것을 선호해 왔기 때문이다. 아내 문제에 관한 한 부자들도 양보다 질을 중요시해 왔다.

　만일 이것이 사실이라면 "왜 미국 정부는 일부다처를 금지하는가?"라는 질문에 대해 이렇게 답할 수 있다. 경제적 요인이 남자들로 하여금 한 사람의 아내를 취하도록 사회적 규범을 형성하였고, 법 제정자들은 미국을 만들 때 이런 사회 규범을 법으로 성문화한 것뿐이라고!

　앞서 부유한 나라가 일부일처제를 선호하는 이유로는 두 가지 요소가 있다고 하였는데, 그 두 번째 요소를 이해하기 위해서는 우리가 재나두의 가상 스토리를 전개하며 지금까지 무시해 온 또 한 사람의 등장인물을 소개해야 한다. 바로 빌만 아니었다면 나탈리와 결혼할 수도 있었던 남자이다. 그를 찰스라고 부르자.

　찰스는 빌이 일부다처를 택한 바람에 손해를 입었다. 이것은 빌이 그냥 일부일처를 고수하였다면 받지 않아도 되었을 손해이다. 찰스는 이상적 배우자감이었던 나탈리를 빌에게 빼앗겼지만 그도 언젠가 결혼 상대를 찾을 수 있을 것이다. 하지만 찰스로서는 할 수만 있었다면 다른 어느 결혼 상대도 마다하고 나탈리와의 결혼을 택하였을 것이다.

　이제 찰스가 원래 이상형보다는 살짝 뒤떨어지는 여성과 결혼함으로써 또 다른 남자가 자신의 이상형을 놓치게 되는 결과를 낳는다. 그 역시 이상형보다 만족스럽지 못한 여성을 다시 찾아서 결혼해야 한다. 이러한 연쇄반응은 가장 부유한 사람으로부터 가장 가난한 사람에 이르기까지 순차적으로 일어나고, 맨 마지막에는 아내를 얻을 가망성이 전혀 없는 남자만이 남을 것이다. 만일 특정 일부다처제 사회에 남자와 여자의 수가 똑같다면, 일부 남자들은 이 결혼 제도 때문에 결국 결혼 시장으로부터 그리고 섹스로부터 완전히 소외된다는 수학적 결과가 나온다.

부자와 권력가가 압도적으로 많은 법 제정자들이 일부일처제를 법으로 만들었다는 사실은 의외이다. 여성들이 가난한 남성들과 결혼할 수밖에 없게끔 효과적으로 강제하는 일부일처제가 아니었다면 법 제정자들 자신이 일부다처제의 혜택을 누릴 수 있었을 텐데 말이다. 하지만 비단 민주주의 체제뿐 아니라 다른 정치체제에서도 계급적 분노를 촉발하거나 결혼을 하지 못해 총각으로 늙어가는 남자들을 양산할 수 있는 법을 만드는 것은 현명하지 못한 짓이다. 그리고 이것은 섹스의 권리를 박탈당해 고통 받게 될 수많은 가난한 대중들에게 당근을 주기 위해서라는 설명도 가능하다.

이것이 왜 경제학적으로 합리적인 이야기인지 설명하기 이전에, 영화 속에서 재나두에 살던 찰스의 이야기를 언급하지 않을 수 없다. 그는 자신의 저택에서 우울하고 외롭게 죽어갔지만 실은 결혼을 두 번이나 하였다. 두 여성과 동시에 결혼 생활을 하는 것은 법적으로 불가능하였지만 한동안 다른 부유한 남자들처럼 아내와 정부를 거느리며 사실상 일부다처제를 누리고 살았다. 우리는 이 이야기가 적어도 영화 속에서는 어떤 결말을 맺었는지 알고 있다. 그것은 비극으로 끝났다. 케인의 이야기는 일부다처제가 비록 제도화되어 있지는 않지만, 일부 부자들이 누리는 일부다처제나 순차적 일부일처제 같은 대안적 결혼 형태를 우리 사회가 관용하고 있는 것이 아닌가라는 생각을 불러일으킨다. 이 주제는 8장에서 불륜을 논의할 때 다시 다룰 것이다.

일부일처제 셈법

──── 경제적 분석은 수학적 논리에 기반한 것이므로, 이 책에서 수학적 모델을 제공하지 않는다면 나는 경제학자로서 게으름을 피운 것이 될 것이다. 그래서 경제학자들이 현행 제도가 선택할 수 있는 방식 중 최선의 것인지 아닌지를 판단할 때 사용하는 개념 하나를 소개한다. 파레토 효율성Pareto efficiency이 그것이다. 파레토 효율성의 관점에서 보는 최선의 상태란 타인의 만족을 줄이지 않고서는 자신의 만족을 더이상 늘릴 수 없는 상황을 뜻한다. 경제학자들의 세계에서 정부가 일부일처를 법제화해야 하는지 아니면 동성 결혼을 금지시켜야 하는지를 결정하는 기준이 바로 이 파레토 효율성이다.

지금부터 소개할 내용을 나는 '일부일처제 셈법Monogamy Math'이라고 부르겠다. 모든 경제모델은 특정한 의미를 담고 있는 기호를 이용한다. 일부일처제 셈법도 마찬가지로, 나는 여기에서 네 개의 기호를 사용할 것이다.

아래 두 개의 기호는 여성을 나타내며, 하나는 행복한 상태를, 다른 하나는 불행한 상태를 표현한다.

다음 기호는 남성을 나타내며, 역시 하나는 행복한 상태를, 다른 하나는 불행한 상태를 표현한다.

　논의의 단순화를 위해 여기에 등장하는 여성들은 모든 남성이 기꺼이 결혼에 동의할 만큼 미모가 똑같이 뛰어나다고 치자. 하지만 남성들은 결혼 상대에게 제공할 수 있는 자원을 얼마나 갖고 있는가에 따라 차별화된다. 그 기준은 여기에서 예로 든 것처럼 소득 수준이 될 수도 있고 우수한 유전자나 친절한 성품 등 여성이 배우자에게 기대할 법한 다른 어떤 자질도 가능하다.

　여기에 세 명의 남성이 있다. 이들이 결혼 상대자에게 제공할 수 있는 자원에 따라 줄을 세워 보았다. 그 모양은 아래와 같다.

　이 모델에 등장하는 모든 사람들은 결혼할 의사가 있으며 결혼을 목적으로 주선된 미팅에서 무작위적으로 짝지어진다. 막대 인형을 위해 즉석 데이트 이벤트를 열었다고 상상해 보자. 남성들은 어떤 여성과 짝지어져도 만족한다. 여성들 모두 엇비슷한 수준의 미모를 갖추었으니 사실상 동일한 조건인데다 모두가 결혼 의사를 갖고 있기 때문이다. 하지만 여성들은 상대방이 결혼을 통해 자신에게 얼마나 많은 혜택을 제공해 줄 수 있는가에 따라 행복할 수도 불행할 수도 있다. 커플들을 무작위로 짝지어 보았을 때 다음과 같은 모습이 될 것이다. 배우자에게 제공할 수 있는 자원을 가장 조금 가진 남성과 맺어진 여성만 제외하면 모든 사람들이 자신의 배우자감에 만족한다.

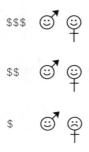

이제 이 불행한 여성을 보다 행복하게 만들어 줄 방법은 없을지 생각해 보자. 만일 일부다처제가 허용된다면 그녀는 이 남성의 결혼 신청을 거절하고 아내에게 제공할 수 있는 것이 가장 많은 남성의 품으로 달려들 것이다. 이런 행동이 그 남성의 첫 번째 아내에게는 불쾌할 것이 분명하지만, 일부다처가 제도화된 사회에서라면 첫 번째 아내는 자신의 부유한 남편이 언젠가는 두 번째 아내를 얻게 되리라고 예측하였을 것이다. 만일 그녀가 아내를 둘 이상 가지려는 부자와 결혼하느니 차라리 가난한 남성의 유일한 아내가 되는 편을 선택하겠다고 판단한다면 부유한 남성이 청혼을 한다고 해도 거절할 것이다. 반면 그녀가 부유한 남성의 청혼을 받아들인다면 이는 그녀가 다른 두 남성과 결혼하는 것보다 이 결혼이 행복할 것이라고 판단하였기 때문이다.

일부다처제가 제도화된 사회나 남성들 사이에 자원 분배가 매우 불평등한 사회라면 결혼 형태는 아래와 같이 나타날 수 있다. 모든 사람이 배우자를 한 명씩 가졌다면 다 같이 행복해질 수 있었겠지만, 이 모델에서는 소득이 가장 작은 가난한 남성에게 아내가 남아 있지 않다.

어떤 정책이 효율적인지 아닌지를 가늠하는 경제학적 기준은 주어진 자원배분 상태에서 다른 사람에게 손해를 입히지 않으면서 어떤 사람에게 이익이 될 수 있는 정책이 존재하는지의 여부이다. 이 조건은 모든 사람이 자신의 몫에 만족하고 있다거나 또는 모든 사람이 똑같이 다루어져야 한다는 것을 의미하지는 않는다. 그렇다면 우리가 방금 막대 인형 모델을 통해 살펴본 일부다처 시스템은 파레토 효율성에 부합하는 것일까? 여기에 일부일처제를 강제로 도입한다면 상황은 개선될 수 있을까?

일부일처제를 도입할 경우 결혼 자원이 제일 부족한 남성들은 분명히 좀 더 행복해질 수 있다. 일부일처제에서는 애초 그에게 짝지어진 여성이 기어이 결혼을 하겠다는 마음만 있다면 그의 프로포즈를 받아들일 수밖에 없기 때문이다. 하지만 여성 쪽에서 보면 이런 결혼은 손해이다. 보다 부유한 남성과 결혼하고자 하였던 그녀의 결심을 꺾어버리는 것이기 때문이다. 따라서 이 모델에서 일부다처제는 파레토 효율적이다. 일부 구성원이 여전히 불행하다는 점에서 불완전한 체제이기는 하지만 주어진 자원배분의 조건에서는 우리가 택할 수 있는 최선이기 때문이다.

만일 우리의 모델이 애초에 일부다처제가 아닌 일부일처제의 기반에서 출발하였다고 치자. 일부일처 사회에 일부다처제를 강요할 경우 제일 가난한 남성과 결혼해야 하였던 여성은 분명 더 행복해질 수 있다. 하지만 이는 그녀와 결혼할 수 있었던 남성을 결혼할 수 없게 만듦으로써 불행에 빠뜨린다. 이처럼 일부일처제 대신 일부다처제가 도입된다면 반드시 일부 사람들 가난한 남성의 상황이 악화되며 그런 점에서 일부일처제는 파레토 효율적이다.

여기에서 주목할 사항은 우선 일부다처가 제도화되어 있고 여성이 원치 않는 결혼을 거부할 수 있는 사회에 일부일처제를 강제로 도입할 경우, 이는 남성들에게는 혜택이 되지만 여성들에게는 손해가 된다는 점이다. 일부일처제는 여성에게 다른 대안을 택할 수만 있다면 결혼하지 않았을 남성과 억지로 결혼을 하도록 압력을 넣기 때문이다.

다음으로 남성들 사이에 자원배분의 불평등이 심할수록 여성이 일부다처 가정에 편입되고 싶어 하는 경향이 강해진다는 사실이다. 일부다처 가정에서는 여러 명의 아내들과 그 자식들이 재산을 나누어 써야 한다. 따라서 가장 부유한 남성이 가장 가난한 남성보다 재산을 50% 정도만 더 가지고 있다면 일부다처제는 성립되지 않을 것이다. 여성 입장에서는 부유한 남성의 두 번째 아내로 들어가는 것보다 가난한 남성과 사는 편이 더 낫기 때문이다. 여성이 부자의 두 번째 아내가 되겠

결혼보다 매춘의 선호도가 높아질 때

우리가 살펴본 모델에서는 가난한 남성과 짝지어졌던 여성에게 남성의 유일한 아내가 되느냐 또는 부유한 남성의 여러 아내 중 한 명이 되느냐의 선택만이 주어졌다. 하지만 사실은 가능한 여러 대안이 있다. 이를테면 그녀가 또 다른 가난한 남성을 찾아가령 형제 간인 남성들 그들 모두와 동시에 결혼하는 것이다. 이로써 여성은 보다 많은 자원을 취할 수 있고 남성들은 모두가 결혼을 할 수 있게 된다. 이런 이유에서 일부다처제를 허용하는 사회는 동시에 일처다부제를 허용하는 것이 합리적이다.

물론 현실 속에서 이런 제도적 조합은 거의 존재하지 않는다. 그 이유는 무엇일까? 이에 대한 하나의 설명으로 레나 에들런드와 콘Evelyn Korn은 여성이 여러 명의 남편과 결혼을 하거나 많은 아내 중 한 명이 되는 양자택일을 할 수밖에 없는 상황에 놓일 경우, 일부 여성은 "됐네, 차라리 난 매춘부가 되겠어."라고 답할 것이라고 주장하였다.

우리가 이미 알고 있는 것처럼 일부다처제는 많은 남성이 결혼하지 못하는 상황을 초래한다. 결혼을 하지 못한 남성이 섹스는 하고 싶은데 차마 유부녀와 성관계를 맺는 것은 하지 못할 때실제로는 이런 일이 종종 일어나지만 남아있는 유일한 선택은 매춘업소를 찾는 것이다. 이와 같이 일부다처제는 매춘 수요를 늘리고, 그 가격도 상승시키며, 결국 여성들을 결혼 대신 매춘에 뛰어들게 부추겨 매춘율을 상승시키는 상황을 초래한다. 이는 일처다부제가 일부다처제와 공존하는 경우가 거의 없는 이유를 설명해 준다.

아내가 될 수도 있었던 여성이 화대만 높다면 매춘부의 길을 선택하기도 한다는 주장은 다소 충격적이다. 하지만 스티븐 레빗Steven Levitt과 수디르 벤카테시Sudhir Alladi Venkatesh의 조사 결과를 보면 이는 현실 속에서 실제 일어나는 일이다. 매년 미국 독립기념일7월 4일 주간에 매춘 수요가 늘어나면 이전까지 매춘을 하지 않았던 여성들도 매춘 가격의 상승에 반응하여 시장에 진입한다. 이러한 논리는 미혼 남성의 수가 미혼 여성의 수를 훨씬 앞서는 중국에서 수많은 여성들이 왜 결혼 대신 매춘을 선택하는지도 설명해 준다. 결혼 시장에서 남성의 수가 여성을 초과하게 되면 결혼으로부터 얻을 수 있는 이익을 포기하고 기꺼이 성 매매에 뛰어들 만큼 매춘 수익이 높아지는 것이다.

다고 선택하려면 남성의 재산이 적어도 가장 가난한 남성의 두 배 또는 그 이상이 되어야 한다.

나는 앞서 부유한 나라가 일부다처제를 채택하지 않는 것이 미스터리라고 말하였는데, 방금 소개한 모델은 이 미스터리를 풀어 주는 열쇠가 된다. 현대의 부자 나라들이 지닌 특성 중 하나는 심각한 부의 불평등이다. 미국에서 가장 부유한 남성층은 가장 가난한 남성층에 비해 그저 두세 배 잘사는 정도가 아니며, 소득 분포에서 중간에 속하는 이들보다도 수백 배나 잘산다. 만일 부유한 남성에게 아내를 몇 명이나 갖는지가 진짜 중요한 문제였다면 역사상 어느 시점에선가 부유한 나라들은 일부다처제를 공식 결혼 제도로 채택하였을 것이다. 그런데 그런 현상이 나타나지 않았다는 사실은 결혼 제도의 채택이라는 문제에 우리 모델이 보여 준 것보다 더 정교한 경제학적 설명이 필요하다는 것을 의미한다.

돈 많은 남자가 둘 이상의 아내를 욕심낸다는 것은 세상이 다 아는 일

—— 오늘날 부자 나라들이 일부다처제를 도입하고 있지 않은 이유는 역사적으로 부유한 남성들이 가난한 남성들보다 아들을 더 많이 가졌다는 사실에서도 찾을 수 있다. 이는 부자들이 가난한 사람보다 자녀를 더 많이 가져서이기도 하지만 성공한 남성들은 아들이 많은 경향이 있었기 때문이기도 하다. 역대 미국 대통령이 딸보다 아들을 많이 가졌다는 사실은 종종 이를 뒷받침해 주는 증거로 이용되어 왔다. 하지만 아들이 없는 최근의 세 대통령 때문에 이 근거는 다소 무의미해졌다. 이런 상황이다 보니 자기 아들의 장래를 걱정하는 아버지라면 아무리 부자이고 스스로는 일부다처제를 선호한다고 해도 아들을 위해 일부일처제를 지지할 수밖에 없었을 것이다.

제인 오스틴의 작품 같은 이전 시대 로맨스 소설을 읽어 본 사람이라면 누구나 그 시대에는 부유한 집 아들이라고 해서 모두 부자가 되지는 않았다는 사실을 알 것이다. 클라크Gregory Clark와 해밀턴Gillian Hamilton 같은 경제사학자들이 밝혀낸 바에 따르면 산업혁명 이전의 부유한 토지 소유계급의 자식들은 성인이 될 때까지 생존할 확률이 다른 계급보다 더 높았지만, 이들 중 많은 수가 나중에 보다 낮은 경제적 계급으로 하락하였다. 장자에게만 유리한 상속법 때문에 둘째부터는 스스로 먹고 살 길을 찾아야 하였던 것이다.

만일 부유한 아버지가 아내를 두 명 이상 갖고 싶었다면 일부다처제를 허용하는 법 제정을 위해 로비를 펼쳤을 것이다. 하지만 일부다처제가 실시될 경우 그의 아들들 중 유산을 충분히 물려받지 못한 몇몇은 결혼을 해서 가정을 꾸릴 가능성이 줄어든다. 그런 아들도 어찌어찌 결혼을 할 수는 있겠지만어쨌거나 이들은 자기 큰형보다 좀 더 가난해질 뿐 최빈곤층이 되는 것은 아니니까! 일부다처제 때문에 귀족 자식의 배우자감으로 적합한 여성을 배필로 맞기는 어려울 것이다. 일부다처제는 다음 세대로 이어질수록 많은 아들들이 보다 낮은 계급의 여성과 결혼할 수밖에 없게끔 만든다. 높은 계급에서 태어난 딸들은 모두 가장 부유한 남성의 몫으로 돌아가기 때문이다.

재산의 대부분을 장남에게 물려주는 상속법이 재산 분산을 방지한 것처럼 일부일처제는 집안의 유전자가 분산되는 것을 막아왔다. 동일한 맥락으로 일부다처제가 아내의 수요를 증가시키면 아내의 시장가치는 높아진다. 물론 중간 계급이나 낮은 계급 아버지들은 자기 딸이 높은 지위의 집안으로 시집가는 것을 기쁜 마음으로 바라보았을 것이다. 하지만 상류층의 아버지들은 자기 딸이 '여러 아내 중 한 사람'으로 전락하는 것을 어떤 심정으로 바라보았을까? 물론 상류층 딸들도 자기보다 조건이 좋은 짝을 맞을 수도 있다. 이를테면 왕비가 될 수 있는 여성들의 수도 늘어날 것이다. 하지만 딸이 한 집안에서 여러 아내들과 경쟁하는 상황으로 내몰리는 순간 그 결혼의 정치적 가치는 희석될 수밖에 없다.

부유한 서구 국가들이 왜 과거에 일부다처제를 채택하지 않았는지에 대한 또 다른 설명도 가능하다. 두 번째 설명은 대부분 유럽 국가들에서 나타난 권력 분권화에서 찾을 수 있다. 여기에서 일부일처제는 권력의 분권화 과정에서 지배층이 권력을 유지하기 위해 대중들에게 내린 선물이라고 볼 수 있다.

일부일처제가 음주를 부추긴다?

솔직히 인정하겠다. 만일 내 남편이 한 집에서 나 외에 다른 여자를 함께 데리고 산다면, 나는 술이라도 마시지 않으면 견딜 수 없을 것이다. 하지만 현실은 이런 나의 상상과 사뭇 다르게 펼쳐진다. 현재 선진국에는 일부다처제를 지키고 사는 이들이 일부 존재하는데, 이들 대부분은 몰몬교 근본주의자들이나 이슬람 전통을 따르는 사람들이다. 그런데 이들 모두 음주를 금기시한다는 사실을 보면 궁금하지 않을 수 없다. 일부일처제와 술 소비량에는 어떤 상관관계가 있는 것일까? 배우자가 한 명밖에 없을 경우 오히려 술을 더 마시게 되는 것일까?

이는 경제학자 스퀴치아리니Mara Squicciarini와 스윈Jo Swinne이 미국와인경제학자협회의 학회지에서 제기한 질문으로, 이들은 일부다처제를 채택한 산업화 이전 사회에서는 일부일처제 사회보다 술 소비량이 적었으며, 한 사회가 일부다처제에서 일부일처제로 이행함에 따라 술 소비량이 늘어났다고 주장한다. 이러한 사실은 일부일처제와 음주가 어떤 연관이 있음을 시사한다.

하지만 성급한 결론으로 치닫기 전에 지적해 두어야 할 것이 있다. 이들의 주장은 일부일처제 자체가 음주를 부추긴다거나 음주가 사람들로 하여금 일부일처제를 선호하게 만든다는 증거는 아니다. 일부일처제와 술 소비량이 서로 연결되어 있는 것은 사실이지만, 일부일처제로의 변화와 술 소비량 증가라는 두 가지 현상은 제3의 요소, 특히 산업화라는 독립 요소가 개입됨으로써 각각 별개로 일어나는 것이다.

우리는 일부일처제가 어째서 산업화가 이루어진 사회에 일반적으로 나타나는지 이미 살펴보았다. 그런데 술 소비량의 증가도 산업화와 연관되어 있다. 산업화 과정에서 일어난 기술 혁신은 술 생산비를 낮추었을 뿐 아니라 각 가정의 소득 수준을 높여 줌으로써 생존에 꼭 필요한 음식 외에 술 같은 사치품을 살 수 있게 해 주었다. 또한 산업화는 도시화도 불러왔다. 도시에 사는 사람들은 술을 마실 기회가 더 많기 때문에 음주 문화의 싹도 바로 이 도시에서 텄다.

물론 이것이 일부다처제를 허용하는 두 개의 종교집단 모두 음주를 금지하고 있는 이유를 설명해 주지는 못한다. 경제학적인 연구에도 한계란 있게 마련이다. 종교적 교리는 바로 그 한계선을 긋기에 적절한 지점이다.

버나드 쇼는 1903년에 발표한 『혁명가를 위한 마르크시즘』에서 이를 다음과 같이 갈파하였다. "인구의 대다수에게 독신을 강요하는 결혼 제도는 그 어떤 것이든 도덕률을 위배하는 것이기 때문에 폭력적으로 붕괴될 수밖에 없다. 현대 민주주의 사회에서 몰몬교가 일부다처제를 시도한다면 독신을 강요받게 된 다수의 열등한 남성들이 폭동을 일으켜 일부다처제를 파괴해 버릴 것이다. 여성들은 모성 본능 때문에 3등급의 남성을 독점적으로 취하는 것보다 1등급 남성을 열 명의 여성과 나누어 갖는 편을 택할 것이기 때문이다."

비단 민주국가뿐만 아니라 전제국가도 마찬가지이다. 독재자라고 해도 자기 머리를 단두대에 잘리고 싶지 않으면 일부일처제를 도입하는 것이 현명하다. 경제학자 라거뢰프Nils-Petter Lagerlöf는 독재자가 대중들의 불만을 무마시키기 위해서는 그 자신이 아내를 한 명밖에 취할 수 없는 제약이 생길지라도 일부다처제를 법으로 금지할 수밖에 없었으리라고 주장하였다.

앞서 말한 것처럼 불평등 지수가 높아지면 부유한 사람은 더 많은 아내를 가질 수 있게 된다. 여성들이 가난한 남성의 유일한 아내가 되는 것보다 부유한 남성의 두 번째나 세 번째 아내, 심지어 네 번째 아내가 되는 편을 택하기 때문이다. 가난한 남성들은 빈부 격차가 극심한 나라에서 가난하게 사는 것은 참을 수 있을지 몰라도, 다른 남성들은 아내를 여럿 거느리는데 자신은 결혼도 못 하고 사는 것은 참기 어려울 수 있다. 빈부 격차도 심한데 섹스까지 못 하는 지경에 이르면 빈곤층은 지배층을 뒤엎기 위해 반란을 일으킬 것이다. 상황이 이럴진대 지배자들이 아무리 아내를 여럿 두고 싶다고 해도 성난 군중에게 자기 머리를 바치는 것을 감수할 만큼은 아닐 것이다. 그래서 이들은 가난한 사람의 불만을 무마시키려는 의도로 모든 사람들에게 똑같이 일부일처제를 강제한다.

지배자들은 자신의 통치권이 자기 생전에만 유지되는 데 그치지 않고 후손들의 세대에서도 지켜지기를 원할 것이다. 법이란 권좌에 오른 사람이 변덕을 부리면 바뀔 수도 있다. 하지만 지배자가 일부일처제의 제도화를 위해 기존 교회세력까지 끌어들인다면 법은 현재뿐만 아니라 미래에도 굳건히 지켜질 가능성이 높다. 교회로 하여금 일부일처제를 국가의 도덕적 코드로 수립하게 하면 통치자의 변덕으로 얼마든 바뀔 수 있는 법 제도만 만들어 놓는 것보다 훨씬 큰 효과를 거둘 수 있다.

이상은 모두 과거의 이야기이다. 그리고 일부일처제는 오늘날 빈부격차가 심해지고 있음에도 여전히 산업화된 국가에서 지속되고 있다. 이 현상은 전적으로 산업화된 국가에서 우리가 자녀의 가치를 어떻게 생각하고 있는지를 통해서 설명될 수 있다. 바로 이런 달라진 자녀의 가치 때문에 서구 사회가 일부다처제를 도입하지 않는 것이며, 설령 일부다처제를 법적으로 허용한다고 해도 대다수 가정에서 이를 받아들이지 않을 것이다. 이를 다음 절에서 살펴보자.

일부일처제라는 미스터리

———   갈수록 빈부 격차가 심해지고 있는데도 일부일처제가 지속되는 현상은 미스터리가 아닐 수 없다. 경제학자 모아브Omer Moav, 굴드Eric Gould, 심혼Avi Simhon의 연구 덕분에 우리는 서구 국가들이 왜 심각한 빈부 격차에도 일부일처제를 유지하고 있는지를 설명할 수 있다.

부유한 국가의 여성은 일할 권리와 자산을 소유할 권리를 가지고 있다. 여성의 교육, 취업, 재산 소유가 제한된 탓에 여성이 남성에게 의존하고 살 수밖에 없는 나라와는 처지가 다르다. 따라서 산업화된 국가의 여성들은 자신이 원하는 남성이라고 생각하면 그가 종이상자로 만든 집에서 살만큼 가난한 처지라고 해도 배곯을 걱정 없이 결혼할 수 있다. 남성에게 생계를 의존할 필요가 없기 때문이다. 현대적 관점에서 본다면 우리가 다루었던 일부일처제 셈법은 터무니없는 이야기이다. 현대 여성은 가난한 남성의 유일한 아내가 될 것인가 부유한 남성의 두 번째 부인이 될 것인가 중에서 선택할 필요가 없다. 스스로가 원하고, 자신과 아이를 부양할 능력만 된다면 미혼으로 남아 있을 수 있기 때문이다.

그러나 우리의 결혼 제도는 최근에 만들어진 것이 아니라 과거의 역사 속에서 형성된 것이다. 일부일처제는 오래전 여성이 학교에 다닐 수 없었고 수입도 재산권도 없던 시대에 성립되었다. 따라서 선진국들이 남성들 간의 소득 불균형이 심해지고 있는 상황에서도 일부다처제를 채택하지 않는 데에는 '여성들이 이런 형태의 결혼을 거부한다.'라는 것 외에 다른 설명이 필요하다.

대부분의 고용이 농업에 관련되었던 과거에는 우수한 두뇌보다 건강한 신체에 의해 노동자의 소득이 좌우되었다. 그런데 산업화가 되면서 숙련 기술이 보다 중요해졌고 많은 인적자본을 가진 노동자들이를테면 고학력에 훈련받은 인력이 보다 많은 급여를 받게 되었다. 기술력에 대한 대우가 변화하면서 가정에서의 자녀들에 대한 투자 방식도 바뀌었다. 과거에는 각 가정이 자녀를 많이 낳되 교육에는 그다지 투자하지 않았는데, 산업화가 이루어지면서 자녀 수를 줄이는 대신 교육에 투자를 많이 하는 추세로 돌아선 것이다.

이 책의 1장에서 1800년대 산업혁명이 시작될 즈음부터 미국의 출산율이 하락해 왔다는 통계를 언급하였던 것이 기억날 것이다. 이러한 출산율 하락은 노동시장의 조건 변화예를 들어 중간급 숙련 기술자들의 수요 증대에 따라 자식이 장래에 가장 안정적으로 수입을 보장받을 수 있는 방향으로 부모들이 출산 전략을 변경하였기 때문에 일어났다. 산업화된 나라의 일부일처제 미스터리를 풀 수 있는 열쇠도 바로 여기에 있다. 즉 산업사회의 고학력 노동자 임금이 산업화 이전 사회의 그것과 매우 차이가 난다는 점이다.

아직 산업화가 안 된 사회에서는 단지 물려받은 땅과 같이 가진 재산이 많다는 이유만으로 많은 수입을 거둔다. 만일 이러한 부유한 남성이라면 자신의 땅에서 일을 하고 가계 전체 수입을 올릴 노동력이 가정에 많으면 많을수록 이득이기 때문에 자식도 많이 가지려고 할 것이다. 따라서 아이를 많이 낳아 줄 수만 있다면 아내감으로는 이 여자나

저 여자나 별 차이가 없다. 우리가 일부일처제 셈법의 예를 들었을 때 그 모델에 등장하였던 여자들이 모두 같은 조건이었던 것과 마찬가지이다.

  그런데 산업화된 나라에서는 높은 수준의 인적 자본예를 들어 학교교육을 갖추어야만 높은 임금을 받을 수 있다. 따라서 자식의 미래 소득 수준이 자식의 기술력에 달려 있다는 것을 알고 있는 아버지로서는 자녀를 조금 낳는 대신 교육을 많이 시키는 방법을 선호하게 된다. 그리고 뛰어난 자질을 지닌 자녀를 가지기 위해 우선 똑똑한 아내를 맞으려고 할 것이다. 이에 따라 산업화된 나라에서는 교육 수준이 높은 질적으로 우수한 아내의 수요가 증가하게 되고, 이러한 수요 증가는 결혼 시장에서 여성들의 가치를 높여 주게 된다. 여기에서 아내의 '가치'라는 의미를 명확히 하기 위해서는 남성이 특정 여성을 아내로 맞기 위해 그녀에게 얼마나 많은 협상권을 내주어야 하는가를 생각하면 된다. 아내의 시장 가치가 높다면 남편은 아내에게 가정에서의 의사 결정, 이를테면 남편이 아내를 몇 명이나 둘 수 있는가의 문제를 결정하는 데 더 많은 발언권을 주어야 한다.

  즉 경제학적 관점에서 보았을 때 일부일처제가 지배적 결혼 제도로 부상한 것은 질적으로 우수한 자녀에 대한 수요 증가가 역시 질적으로 우수한 여성의 시장 수요를 늘렸기 때문이고, 그래서 부유한 남성들조차도 한 명 이상의 아내를 만들기 어려워졌기 때문이다. 이렇듯 남성들의 소득 불평등 확대는 일부다처제 도입을 부추기는 요소가 되지만, 반면 높아지는 여성의 학력 불평등은 역으로 사회가 일부일처제를 유지하게 만든다. 실제로 현재 대부분의 산업화된 국가에서는 부유한 남편들의 요구를 반영한 전자의 효과보다 고학력 아내들의 요구가 반영된 후자의 효과가 더 지배적으로 나타나고 있다.

우리가 지금 다루고 있는 내용은 여러모로 흥미로운 특징을 갖고 있다. 먼저 이 이야기를 통해 왜 고학력 노동자들이 더 많은 임금을 받을 수 있는 산업국가에서 아내들이 보다 큰 협상력을 가질 수 있는지 설명할 수 있다. 또한 미숙련 노동자보다 숙련 노동자가 높은 급여를 받을 때 자신과 비슷한 학력의 배우자와 결혼하려는 경향이 늘어나는 이유도 설명할 수 있다. 마지막으로 이는 가난한 나라에도 똑같이 적용될 수 있다. 가난한 나라에서도 고학력의 부자들은 부유하지만 저학력인 남성들에 비해 더 적은 수의 아내와 결혼해 더 적은 수의 아이를 낳으려고 한다. 이는 아내나 자녀의 수가 적으면 자녀들에게 더 좋은 교육을 제공할 수 있다는 뜻이다.

정책적 측면에서 보았을 때, 만일 가난한 나라에서 일부다처제를 금지하는 것이 아이들에게 이익이 된다고 믿을 경우이 같은 주장에는 이를 뒷받침하는 증거와 부정하는 증거가 공존한다. 이를 달성하기 위한 방법으로는 교육의 수준을 높이는 것을 꼽을 수 있다. 모든 노동자에게 더 많은 교육을 제공하면 산업화가 촉진되고 고학력 노동자의 임금도 높아진다. 여성에 대한 교육 역시 결혼 생활에서 여성의 협상력을 높일 수 있고 각 가정의 아내나 자녀 수를 줄이는 효과를 낳을 것이다.

결혼 제도에 대한 경제학적 접근법에서 가장 중시해야 할 사항은 설령 서구 국가들이 일부다처제를 법적으로 허용한다고 해도 소수의 사람들만이 이를 채택할 것이라는 사실이다. 나는 파레토 효율성의 관점에서 보았을 때 일부다처제 도입은 가난한 남성들을 결혼 시장에서 몰아낼 것이기 때문에 결혼 제도의 개선책이 될 수 없다고 말한 바 있다. 하지만 일부다처제가 도입된다고 해도 실제로는 가난한 남성들을 결혼 시장에서 몰아낼 만큼 많은 부자들이 일부다처제를 취하지 않을 것이므로 새 결혼 제도의 도입은 별 효과를 보지 못할 것이다. 게다가 여성들도 원치 않는 남편과 결혼하느니 독신을 택하는 경우가 많을 것이다. 그런 관점에서 봤을 때 경제적으로 자립한 여성이야말로 미혼 남성을 양산하는 데 일부다처제의 제도화보다 훨씬 더 큰 기여를 한다.

미국은 어떻게 동성 결혼을 수용하게 되었나?

——— 지난 10년 간 일어난 결혼 제도의 변화 중 가장 손꼽히는 것은 많은 사법체계에서 동성 간의 결합을 법적으로 인정해 주게 되었다는 사실이다. 이 장의 도입부에서 말하였듯이, 제도란 인간의 사회적 행동을 지배하는 규칙과 신념체계이다. 제도의 변화는 주로 신념이 변화한 결과이다. 신념의 변화가 규칙의 변화를 낳고, 그것이 제도로서 공식 문서화하는 것이다. 동성 간 결혼에 대한 태도는 지난 20년간 놀라울 만큼 변화하였다. 이러한 현상은 제도가 진화할 수 있다는 사실을 보여 주는 것 외에도, 공동체 안의 모든 개인이 자기 신념을 수정하지 않더라도 제도는 얼마든지 바뀔 수 있다는 사실을 보여 준다는 점에서 역시 흥미롭다.

이와 같은 진화를 보여 주는 사례 하나를 들어 본다.

몇 년 전 우리 가족과 아주 각별한 사이인 친구가 우리 가족과 같은 성姓을 가진 이름을 인터넷으로 찾는 과정에서 우연히 남아프리카공화국에 사는 내 사촌의 아내와 만나게 되었다. 두 여성은 친구가 되었고 나중에는 사랑에 빠졌다. 사촌의 아내는 사촌과 이혼한 뒤 이 여성과 결혼하였다. 또는 법적으로 '유사 결혼'으로 보아야 한다. 남아프리카공화국은 당시 동성 커플에게 이성들 간 결혼과 똑같은 권리를 부여하지 않았기 때문이다. 캐나다의 이민법은 '내 사촌의 전 아내'였던 여성을 '우리 가족의 좋은 친구 아내로서' 받아들여 주었고 그녀는 입국을 하면서 어린 내 조카들도 함께 데리고 왔다. 두 여성은 그 뒤로 행복하게 잘 살았다.

이 시점에서 큰 골칫거리가 생겼다. 이 사실을 누가 아버지한테 전한단 말인가! 나는 아버지를 사랑하지만, 아버지가 동성 간의 결혼에 동의할 만한 분이라는 인상은 받아 본 적이 없다. 하지만 뚜껑을 열고 보니 우리가 아버지를 과소평가해 왔던 것이 드러났다. 아버지에게 동성애에 대해 말로 설명할 필요도 없었을 뿐만 아니라 아버지가 진보적인 분은 아니었을지언정 그렇다고 정치적으로 순진한 분도 아니었다. 놀랍게도 아버지는 이 두 사람의 행복을 우리와 함께 기뻐하셨던 것이다. 나는 동성 간의 관계에 대한 아버지의 의견이 이렇게 과격하게 변할 줄은 미처 알지 못하였다.

이 이야기의 요점은 사람들이 때로 자신의 신념을 바꿀 경우가 있다는 것이며, 바로 이 같은 신념의 진화를 통해 제도의 변화가 일어난다는 사실이다. 우리가 1장에서 다루었듯 동성 관계에 대한 대중의 시각은 지난 20년간 급격히 바뀌었다. 갤럽 조사에 따르면 지난 15년간 미국에서 동성 간의 결혼을 법적으로 인정하는 데 반대하는 의견은 무려 23% 포인트나 줄어들었다. 이처럼 사람들이 동성 간 결혼을 대거 받아들이게 된 데는 몇 가지 이유가 있다. 우선 젊은 세대는 동성애에 대해 비교적 관용적인 편인데, 전체 인구에서 젊은이들이 차지하는 인구 비율이 높아지면 사회적 통념도 함께 변하게 마련이다. 이를 코호트 효과cohort effect라고 부른다. 하지만 지난 15년간의 신념 변화는 코호트 효과의 탓만으로 볼 수 없다. 이는 내 아버지와 같은 사람들이 동성 결혼을 이전과 다른 사고방식으로 받아들이게 됨으로써 일어난 변화이다.

사회학자 바우나흐Dawn Michelle Baunach에 따르면 1988년부터 2006년 사이 동성 간 결혼에 대한 대중들의 태도 변화에 코호트 효과가 미친 영향은 33%에 불과하였다. 이 조사에 사용된 데이터는 2006년까지 수집된 것으로, 만일 사람들의 시각 변화가 더욱 가속화된 최근까지의 기간을 고려한다면 대중들 사이에 코호트 효과를 훨씬 뛰어넘는 신념 변화가 있었음을 알 수 있다.

그러므로 동성애의 법적 인정이 가능해진 것은 그저 보다 관용적인 젊은 세대가 비교적 비관용적이었던 기성세대를 대체하였기 때문만이 아니라, 많은 사람들이 동성 간 결혼에 대한 자신의 기존 신념을 수정하였기 때문이다. 하지만 동성애에 대한 수용 정도는 특정 그룹들 사이에 균등하게 분포되어 있지 않을 뿐만 아니라 사실은 그와 정반대이다.

혼전 동거

최근 결혼한 미국인 중 3분의 2는 혼전 동거를 경험한 적이 있다고 한다. 그런데 지금까지의 통계로만 본다면 혼전에 동거를 하겠다는 것은 좋은 생각이 아니다. 혼전 동거 커플은 결혼을 하였을 때 평균적으로 결혼 생활의 만족도가 낮으며 이혼도 쉽게 한다. 경제적으로도 추천할 만하지 않다. 혼전 동거를 한 적이 있는 부부는 동거를 하지 않고 결혼한 커플보다 결혼 생활을 하며 모으는 재산이 적은 편이다.

하지만 베스파Jonathan Vespa와 페인터Matthew Painter는 최근 결혼식을 올릴 준비가 되기 전 우선 한 집에 같이 살아 보고 싶어 하는 커플들에게 희망적 메시지를 전하고 있다. 이들에 따르면 혼전 동거 인구 전체를 놓고 보았을 때는 결혼 후 관계가 나빠지는 경우가 많지만, 일부 동거 커플은 오히려 동거를 하지 않고 결혼한 커플보다 시간이 지날수록 더 잘산다. 지금의 배우자 말고는 다른 사람과 동거해 본 적이 없는 커플이 바로 그들이다.

이들에 따르면 현재의 배우자 이외에도 한 번 또는 두 번 이상 동거를 거듭해 본 적이 있는 커플들은 결혼 후 수입도 낮고 재산도 적었다. 하지만 현재의 배우자하고만 동거를 해 본 커플은 동거를 해 보지 않고 결혼한 커플보다 재산이 적은 상태로 결혼 생활을 시작한다고 해도5% 적다 일단 결혼을 하고 나면 2배 더 빠른 속도로 자산을 늘려간다. 1년에 약 2% 즉 결혼 전에 현재의 배우자와만 동거를 하다 결혼한 커플은 조금 시간이 지나면 동거 없이 결혼한 커플의 자산 규모를 따라잡는 것이다.

한편 일반적인 동거 커플들이 결혼 후 경제적으로 실패하는 이유는 동거 자체가 결혼에 해로운 요소이기 때문이 아니다. 동거 없이 결혼하는 커플은 자신들의 결혼 생활이 성공적일 것이라는 확신이 더 강하고, 따라서 부부 관계나 공동 자산에 더 많은 투자를 하기 때문에 경제적으로 성공한다. 예를 들어 이들은 주택 구입을 하는 데도 상습적 동거자와 같이 결별 경험이 많은 커플들에 비해 각자 가진 자산을 기꺼이 투자한다.

현재의 배우자하고만 동거를 하다 결혼한 커플이 더 잘사는 이유는 이들이 결혼을 미루었던 이유가 상습적 동거자들과 다르기 때문이다. 상습적 동거자들은 동거 생활을 연인 관계가 제대로 유지될지 아닐지 실험해 보는 기간으로 생각하는 반면, 결혼을 전제로 한 동거자들은 학교를 끝마치거나 집을 살 여유가 생길 때까지 결혼 시점을 늦추는 것뿐이다. 결혼을 미룬 이유 자체가 성공적인 결혼 생활을 위한 것이었던 만큼 나중에 결혼을 하고 나면 장기적으로 오히려 플러스가 되는 것이다.

동성애에 대한 사회적 인식의 변화에서 주목해야 할 점이 바로 이것이다. 전반적 여론은 동성 결혼 권리를 옹호하는 쪽으로 수렴되지만, 현실을 들여다보면 각 집단 간의 의견 차이는 오히려 벌어지고 있다는 사실이다. 예를 들어 백인들은 동성 결혼에 대해 점차 관용적으로 변하고 있는 반면 흑인들의 태도는 거의 변하지 않고 현상 유지되고 있다. 1988년에는 흑인들의 동성 결혼 반대 의견이 71%였는데 2006년이 되어서도 69%로 큰 변화가 없었다. 또한 민주당 지지자들은 공화당 지지자들보다, 그리고 평범한 기독교인들은 근본주의적 기독교인들보다 동성 결혼을 보다 많이 수용하는 변화를 보여 왔다.

바우나흐는 이렇게 집단들 사이에 견해차가 커지는 원인은 동성애 문제를 윤리적 차원에서 보는지 인권의 차원에서 보는지의 차이에 있다고 주장하였다. 즉 일부 집단은 동성 간 결혼의 법제화를 윤리의 문제라기보다 인권 평등 문제라고 받아들이는 반면, 다른 집단은 반대로 이를 보다 윤리적 차원의 문제로 본다는 것이다.

하지만 무엇보다 개인의 시각 변화에 가장 큰 영향을 미치는 것은 동성 결혼 커플을 주위에서 직접 지켜본 경험이 아닌가 싶다. 내 가족의 사례뿐만 아니라 오바마 대통령의 가족들이 경험한 것처럼 말이다. 동성 결혼을 지지하는 오바마 대통령은 언론 인터뷰에서 아이를 키우며 행복하게 사는 동성애 커플 친구를 언급하며 "이들의 모습을 지켜보면서 동성 커플이라는 이유로 이들에게 불이익을 주는 것은 미국의 전통에 어긋난다고 생각하였다."라고 말한 바 있다. – 옮긴이 통계 자료만 보아도 자신의 이웃이나 동료, 가족 중 동성 결혼을 하여 행복하게 사는 모습을 본 사람이라면 동성 결혼에 반대하기 쉽지 않음을 알 수 있다.

덧붙이자면, 동성 결혼에도 파레토 효율성이 적용되는지 시험해 볼 수 있다. 과연 동성 결혼을 수용하는 것이 동성애 커플에게는 혜택을 주지만 다른 누군가에게는 상황을 악화시키는 결과를 낳을까? 단언컨대 동성 간 결혼을 허용한다고 해서 어떤 의미에서건 다른 누군가가 손해를 보는 일은 없다. 따라서 동성 결혼을 허락하도록 법을 수정하는 것은 파레토 효율적이라고 할 수 있다.

마무리하는 말

—— 결혼은 훌륭한 제도이며 결혼을 경제학의 렌즈를 통해서 보게 되면 훨씬 더 온전히 이해할 수 있다. 우리는 지금까지 일부일처제, 일부다처제와 동성 간 결혼 사례를 통해 결혼 제도가 시간의 흐름에 따라 변화할 수 있으며, 이런 변화에서 경제적 요인이 중요한 역할을 한다는 사실을 알아보았다. 공동체 전체의 가치관도 결국 우리가 살고 있는 경제 체제의 성격에 의해 형성된 것이다. 제도라는 것은 본질적으로 그 제도에 의해 영향을 받는 개개인의 행동과 신념 체계를 둘러싸고 있는 외부환경이라고 할 수 있다. 왜냐하면 적어도 이론상으로 제도는 공동체 속의 몇몇 소수가 아닌 공동체 전체의 가치관을 반영하고 있기 때문이다.

고도로 산업화된 사회는 노동시장에서 개인의 정신적 능력을 높이 평가하기 때문에 일부다처제를 받아들이지 않는다. 남성들은 많은 아이를 낳는 바람에 정작 교육을 제대로 시키지 못하는 과거의 육아법을 벗어나 적은 수의 아이만 낳아 교육을 잘 시키는 전략을 구사하게 되었다. 그리고 일부일처제야말로 이런 목표를 성취하는 데 적합한 제도이기 때문에 대중들은 일부다처제보다 일부일처제가 더 좋은 제도라고 믿게 되었다.

　보다 최근에 들어서는 많은 나라에서 동성 간의 결혼을 이성 간 결혼과 똑같이 존중해야 한다는 믿음이 자라나면서 결혼 제도에 또 다른 변화가 일어났다. 동성애자들의 권리 역시 중요한 것임을 인정하자는 여론이 생겨났고 그에 따라 결혼 제도도 수정될 수 있었다.

　법률적인 의미에서는 결혼 제도는 반드시 단기적인 여론보다는 오히려 정책 결정 권한을 가진 사람들의 의사에 보다 많이 좌우된다. 하지만 일부다처제 이야기를 통해 살펴보았듯이 민주적인 사회에서는 그리고 우리가 보았듯 권위적인 사회에서조차도 궁극적으로는 결국 대중의 신념을 반영해 주는 제도를 갖추게 된다. 위정자들 자신은 그 제도를 선호하지 않는다고 해도 말이다.

　나는 앞에서 법률이 일부다처제를 허용한다고 해도 빌 게이츠는 아내를 한 명만 유지할 것이라고 하였다. 이는 경제적 조건들이 아내인 멜린다에게 충분한 협상력을 부여하여 남편에게 일부일처제를 유지하도록 압박할 수 있기 때문이다. 이제 일부다처제 금지법을 필요하게 만들었던 이 동일한 경제적 조건들이 부부가 그들의 관계를 설정하는 방식에 극적인 변화를 초래하고 있다. 경제가 현대 가정의 모습에 큰 역할을 하고 있는 것이다.

6장
여성의 돈벌이

결혼 생활의 요체는 협상이다

—— 이 장은 1장에서 나중에 다시 언급하겠다고 약속하였던 제인의 이야기를 이어 가는 것으로 시작하겠다. 고등학교를 자퇴한 이후 방탕한 생활을 하던 제인은 과거를 뒤로 하고 결혼을 한다. 이 이야기는 제인의 결혼 생활에서 출발한다. 1장에서 이미 제인이 이혼녀가 되어 세미나에 나타났기 때문에 우리는 그녀의 결혼이 어떻게 끝났는지 알고 있다. 비록 동화 속 왕자님을 찾지는 못하였지만 불행하였던 제인의 결혼 스토리는 경제적 요인으로 결혼이 어떻게 달라질 수 있는지를 선명하게 보여 준다.

제인은 대학 졸업장도 없고 직장도 없는 상태였지만 자신의 젊음 하나로 이 모든 단점을 상쇄할 수 있다는 사실을 깨달았다. 제인은 19세의 어린 나이에 그토록 바라던 생활의 안정을 제공해 줄 수 있는 아홉 살 연상의 남성인 존과 함께 살기 시작하였다. 하지만 대가도 만만치 않았다. 고작 두 번 만나고서 결혼을 결정한 낯선 남자와 살기 위해 지구를 반 바퀴나 돌아 머나먼 타지로 가야 하였던 것이다. 젊음을 자산으로 삼아 새로운 삶을 기꺼이 받아들일 마음으로 뛰어든 제인이었지만 사랑하는 고국에서 자기와 비슷한 나이의 젊은 남편과 살 기회는 포기해야 하였다. 한편 학력과 수입을 두루 갖춘 존으로서는 자신과 비슷한 교육과 소득 수준의 배우자를 포기한 결혼이었다. 이와 같이 제인이나 존은 각자 자신이 원하는 것 모두를 얻지는 못하였다. 하지만 결혼을 통해 당시 자기들 인생의 특정 시점에서 가장 필요하였던 것을 얻은 셈이긴 하다.

그러나 얼마 안 가 존과 함께 살기 위해 지구를 빙 둘러 이사를 하게 된 제인은 매우 불행해졌다. 외로움과 고립감을 느낀 것은 물론, 자신이 가계 소득에 기여하지 못하고 나이도 어리다는 이유로 남편과 의견 조정을 할 때 아무런 협상력도 발휘할 수 없다는 사실을 알게 된 것이다. 다른 커플들이라면 부부가 함께 상의해서 결정할 일도 존은 제인의 뜻과 무관하게 혼자 결정하였다. 어디서 살 것인지, 아이를 가질 것인지, 갖는다면 몇 명이나 낳을 것인지, 누구와 친하게 지낼 것인지, 집안일은 어떻게 분담할 것인지, 성관계는 언제 할 것인지 등을 모두 존이 결정하였다.

경제적으로 어려워지면서 사정은 더욱 나빠졌다. 존은 학력이 괜찮았음에도 직장을 1년 이상 다니지 못하였다. 부부는 존의 일자리를 찾아 5년 동안 아홉 번이나 이사를 하였는데, 그중 다른 도시로 옮긴 것만도 다섯 번이었다. 결국은 제인의 고국으로 돌아온 것까지 이사 횟수에 포함되어 있다. 제인에게 잦은 이사는 적당한 일자리를 찾기도 어렵고 고립된 상황이 지속됨을 의미하는 것인 동시에, 부부 사이의 의사 결정에 있어 발언권을 강화할 수 없음을 뜻하였다. 사실 수년에 걸쳐 아기의 출산과 존의 반복적인 실직으로 경제적으로 어려워지면서 제인의 발언권은 더더욱 줄어들었다.

다른 때보다 실직 기간이 더 길어져 1년 넘게 일자리를 찾지 못하고 있던 어느 날, 존은 파격적인 결정을 내렸다. 구직에 좀 더 유리한 스펙을 갖추기 위해 대학으로 돌아가서 학위를 따겠다는 것이었다. 존은 자기 학비를 마련하기 위해서는 제인이 상근full time 일자리를 구해야 한다고 통보하였다. 하지만 당시 존은 이미 20개월이나 실직 상태였던데다 처가에 얹혀살고 있었기 때문에 협상력을 상당 부분 잃은 상태였고, 제인 역시 이에 강경한 태도를 취할 수 있도록 바뀐 상황이었다. 그녀 자신도 존과 같은 대학의 학사과정에 지원해 합격 통지를 받은 것이다.

몇 주 지나 부부와 아기는 캠퍼스 안의 가족 기숙사에 들어가 살게 되었다. 이곳에서 생활하는 동안 존은 자기 공부에만 시간을 쏟았던 반면 제인은 어린 아기를 돌보면서 자기 생애 첫 학위를 받기 위한 공부를 병행하느라 진땀을 뺐다. 2년 뒤 존이 다른 도시에서 일자리를 찾게 되었을 때 제인은 함께 가기를 거부하였다. 존은 3개월 뒤에 또 실

남편 성을 따르는 대가

결혼과 함께 남편의 성姓을 따르는 여성은 고용주에게는 덜 똑똑하고 야망도 없고 가족에게 신경 쓰느라 직장에서 적은 시간을 일하는 사람처럼 비쳐질 수 있다. 노어드비에Marret Noordewier, 반 호렌Femke van Horen, 루이스Kirsten Ruys, 슈타펠Diederik Stapel이 조사한 바에 따르면 남편 성을 따른 여성은 결과적으로 임금도 더 낮고 일자리를 찾는 데도 상대적으로 어려움을 겪는다.

자신의 기존 성을 고수한 여성들은 남편 성을 따르는 여성보다 학력이 높은 경우가 많다. 구딩Gretchen Gooding이 수집한 데이터에 따르면 석사 학위를 가진 미국 여성 중 남편 성을 따르지 않는 사람의 비율은 학사 이하 학력 여성의 경우보다 2.8배나 높다. 전문직 학위professional degre, 의사나 변호사 등 별개의 전문 과정 이수를 요구하는 직종의 학위–옮긴이를 가진 여성 중 남편 성을 따르지 않는 비율은 학사 학위 보유자에 비해 5배가 높고, 박사 학위를 가진 여성들 사이에서는 이 비율이 학사 학위 보유자보다 9.8배나 높다.

기존 성을 고수하는 여성은 아이도 적게 낳는다. 앞서 인용한 자료에 따르면 네덜란드에서 남편 성을 따르는 여성은 평균 2.2명의 아이를 낳는 반면 기존 성을 고수하는 여성은 아이를 1.9명 낳는다. 또한 남편의 성을 따르는 여성은 그렇지 않은 여성보다 집 밖의 일을 적게 하는데1주에 22.4시간, 남편 성을 따르지 않는 경우는 28.3시간, 이는 아이를 더 많이 가진 탓일 수도 있고 가족을 더 중요시하는 전통적 가치관 때문일 수도 있다. 학력이나 업무 시간 등의 다른 조건을 통제한 상황에서도 남편 성을 따르는 여성은 따르지 않는

경우1,156유로보다 적은 임금을 받는다. 960유로

이런 실험도 있었다. 피실험자들은 가상의 여성 두 명으로부터 일자리를 지원하는 이메일을 받는다. 그리고 이 두 여성이 앞으로 일터에서 어떤 지위를 보장받고 급여는 얼마나 될 것으로 예상하는지 질문을 받는다. 피실험자들은 남편 성을 따른 여성 지원자가 기존 성을 고수한 여성보다 덜 똑똑하고 야망도 적으며 의존적이라고 평가하였고, 따라서 남편 성을 따른 여성들의 경우 일자리를 제의받을 가능성이 떨어지는 것은 물론 급여에서도 한 달에 861유로를 손해볼 것으로 예상된다고 답하였다.

여성의 성이 실제로 일자리를 구할 때 문제가 될까? 만일 남편 성을 따르는 여성은 직장보다는 가족에 충실한 여성이라는 고정관념이 존재한다면, 이들이 외견상 독립적이고 야망에 찬 것으로 보이는 여성보다 일자리를 찾는 데 불리한 것은 당연한 일이다.

직하였다. 제인은 그에게 집으로 돌아오라고 하였지만 이들의 관계는 이미 불길한 조짐을 보이고 있었다.

지난 몇 년간은 존이 모든 권력을 쥐고 의사 결정을 하였지만, 이제 제인이 동등한 학력을 갖추고 일자리도 얻게 되자 힘의 균형은 깨졌다. 더 이상 존은 자기 고집대로만 할 수 없었다. 이들의 관계가 파국에 이를 즈음 존이 말한 것처럼 '결혼 생활에 협상이란 없는 것'이었다. 그렇다. 그의 입장에서 볼 때는 맞는 말이었다. 함께 산 대부분의 기간 동안 협상이란 전혀 존재하지 않았으니까!

지난 30년 동안 경제적 요인들로 인해 노동시장에서 남녀평등이 이루어짐에 따라 결혼 생활에서의 여성 발언권도 강화되었다. 경제적 요인들은 비록 빈부 간의 격차는 벌어지게 하였지만 남편과 아내 간의 임금 격차는 해소시켜 주었다. 그리고 일부 경제학자의 주장에 따르자면 이것은 이혼율을 증가시키는 원인이 되었다. 하지만 반전이 기다리고 있었다. 최근 전혀 예상하지 못한 두 가지 요인이 결혼에 구원투수로 나서고 있다. 경제적 불확실성과 인터넷 이용 증가가 그것이다.

이를 검토하기에 앞서 특별한 결혼 시장 하나를 살펴보고 넘어가자. 이 시장에서는 남녀 모두 자신이 직면한 경제적 상황을 한시적으로나마 벗어나서 완벽한 로맨스를 꿈꿀 수 있다. 이 시장의 이름은 국제결혼이다.

동상이몽을 꾸는 자유무역

—— 4장에서 사람들이 결혼을 하려는 이유 중 하나는 거래를 통한 이익 추구라고 하였다. 여기 결혼이라는 사안에 문자 그대로 거래를 도입하려는 남성들이 있다. 바로 국제결혼을 하려는 남성들이다. 이들은 자기 나라의 경제적 여건이 아내들에게 너무 많은 협상력을 부여한데 반발하여 해외에서 아내를 수입해 오려고 한다.

국제결혼에 대해 이야기하기 전에, 가족 모두의 행복에 영향을 미치는 문제에 대해 부부들이 결정을 하게 되는 방식을 경제학자들은 어떻게 이해하고 있는지를 설명해 보자. 한 번이라도 결혼을 해 본 사람이라면 부부가 각종 집안일을 결정하는 데 협상이 얼마나 중요한지 알 것이다. 자녀를 포함한 각 가족에게 자산을 어떻게 배분할지, 바깥일과 집안일을 어떻게 분담할 것인지, 퇴근 후에는 얼마나 많은 시간을 집안일에 할애하고 나서 쉴 것인지 등도 부부가 상의해야 하는 문제이다. 부부는 얼마나 많은 자녀를 가질 것인지, 육아는 어떻게 분담할 것인지에 대해서도 서로 밀고 당긴다. 침실에서도 협상은 이루어진다. 많은 부부가 얼마나 자주 섹스를 할지, 어떤 체위를 취할 것인지에 대해 의견 조절을 한다.

경제학자들은 두 사람의 의견 조절 과정에서 상대와 얼마나 효과적으로 협상할 수 있는가를 협상력bargaining power이라는 말로 표현한다. 부부가 동등한 협상력을 가지고 있다면 의견이 다를 때 각자에게 유리한 결정이 내려질 확률은 50%로 동일하다. 만일 한 쪽이 더 큰 협상력을 갖고 있다면 의견이 다를 때 그에게 유리한 쪽으로 결정이 내려질 확률이 50%를 넘어간다. 아주 극단적인 경우로 부부 중 어느 한 쪽이 협상력을 독점하고 있다면 사실상 모든 결정이 그 사람 뜻대로 이루어질 것이므로 협상이란 애초에 존재하지 않는다.

남성이 노동시장에서 비교우위를 갖고 있던 시절, 여성은 집에서 이른바 가계 생산home production이라고 불린 가사노동을 전담하였다. 그러나 지난 50년간 여성의 임금이 상승하면서 노동시장에서 남성의 비교우위가 줄어들기 시작하였다. 이와 동시에 가사노동을 도와주는 각종 기술도 발전하였다. 가사노동을 대체해 주는 기술이 발전하여 더 이상은 가족 중 한 사람이 가사노동에 종일 매달릴 필요가 없게 되었다. 제러미 그린우드와 세샤드리Ananth Seshadri, 요록오글루Mehmet Yorukoglu의 주목할 만한 논문에 이 내용이 자세히 실려 있다. 또한 서비스업이 발달하면서 이전에는 가정 내에서 여성이 전담하여 가족들에게 제공하던 서비스도 시장에서 돈을 주고 살 수 있게 되었다. 게다가 미숙련 노동자의 임금이 저렴하다 보니 서비스 비용도 낮아서 많은 가정이 이런 서비스를 부담 없이 이용할 수 있다. 이처럼 기술의 발전은 여성을 가정에서 해방시켜 주었고, 여성은 비로소 자신의 경력 개발에 투자하거나 노동시장에서 보다 높은 생산성과 임금을 보장해 주는 기술과 경험을 습득할 수 있게 되었다.

여성이 더 많은 임금을 받고 자신의 경력에 투자할 능력을 갖추게 되었다는 것은 가정에서 협상력을 잃어가는 데 지친 여성들이 결혼을 필수가 아닌 선택으로 생각할 수 있게 되었음을 의미한다. 여성도 이제 남편을 떠나 스스로를 부양할 수 있게 되었다는 것이다. 따라서 아내와 상의 없이 자기에게 유리한대로 집안일을 결정하는 남편은 이제 이혼 당할 위험이 커졌다. 아내에게 법적으로나 실질적으로 남편을 떠날 능력이 갖추어졌기 때문이다. 남편으로서는 가정 내의 의사 결정권을 아내와 좀 더 동등하게 나누어 가져야만 할 이유가 생긴 것이다.

물론 돈 버는 능력 외에도 부부가 결정권을 함께 갖는 데 영향을 미치는 요소가 있다. 예를 들어 예쁜 여자는 못생긴 여자보다 더 큰 협상

위기의 인도 결혼 시장

인도에서는 많은 사람들이 온라인 데이트를 이용하고 있는데, 고학력자들 사이에서 그리고 특히 해외에 거주하는 남편감을 찾으려는 여성들 사이에서 인기가 높다고 한다. 하지만 최근의 글로벌 경기침체 여파로 이런 특별한 남성들의 소득은 예전보다 불안정해진 것 같다. 그렇다면 인도의 미혼 여성들은 앞으로 자신의 배우자를 어디에서 찾게 될까?

인도의 인터넷 데이트 사이트 자료에 따르면 여성들의 검색 우선순위가 해외에 거주하는 인도 남성 주로 정보통신이나 금융업계에서 일하는에서 인도에 거주하는 공무원으로 뚜렷이 바뀌었다고 한다. 누가 이 여성들을 탓하겠는가? 정부 관료의 부인으로 사는 것이 미국 소재 금융업 종사자 아내의 삶보다 화려하지는 않겠지만, 그래도 보다 예측 가능한 생활을 할 수 있지 않은가!

여성들만이 희망하는 배우자의 우선순위를 조정한 것은 아니다. 불황이 시작될 즈음부터 직장을 가진 여성을 신부감으로 찾는 남성들이 늘어나기 시작하여 2008년에는 그 수가 15%나 증가하였다.

이러한 사실은 고용이 점차 불안정해짐에 따라 남성들은 실직할 경우 가계를 대신 책임질 수 있는 아내를 찾는 데 보다 관심을 가지게 되었고, 여성들도 안정적인 수입이 있는 남편을 더 선호하게 되었음을 말해 준다.

력을 갖곤 한다. 현재 결혼 생활의 의사 결정 방식이 마음에 들지 않으면 결혼을 엎어버리고 다른 남자를 찾아 떠나갈 능력이 되기 때문이다. 젊은 남성 동성연애자는 자기보다 훨씬 나이 많은 파트너에 비해 큰 협상력을 갖고 있다. 역시 현재의 연인 관계가 끝장난다고 해도 새로운 애인을 찾을 가능성이 상대보다 훨씬 크기 때문이다. 마찬가지로 국제결혼을 하는 남성들은 자신의 나라에서는 아내의 법적 지위가 전적으로 결혼 상태에 달려 있기 때문에 모든 협상력을 가질 수 있다. 이런 아내라면 자기 나라로 추방되어 돌아가느니 남편의 나라에서 협상력 없는 결혼 생활을 계속하는 편을 선호할 것이기 때문이다.

여기에서 다시 국제결혼의 문제로 돌아가 보자. 남성들 중에는 아내와 의사 결정권을 나누어 가져야 한다는 생각에 동의하지 않는 이들이 있다. 이들이 찾는 것은 '좋은 아내'이다. 한 웹사이트가 정의한 바에 따르면아래에 곧 인용할 것이다. 좋은 아내란 '남편이 집안의 주인이며 그의 권위에 절대 토를 달면 안 된다는 것을 인정하는 여성'이다. 이런 남성들은 결혼한 여성에게 보다 큰 협상력을 부여한 산업사회의 경제적 요인으로부터 도망치고 싶어 한다. 그래서 찾아낸 방법이 후진국 결혼 시장에서 아내를 데려오는 것이다. 후진국에서는 아직도 여성이 노동 시장에서 불리한 위치에 있기 때문이다.

수많은 국제결혼 브로커들은 머나먼 땅이라도 상관없으니 좋은 아내를 찾을 수만 있다면 기꺼이 돈을 쓰겠다는 미래 신랑감들로부터 매년 수백만 달러를 긁어내고 있다. 또한 많은 외국 여성들그리고 남성 동성연애자들도 역시 자기 나라에서보다 나은 새로운 삶을 찾아보고자 줄을 서고 있다. 국제결혼 브로커들은 남성들에게 서로 다른 문화권 간의 결혼에 대한 환상을 팔아먹는다. 외국 여성들은 남편 뜻에 순종하고 살아야 하는 결혼도 기꺼이 받아들인다고 믿게끔 만드는 것이다. 근거 없이 그냥 하는 말이 아니다. 국제결혼 중개 사이트 www.goodwife.com 에 실린 다음 문구를 보라. "남자들은 주변의 여자들에게 갈수록 질리고 있다. 많은 여자들이 '내가 우선'이라는 페미니즘 문구를 따르게 되면서 우리 남자들은 힘과 의사 결정권을 쟁취하려는 여자들에게 밀려 뒷자리로 물러나고 있다. 우리는 보다 전통적인 아내를 가질 수 있었던 과거를 그리워하고 있다."

이 사이트와 비슷한 수백 개의 유사 사이트들이 남성을 선동하고 있다. 경제적으로 뒤처진 나라의 여성들은 서구의 남편이 제공해 주는 특권에 감사할 것이고, 따라서 자신이나 자식들 몫으로 재산을 내놓으라는 요구도 덜 할 것이라고. 드러내 놓고 말하지는 않았지만 이들 웹사이트는 외국인 여성들이 뒤늦게 결혼 생활에서 불행을 느끼더라도 남편에게 이혼을 협박할 처지가 아니기 때문에 감히 집안에서 의사 결정권을 요구하지 못할 것이라고 은근히 암시하고 있다.

한편 자기 나라에서는 나름 전문적 기술과 학력을 갖추었던 외국 출신 아내들로서는 남편의 나라로 올 때 다른 기대를 갖고 오게 마련이다. 남편 나라에서 어느 정도 정착을 하고 언어 장벽만 넘어서면 다른 여성들처럼 집 밖으로 나가 취업을 할 수 있으리라고 기대한다. 외국인 아내들도 일단 경제적 자립이 가능해지면 내국인 아내들처럼 집안에서 더 많은 의사 결정권을 가지기를 기대하게 될 것이다. 산업화된 사회의 아내들에게 보다 큰 협상력을 부여해 주었던 바로 그 경제적 요인이 외국인 아내들에게도 똑같이 적용될 것이기 때문이다. 아내를 수입한 남편과 외국인 아내 사이에 불거지는 이러한 기대의 차이는 갈등을 낳을 수밖에 없다. 제인 김Jane Kim의 연구팀이 조사한 것처럼 다문화 가정에 가정 학대와 이혼이 많은 것은 이 때문이다.

그런데 4장에서 논의한 이론에 따르면, 배우자 각자가 가진 특성과 기술이 서로 다를수록 결혼을 통해 얻을 수 있는 혜택은 커진다. 만일 이 이론이 참이라면 외국인 아내와 결혼한 남편은 국내 여성과 결혼한 남성보다 더 많은 혜택을 누려야 한다. 가사노동에 비교우위를 갖고 있는 외국인 아내 덕분에 남편은 노동시장에서 능력을 특화시킬 수 있기 때문이다. 또한 외국인 아내 역시 남편 나라의 아내들보다 결혼을 통해 얻는 것이 많다. 남편이 노동시장에서 비교우위를 발휘함으로써 자신은 집에서 아이 돌보는 일을 전문으로 할 수 있기 때문이다.

8,000개가 넘는 오스트레일리아 가정에서 수집한 자료를 통해 서로 다른 기술을 가진 사람들끼리 결혼하였을 때 가정의 자산이 더 늘어난다는 가설을 실험한 연구가 있다. 시닝Mathias Sinning과 워너Shane Worner는 서로 다른 문화권 출신 부부가 같은 문화권 부부보다 결혼이라는 거래를 통해 더 큰 이득을 얻는지 조사하였다. 그런데 결과는 그렇지 않은 것으로 드러났다.

1에서 10단계로 측정한 결혼 행복도는 자국민끼리 결혼한 부부거나 외국인끼리 결혼한 부부에게서 가장 높게 나타났다. 반대로 평균적으로 가장 낮은 행복도를 기록한 커플은 내국인과 외국인이 결혼한 경우

만일 내가 남자였다면 직장 생활은 어떻게 달라질까?

여성의 경제적 지위가 올라가고 남녀차별을 금지하는 법안이 있음에도 불구하고 남녀 간 임금 격차는 완전히 없어지지 않고 있다. 여성이 출산을 하면 경력에 큰 손상을 입는 것처럼 특정 경제적 요인이 남녀 간 임금 격차를 유발하기도 한다. 그런데 임금 격차가 고용주의 여성 차별 때문에 비롯된다는 주장은 근거가 있는 것일까? 여성에 대한 차별이 실제로 존재한다는 것을 입증해 줄 수 있는 독특한 경험의 소유자들이 있다. 여성으로 행세하며 직장생활을 하다가 나중에 남성으로 성 정체성을 바꾼 트랜스젠더가 그들이다.

사회학자 쉴트Kristen Schilt는 여성에서 남성으로 성전환한 사람들을 인터뷰한 결과 비교적 나이 든 백인 트랜스젠더들로부터 "남성이 된 뒤 여성이었을 때는 갖지 못하였던 권력과 존중을 얻을 수 있게 되었다."라는 답을 얻었다. 성전환을 하고 나자 직장 내에서 자신들의 의견이 좀 더 긍정적으로 받아들여지는 한편 반대 의견에는 덜 부딪치게 되었다는 것이다. 심지어 자신이 여성이었을 때 아이디어를 내면 이를 제지하곤 하였던 고용주가 남성이 된 이후 같은 행동을 하였을 때는 오히려 칭찬을 하더라는 답변도 있었다. 남성으로 성전환한 이들은 직장에서 더 많은 자원과 지원을 받게 되었고 업무능력이 향상된 결과 수입도 늘어났다.

이 설문조사에 참가한 성전환자들은 같은 고학력이더라도 여성이었을 때보다 지금 더 많은 보상을 받고 있고, 이런 보상을 더 많이 누리기 위해 다시 학교로 돌아가 공부를 계속하기도 한다. 쉴트의 실험에 참가한 많은 이들은 자신들이 업무를 책임지고 떠맡는 모습을 보일 때도 성전환을 한 지금이 예전보다 훨씬 긍정적인 반응을 얻는다고 말하였다. 성전환 이전에 똑같은 모습을 보였을 때는 상관이나 동료들이 너무 나선다고 비판하였다고도 하였다.

반면 흑인 성전환 남성은 자신이 일터에서 조금이라도 불만을 표시하면 사람들이 자신을 지나치게 공격적이라고 비난한다고 말하였다. 그런가 하면 아시아계 성전환 남성들은 너무 소극적이라는 비판에 부딪치곤 한다. 아시아인에 대한 이런 고정 관념은 그들이 여성으로 살 때는 느껴 보지 못한 것이었다. 아시아인처럼 나이에 비해 동안으로 보이는 성전환 남성들은 마초 스타일과는 동떨어진데다 남성으로서의 경험까지 일천하다 보니 남들보다 이중고에 시달리게 된다.

이와 같은 조사 결과를 성별에 따른 임금차별의 명백한 증거라고 볼 수는 없다. 하지만 고용주들이 종업원들의 경쟁력을 평가할 때 성별에 상당히 신경을 쓴다는 사실만큼은 분명하다. 만일 여성 노동자들이 남성에 비해 경쟁력이 떨어지는 것처럼 인식되거나 원활한 업무수행을 위해 필요한 자원을 제대로 공급받지 못하고 있다면 오로지 여성이 남성보다 훨씬 뛰어난 업무수행 능력을 보여 줄 수 있어야 비로소 남녀 간의 임금격차가 해소될 것이다.

였다. 경제학 이론과는 상반되게도 가장 행복한 부부는 서로 다른 특성을 지닌 사람들이 아니라 서로 비슷한 특성을 공유한 이들이었다. 사람들이 보통 배우자감으로 자신과 다른 자질을 가진 이보다 스스로와 비슷한 사람을 찾는 현상도 이를 통해 설명할 수 있다. 비슷한 사람끼리 결혼하면 거래를 통해 이득을 최대화하는 것은 불가능할지 모르나, 부부가 보다 행복해지는 것은 사실인 듯하다.

대학 졸업장의 가치─보다 안정된 결혼 생활

── 1970년대에는 결혼한 부부 가운데 72%가 아내의 학력이 높았음에도 불구하고 남편보다 돈을 더 잘 번 아내는 겨우 4%에 불과하였다. 그런데 2007년에는 아내의 학력이 높은 비율이 81%로 늘어났으며 남편보다 돈을 더 버는 여성은 22%로 늘어났다. 이와 같이 지난 30년 사이에 여성들이 남편보다 더 높은 학력을 갖게 되었을 뿐만 아니라 이들의 수입이 남편의 수입을 훌쩍 뛰어넘게 되는 엄청난 변화가 일어났다.

이와 같이 여성이 학력도, 그리고 수입도 높다는 것은 여성이 결혼 생활을 불행하다고 느낄 때 보다 쉽게 이혼을 할 수 있게 되었음을 의미한다. 그렇다면 여성의 학력 상승이 곧 이혼율 증가의 원인이 된다는 뜻일까?

오레오풀로스Philip Oreopoulos와 살바네스Kjell Salvanes는 이러한 질문에

알뜰한 저축왕, 레즈비언들

네그루사Brighita Negrusa와 소냐 오레피스는 최근 동성 커플과 이성 커플이 세우는 재무 계획이 사뭇 다르다는 조사 결과를 발표하였다. 이들에 따르면 여성 동성애자들은 남성 동성 커플이나 이성 커플보다 평균적으로 저축을 더 많이 한다.

이들은 동성애 커플이 주택 모기지론mortgage loan을 얼마나 많이 상환하였는가를 통해 저축률을 평가하였다. 보통 저축을 잘하는 사람들일수록 저축을 게을리하는 사람보다 모기지론을 빨리 갚기 때문이다. 나이나 학력, 기타 사회 경제적 조건자녀의 수 등을 모두 통제하고 조사한 결과 레즈비언 커플은 이성 커플이나 게이 커플과 비교하였을 때 모기지론을 1년에 9% 정도 더 많이 갚는 것으로 나타났다. 레즈비언들이 저축을 많이 한다는 증거는 이외에도 또 있다. 노년기 소득을 살펴보면 레즈비언 은퇴자는 이성 커플보다 사회보장 연금과 퇴직연금을 평균 4,715.35달러 더 많이 수령한다. 게이의 경우도 이성애자 커플보다는 소득이 많은데, 이것은 일반적으로 남성이 여성보다 소득이 더 많은 상황에서 은퇴하기 때문인 것으로 짐작된다.

레즈비언 커플은 왜 저축을 더 많이 하는가? 우선 이들이 이성애 여성보다 자녀 양육 부담이 적다는 것을 원인으로 들 수 있지만, 그 외에도 두 가지 이유가 더 있다. 하나는 기대수명과 관련되어 있다. 여성들은 평균적으로 남성보다 오래 살고, 이를 아는 여성들은 노후에 대비해서 보다 열심히 돈을 모으는 것이다. 다른 하나는 자신들의 동성애 관계가 사회적으로 안정적이지 못하다고 생각하기 때문이다. 지금 인용하고 있는 이 데이터는 아직 세계 어느 나라에서도 동성 결혼을 법적으로 인정하지 않았던 시기에 수집된 것이다. 따라서 조사 당시만 해도 레즈비언들은 자신들의 관계가 언젠가 이성 커플과 동등한 사회보장을 받을 수 있으리라고 예측하지 못하였기 때문에 물론 지금도 많은 이들이 이런 날을 기다리고 있다. 보다 보수적인 재무 설계를 할 수밖에 없었다. 이처럼 과거 레즈비언들의 저축률이 높았던 것이 동성애자들의 법적 지위에 대한 불안감 때문이었다면, 동성애 관계가 법적으로 인정을 받게 된 현재 이들의 저축률을 다시 조사해 볼 경우 그 수치가 다소 떨어질 것이라고 예측할 수 있다.

'아니오.'라고 답한다. 오히려 학력이 높은 사람일수록 이혼율이 확연히 떨어진다는 것이다. 이들은 고등학교를 졸업하지 못한 사람이 이혼할 가능성은 16%인데 비해 고등학교 졸업자의 경우 이 수치가 10%로 떨어진다고 밝혔다. 석사 학위 소유자의 경우 한 번이라도 이혼을 해 본 사람의 비율은 3%가 채 되지 않았다.

이 수치는 우리가 흔히 50%에 육박한다고 들어 온 현대인의 이혼율과 비교해 볼 때 턱없이 낮은 수치로 보일 것이다. 맞다. 이렇게 큰 차이가 나는 이유는 우선 50%라는 이혼율 자체가 부정확하게 측정되었기 때문이기도 하지만, 이 조사 결과가 결혼 경험이 있는 사람들 중의 이혼율이 아니라 전체 인구 중 이혼한 사람의 비율이기 때문이다. 어쨌든 위의 조사 결과에 고학력자가 저학력자들보다 결혼을 더 많이 한다는 사실까지 반영하면 고학력자들이 이혼을 덜 한다는 주장은 더욱 신빙성이 높아진다.

그렇다면 고학력자들은 왜 이혼을 덜 하는가? 이유는 여러 가지로 추측할 수 있다. 어쩌면 고학력자들은 결혼 시장에서 인기있는 상품인데다 보다 좋은 조건으로 결혼에 골인하기 때문인지도 모른다. 또는 상대적으로 나이 들어서 결혼을 하는 만큼 배우자를 고르는 선구안이 뛰어난 것일 수도 있다. 협상 기술이 보다 뛰어나 결혼 생활 중 위험한 순간이 닥쳐도 이를 쉽게 피해 나가는 것인지도 모른다. 이혼의 비용은 고학력자들에게 비싸게 다가온다. 그러므로 고학력자들로서는 그 같은 비용 지불을 피해가는 것이 합리적인 행동이다. 또 고학력자들은 실직을 당할 위험이 적기 때문에 결혼 생활에서 경제적 문제로 인한 스트레스를 비교적 덜 받는다는 사실도 이혼율이 낮은 원인일 수 있다. 이 문제는 앞으로 좀 더 살펴볼 것이다.

스티븐슨Betsey Stevenson과 울퍼스Justin Wolfers도 흥미로운 관찰 결과를 발표하였는데, 학력이 낮은 사람은 고학력자보다 이혼율이 높을 뿐만 아니라대졸자와 고졸 이하 집단 사이에 45세가 될 때까지 이혼을 하지 않을 확률은 10% 포인트 차이가 났다. 이혼 후 재혼을 할 확률도 떨어지며, 재혼을 한다고 해도 또 다시 결혼에 실패할 가능성이 높다는 사실이다.

여성이 결혼 생활에서 더 많은 협상력을 가질 때 가정이 더 잘 돌아간다는 증거는 없다. 하지만 고학력 커플의 이혼율이 낮은 것으로 미루어 볼 때 부부가 서로 대등하게 할 말을 하고 사는 것이 적어도 결혼을 불행하게 이끄는 요소는 아니라는 사실을 알 수 있다.

부자는 더 부유해지고, 가난한 사람은 이혼을 하고

——   경제학자 애덤 레바인Adam Levine, 로버트 프랭크Robert Frank, 외제 딕Oege Dijk에 따르면 부자가 갈수록 더 부유해지면서 결혼 생활에 문제가 생기는 사람들이 늘어나게 된다고 한다. 우리는 이미 빈부 격차의 심화가 사회의 성 풍속에 영향을 미친다는 사실을 살펴본 바 있는데이 문제에 대해서는 10대들의 성적 문란을 다룰 7장에서 보다 많은 증거를 검토해볼 것이다. 빈부 격차는 이혼율도 끌어올리는 것으로 보인다. 빈부 격차가 실제 어느 정도 수준인지를 살펴보면, 현재 소득 하위 20%에 해당하는 사람들의 수입은 1979년부터 2003년 사이에 고작 9% 늘어난 반면 상위 1%의 소득은 무려 201%나 증가하였다.

이와 동시에 나타난 현상으로 모든 사람이 이전보다 저축을 덜 한다는 사실을 들 수 있다. 미국의 저축률은 1970년대 중반 10%였던 것이 지금은 거의 0%로 떨어졌다. 이와 함께 과소비도 심해졌는데, 많은 전문가들은 최근의 경기불황이 그토록 혹독하였던 이유를 과소비 탓으로 돌리기도 한다. 개인 저축이 감소한 데는 여러 가지 이유가 있겠지만, 가장 중요한 원인은 우리가 이전의 그 어느 때보다 소비를 많이 한다는 데 있다. 사람들은 그저 현재 손에 쥔 돈만 써 버리는 것이 아니라 미래의 소득까지 미리 당겨 와서 써 버리고 있다. 이는 부유한 가정의 수입이 늘어나자 모든 사람들이 너나할 것 없이 부유층의 소비 수준을 쫓아가기 위해 더 많은 돈을 쓰기 때문이다.

이런 현상을 보다 구체적으로 이해하기 위해 다음과 같이 상상해 보자. 모든 사람이 소득도 비슷하고, 같은 크기의 집에 살며, 동종의 차를 몰고 외모도 누구 하나 축날 것 없이 잘생긴 공동체가 있다고 가정하자. 그런데 그중 존스라는 사람이 짭짤한 수입이 생겨서 더 큰 집을 짓고 좋은 차를 샀다. 존스 가정이 돈을 쓰자 주변에 사는 다른 사람들도 들썩이게 된다. "존스가 더 큰 집이랑 좋은 차를 살 정도라면 나도 사지 뭐!." 다른 집들도 존스의 새집이나 차에 비할 만한 물건을 사기 위해 더 많은 돈을 쓰기 시작한다. 존스 집안의 이웃 사람들은 제법 살기 때문에 저축을 줄이는 것만으로도 이렇게 늘어난 소비를 감당할 수 있을지 모른다. 하지만 이런 추세가 소득이 더 낮은 층으로까지 번져 가면 극심한 생활고를 낳을 위험이 있다. 특히 집값을 충당하기 위해 빌렸던 모기지론을 이제 막 갚아 나가기 시작한 사람들에게 그 파장은 더욱 커진다. 존스 집안의 소비를 따라잡으려는 욕심 때문에 결국 모든 이들이 지나치게 돈을 쓰고, 이로 인해 저축은 줄어들게 되는 것이다.

부유한 사람은 갈수록 더 부유해지고 나머지 사람들은 부유층의 소비 패턴을 쫓아가기 위해 죽어라 경주한다. 과소비는 가족들에게 과부하를 떠안긴다. 사람들은 보다 많은 일을 해야 하고 좀 더 큰 집을 사기 위해 먼 근교로 이사를 가서 일터로 장시간 출퇴근한다. 파산도 많아진다. 당연한 일이지만 이와 같은 소비 팽배나 경제적 어려움은 결혼 생활에도 큰 위협 요인이 된다.

　로버트 프랭크와 그의 공동 연구진이 밝혀낸 바에 따르면 불평등 지수가 높은 나라에서는 이혼율도 높다. 국내 불평등 지수가 1% 증가할 때마다 전체 인구 중 이혼하는 사람들의 비율은 1.2% 증가한다는 것이다. 1990년부터 2000년 사이 10년만 해도 소득 불평등 증가와 함께 이혼 건수가 5% 늘어났다.

　과소비로 인한 스트레스 외에도 이혼과 소득 불평등 간의 상관관계를 설명할 수 있는 요인은 또 있다. 불평등 지수가 높아지면 사람들은 좀 더 수입이 좋은 새 배우자를 찾고 싶어진다. 불평등한 사회에서 치열하게 경쟁하기 위해 꼭 필요하다고 여겨지는 물건을 더 많이 사려면 돈 잘 버는 배우자가 필요하기 때문이다. 이렇게 물질적 이유로 새 배우자를 찾고 싶어 하는 사람들이라면 보다 저렴한 비용으로 쉽게 배우자를 찾을 수 있는 방법이 생겼다는 소식에 귀가 쫑긋하지 않을 수 없다. 그 방법은 바로 인터넷을 이용하는 것이다.

기혼자들을 위한 온라인 연애

　── 인터넷에서 '사람들은 왜 이혼을 하는가?why do people divorce?'로 검색해 본 적이 있는 사람이라면 누구나 전문가들이 너도나도 불륜이나 이혼의 원흉으로 온라인 데이트나 SNS를 지적하고 있다는 사실을 알 것이다. 그들이 인터넷을 비난하는 근거는 온라인으로 애인을

찾는 것이 워낙 쉽다 보니 게다가 사생활도 보장되기 때문에 온라인만 없었다면 배우자에게 충실하였을 사람들까지도 덩달아 바람이 난다는 것이다. 그런데 켄달Todd Kendall은 최근 인터넷이 결혼 생활을 파국으로 이끄는 주범이라는 악명을 얻고 있지만 이는 사실이 아님을 설득력 있는 근거와 함께 제시하였다. 기혼자들이 온라인에서 새로운 상대를 찾기 쉬워짐으로써 이혼율이 도리어 낮아진다는 것이다.

미혼 남녀가 사랑을 찾아 도시로 몰려드는 이유를 설명하기 위해 사용하였던 모델을 떠올려 보자. 인터넷은 도시와 같다. 새로운 사랑을 찾는 데 드는 비용을 절감시켜 줄 뿐만 아니라 기혼자들의 경우 배우자 몰래 검색을 할 수 있다는 장점도 있다. 우리가 이미 알고 있듯이 애인을 찾는 데 드는 비용이 클수록 결혼의 질은 대체로 떨어진다. 남성이나 여성이나 비싼 대가를 치러가며 오래 짝을 찾는 것이 싫어서 적당한 시기가 되면 그다지 흡족하지 않은 파트너에게라도 그냥 정착해 버리곤 한다. 우리는 앞서 이것을 "유보가치를 낮은 수준으로 설정한다."라고 표현하였다. 하지만 탐색 비용이 낮아지면 일반적으로 결혼의 질이 높아진다. 남녀 모두 큰 비용 부담 없이 보다 완벽에 가까운 이상형을 찾을 때까지 검색을 계속할 수 있기 때문이다. 그들은 자신들의 유보가치를 높은 수준으로 설정한다. 따라서 온라인 데이트나 SNS 이용이 애인을 찾는 데 드는 비용을 낮추어 주는 만큼 인터넷 접속이 늘어날수록 일반적으로 결혼의 질도 좋아지게 마련이다.

이는 곧 온라인 데이트와 SNS 접속 증가가 이혼율을 낮추는 동시에 결혼의 질이 높아지므로 이혼율을 높인다는 기혼자들도 몰래 새로운 파트너를 검색할 수 있으므로 이율배반을 의미한다. 이 두 가지 상반된 효과 중 어느 쪽이 이혼에 더 큰 영향을 발휘할까? 이를 알아보기 위해서는 구체적인 데이터를 살펴볼 필요가 있다.

토드 켄달이 4만 3,552쌍의 커플로부터 수집한 데이터를 토대로 연구한 결과에 따르면 남편이 매일 인터넷을 하는 부부가 남편이 인터넷을 덜 사용하는 부부의 경우보다 오히려 이혼할 가능성이 약간 낮다고 한다. 한편 아내가 얼마나 자주 인터넷을 사용하는가는 이혼율과 관계가 없었다. 우리는 사실 이들 남녀가 온라인에서 무엇을 하고 있는지는 알 도리가 없다. 쇼핑을 하거나 포르노를 다운받고 있을 수도 있다. 어쨌거나 연구 결과는 온라인 데이트나 SNS가 이혼을 유발하는 주요 원인은 아니라는 것을 상당히 입증해 준다. 그렇다고 인터넷에서 새 애인을 찾아다니는 기혼자가 전혀 없다는 뜻은 아니다. 다만 그런 사람들은 설령 인터넷이 없다고 해도 다른 방식으로 여전히 짝을 찾고 있을 것이다.

그래도 못 믿겠다면 네덜란드에서 이루어진 또 다른 연구 결과를 살펴보자. 결혼의 질과 인터넷 사용 간의 관계를 살펴본 이 연구는 개인의 인터넷 사용이 잦을수록 결혼 생활도 행복하다고 주장한다. 케르코프Peter Kerkhof, 핀켄아우어Catrin Finkenauer, 무제스Linda Muusses는 기혼 커플들로부터 수집한 데이터를 이용하여 서로 숨길 것이 적은 배우자 사이는 더 친밀하고 부부 관계에도 더 큰 열정을 갖는다는 사실을 발견함으로써 인터넷 사용 빈도와 행복한 결혼 생활 사이의 연관성을 밝혔다.

섹스용 윤활제가 선행지표?

섹스용품 시장을 관찰하면 불황을 예측할 수 있을까? 경제학자들이 장난기가 동할 때 하는 일이 있다. 경기가 후퇴하는 징후를 발견할 수 있는 재미난 방법을 시장에서 찾아내는 것이다. 경제학자들은 상품 재고나 생산 능력 따위를 관찰하는 데 지루해지면 햄버거가 얼마나 팔리는지 도넛 가게가 시내 중심부로 이동하는지 아닌지 등으로 눈길을 돌려 이를 경기의 선행지표로 삼는다.

역사상 가장 유명한 경기 선행지표 중 하나는 립스틱 판매량이다. 1999년까지 화장품 제조사인 에스테 로더의 최고 경영자를 역임한 레너드 로더 Leonard Lauder는 경기 후퇴에 앞서 립스틱 판매량이 늘어난다는 것을 발견하였다. 이후 립스틱과 같이 여성들이 비교적 작은 돈으로 기분 전환용 상품을 구매하는 행위는 경제학자들이 어려운 시기를 예측하는 데 사용하는 재미있는 수단이 되었다.

하지만 립스틱 판매량은 2007년과 2008년의 경기 후퇴를 예측하는 데에는 실패하였다. 이전 몇 년 동안 립스틱 판매량에 별 변동이 없었던 것이다. 대신에 립스틱 외의 또 다른 기분 전환용 상품이 떠오르기 시작하였다. 섹스용 윤활제와 성인용품이 그것이다. 2009년 시장조사에 따르면 불황이 되자 섹스용 윤활제와 성기능 보조기구 판매량이 폭발적으로 증가하였다. 성기능 보조기구 판매가 늘어난 이유는 립스틱 판매의 경우와 비슷하다. 어려운 시기가 닥치면 사람들은 큰 돈 들이지 않고 기분 전환을 할 수 있는 방법을

찾는다는 것이다. 어쩌면 어려운(hard) 시기가 오면 사람들이 흥분할(get hard) 수 있는 방법을 찾는다고 표현할 수도 있다.

이 상품들이 진짜로 경기 선행지표가 될 수 있는가의 여부는 경기가 회복되었을 때 판명될 것이다. 만일 경기가 회복되었을 때 섹스용 윤활제나 바이브레이터 판매량이 줄어든다면 이들 상품은 경기 선행지표의 하나임이 증명된다고 할 수 있다. 만일 그렇다면 우리는 앞으로 「이코노미스트」에 섹스용 장난감과 윤활제 시장 동향에 대한 기사도 실어달라고 요청해야 할지 모른다. 「이코노미스트」 역시 자극적인 경제 분석 기사를 제공해야 한다는 점에서는 나와 같은 입장인 것 같으니 말이다.

하지만 인터넷에 강박적으로 매달리는 사용자들의 경우는 시간이 지날수록 결혼 생활에서 친밀감과 열정을 잃어가고 배우자와 시간을 덜 보내게 되며 비밀이 생긴다고 한다. 이런 커플은 시간이 흐름에 따라 더욱 부부관계의 질이 떨어지고 쇠퇴하는데, 이는 온라인에 너무 많은 시간을 빼앗겨서라기보다 이들이 보여 주는 집착적 행동 자체가 결혼 생활에 상처를 입히기 때문이다.

비 오는 날에 대한 보험, 결혼

——— 6장의 앞부분에서 소개한 제인의 결혼 생활에는 문제가 많았다. 특히 중요한 집안일을 결정할 때 제인의 의견에 전혀 귀를 기울이지 않았던 존의 태도가 문제였다. 그렇지만 아슬아슬하였던 이들의 결혼에 결정적 치명타를 날린 것은 그의 실직이었다. 존이 실직함으로써 이들 부부는 경제적 어려움을 뚫고 나가야 하는 부담이 생겼을 뿐만 아니라 애초 이들이 결혼을 결정하였던 중요한 이유를 상실하게 되었다. 무엇인가 일이 뜻하는 대로 풀리지 않게 되었을 때 배우자로부터 도움의 손길을 얻겠다는 결혼의 이유 말이다. 결혼의 의미를 어려운 시기에 대비하기 위한 보험이라고 볼 때, 부부 중 한 명이 실직을 하면 또 다른 사람의 수입 측면에서 보았을 때 보험의 효력은 물 건너간 것이 된다.

부부 중 한 명이 실직을 하면 함께 살아야 할 필요가 줄어든다. 부부 사이가 탄탄하다면 배우자의 실직이 큰 문제가 안 될 수도 있다. 어차피 보험회사가 보험금을 지불해야 할 때 나 몰라라 하고 계약 내용을 이행하지 않는다면 보험금은 탈 수 없는 일이다. 하지만 모든 부부 관계가 그렇게 탄탄하지는 않으며, 많은 경우 배우자의 실직은 안 그래도 위태로운 결혼 생활에 직격탄을 날리는 꼴이 될 수 있다.

헬러스타인Judith Hellerstein과 모릴Melinda Morrill은 실업과 이혼 간의 관계를 조사한 최근 연구를 통해 경제가 불황일 때보다 호황일 때 이혼이 더 많아진다는 놀라운 사실을 발견하였다. 실제로 실업률이 1% 포

내 남편은 정크본드

여성은 경제적인 결정을 할 때 남성보다 위험자산에 투자하는 데 훨씬 소극적이다. 즉 남성보다 더 위험회피적risk-averse이다. 그리고 미혼자들이 기혼자보다 더 위험회피적이다. 지금까지 관찰된 바로는 결혼한 여성이 미혼 여성보다 좀 더 과감하게 위험한 투자를 시도하는 것으로 보인다.

남편이라는 존재를 주식, 채권, 부동산과 마찬가지로 분산 투자가 가능한 하나의 자산이며 또한 안전한 자산이라고 간주하면, 기혼 여성들이 미혼 여성보다 투자에 과감해지는 것은 당연하다. 안전자산이 하나 더 늘어난 여성은 이제 좀 더 위험한 자산에 투자해도 된다. 그것이 안전 쪽으로 기울어진 투자의 균형을 재조정하는 합리적인 행동이다. 따라서 결혼한 여성이 투자에 과감해지는 것은 결코 미혼 여성들보다 조심성이 없어서가 아니라, 밤에 거실 테이블에다 발을 얹어 놓고 앉아 있는 안전자산이 이들에게 따로 확보되어 있기 때문이다.

하지만 문제가 생겼다. 지난 40년에 걸쳐 남편이라는 자산은 무위험자산에서 고수익 고위험의 정크본드로 변모해 왔다. 거기에 주택시장의 변동성이 더해져 남편이라는 자산의 위험이 늘어난 것이다. 결혼한 여성이 미혼 여성보다 투자에 좀 더 과감해지는 것이 남편이라는 투자 아이템 때문이고 남편이 정크본드로 변하고 있는 것이 사실이라면, 사회적으로 이혼이 늘 경우 기혼 여성과 미혼 여성의 투자 성향은 점차 비슷한 모습으로 수렴해 갈 것이라고 예상할 수 있다.

이탈리아의 경제학자 베르토치Graziella Bertocchi와 브루네티Marianna Brunetti, 토리첼리Costanza Torricelli가 최근 밝혀낸 바에 따르면 1990년대 초반 이래 미혼 여성과 기혼 여성 사이의 위험회피 성향은 점점 벌어져 왔다. 결혼한 여성이 노동시장에 진입하기 시작한 데다 투자와 관련한 결정을 내릴 때도 예전에 비해 남성처럼 사고하게 되었기 때문이다. 하지만 21세기에 들어서 자 사정이 바뀌었다. 두 여성 집단 간의 위험회피 성향 차이가 두드러지게 줄고, 결혼한 여성들도 마치 미혼 여성처럼 투자에 조심스러워지기 시작한 것이다.

지난 수십 년간 많은 국가의 이혼율은 안정적으로 유지되어 온 편이지만 2000년부터 2002년까지 3년 동안 이탈리아의 이혼율은 45%나 증가하였 다. 이렇게 결혼의 위기가 증폭된 시기에는 기혼 여성의 위험회피 성향이 미혼 여성과 비슷하게 변해간다. 이러한 현상은 앞서 제기한 주장, 즉 남편 이라는 자산이 정크본드로 변하면 결혼한 여성은 그에 대응해 보다 위험회 피적 태도를 취함으로써 위험도가 높아진 분산투자에 균형을 되찾으려고 한다는 가설과 일치한다.

인트 올라갈 때 이혼율은 1% 포인트 떨어진다. 상식과 다른 이러한 결 과에 대해 두 가지 추론이 가능하다.

첫째, 실제로는 경기 불황 때문에 파경을 맞는 부부가 없지 않지만 예를 들어 진짜 실직을 한 경우 어떤 부부들은 오히려 불황기에 결혼 생활을 유지하려고 더욱 노력한다는 것이다. 실제 실직을 하지는 않았지만 그렇게 될까봐 두려워하는 경우 교통사고 위험이 최고조에 달하였을 때 마침 갖고 있던 자동차 보험을 해지해 버리는 사람은 드물다. 더 이상 보험이 필요 없는 상황이라고 할지라도 일단 교통사고 위험이 지나가는 것을 지켜보고 나서 해지하는 것이 사람의 심리이다. 실직과 이혼도 마찬가지이다. 실업률이 떨어질 때 이혼율이 올라가는 이유 역시 경제가 회복되면서 고용 불안이 해소되면 결혼이 제공하는 보험의 필요성이 적어지기 때문에 계약을 해지하는 것과 같다.

둘째, 부부들이 불황에 이혼을 자제하는 것은 주택 가격이 떨어지기 때문이다. 집값이 기대치보다 떨어지거나 모기지보다도 가치가 밑돌게 되면 부부가 살던 집을 떠나기 어려워진다. 부부가 행복하지 않은 결혼 생활을 하고 있는데 마침 집값이 떨어졌다. 집값이 떨어지면 싼 값으로 새집을 한 채 사기에도 좋은 기회이니 또는 두 채를 산다. 지금 필요한 것은 부부가 각자 따로 살 집이니까 지금이야말로 원치 않는 결혼 생활을 보다 쉽게 정리할 수 있는 때라고 생각하지 않을까? 그리고 그것이 사실이라면 집값이 떨어질 때 이혼율은 올라가고, 반대로 집값이 올라가면 이혼율이 떨어져야 마땅하지 않을까?

판햄Martin Farnham, 슈미트Lucie Schmidt, 세박Purvi Sevak이 조사한 바에 따르면 가격이 쌀 때 새집으로 갈아타는 것은 물론 좋은 생각이지만, 부부들로서는 현재 살고 있는 집을 마련하기 위해 투자하였던 자산에 비해 손해를 보게 되는 것이라 아쉽게 마련이다. 그래서 이들은 집값이 떨어질 때 그다지 만족스럽지 않더라도 결혼 생활을 계속 유지하는 편을 택한다. 이들은 자산을 손해 보고 팔아버리는 데 대한 심리적 거부감이 부부로 하여금 언젠가 금전적 손해가 줄어들 것이라는 희망을 가진 채 계속 한집에 머물며 부부 관계를 유지하도록 만든다고 주장한다.

이들은 집값이 10% 떨어졌을 때 대졸 학력 부부가 소유자일 가능성이 높다.의 이혼율이 놀랍게도 29%나 떨어진 것을 발견하였다. 2006년 4월부터 2010년 8월 사이에는 집값 하락폭이 이보다 세 배인 30%나 되었는데, 역시나 그 결과로 이혼 또한 엄청나게 줄어들었다. 하지만 학력이 낮은 사람들의 경우 집값 하락은 이혼율에 정반대 영향을 미친다. 집값이 10% 하락하면 고등학교를 마치지 못한 사람들 사이의 이혼율은 20%나 올라간다.

이를 통해 경기 침체가 모든 결혼 생활에 부정적 영향을 미치는 것이 아니라 오직 가난한 이들에게만 영향력이 집중된다는 사실을 알 수 있다. 불황에 가장 고통을 겪는 이들이 미숙련 노동자라는 점을 감안하면 이는 놀라운 사실이 아니다. 2010년의 경우 고졸 이하 학력자는 대졸자보다 실업률이 세 배나 높았다.

이혼 여부를 결정하는 데 실업이나 집값이 관련 있다면, 결혼을 할지 말지 결정하는 것 역시 경제 상황과 관련되어 있을 수 있다. 미국 인구조사국에 따르면 25~34세 연령층의 결혼율은 2006년에서 2010년 사이에 49%에서 44%로 5% 정도 떨어졌다. 지난 몇십 년 동안 결혼율이 꾸준히 떨어져 온 것은 사실이지만, 불황기의 결혼율 하락 추세는 그

성격이 다른 이유가 하나 있다. 고학력자들의 결혼율은 비교적 안정적인 데 비해 고졸 이하의 결혼율은 10년 전에 비해 10% 포인트나 떨어진 것이다.

저학력 노동자들의 결혼율 하락이 경기침체와 직접 관련되었는지 여부는 아직 증명된 바 없지만, 보험과 같은 개념으로 결혼을 하던 사람들이 최근 결혼 대신 동거라는 형태를 선택하고 있다는 사실은 증명할 수 있다. 크라이더Rose Kreider가 조사한 바에 따르면 결혼하지 않고 동거하는 이성 커플의 수는 2009년에서 2010년 사이에 13% 늘어났다. 이렇게 동거가 급격히 늘어나는 현상은 커플 중 적어도 한 사람이 실직 상태인 경우에 흔히 찾을 수 있다. 2009년 새로 동거에 들어간 커플 중 39%만이 두 사람 모두 직업을 가진 상태였다. 반면 기존에 동거하고 있던 커플들 중에는 두 사람 모두 직업을 가진 경우가 50%에 달하였다. 새로 탄생한 동거 커플의 남성은 기존의 커플보다 실업 상태인 경우가 많다. 실제로 2009년 새로 탄생한 커플 중에서 남성이 실직자인 경우는 24%에 달하였다. 이미 동거 중이었던 커플의 경우 실업 상태인 남성 비율은 14%에 불과하였다. 즉 동거는 중간 형태의 보험 역할을 하는 것이다. 결혼이라는 전액보험을 부담하기에는 형편이 어렵지만, 한시적 보험이를테면 함께 살 곳을 마련하는 등은 마련할 수 있는 커플의 경우 동거를 택하는 것이다. 나중에 형편이 좋아졌을 때도 과연 이들 커플이 깨지지 않고 남아 있을지는 두고 볼 일이다. 분명한 것은 불황이나 호황이 커플 사이의 관계를 형성해 나가는 데 엄청난 영향을 미친다는 사실이다.

마무리하는 말

──   제인이 경기를 별로 타지 않는 직종인 학계로 진출한 원인이
다름 아니라 그녀의 결혼이 더 이상 불황기의 보험 역할을 못하게 되
었기 때문이라는 사실은 흥미롭다. 제인이 그런 결정을 하였을 당시를
돌이켜 보자. 제인은 존이 계속 실업 상태에 놓일 상황을 가정해 스스
로 가족을 먹여 살릴 수 있도록 안정적인 직장을 가져야 하였다. 제인
으로서는 좀 더 소득이 높은 직업을 택할 수도 있었지만, 당시의 경제
적 조건에서 보았을 때 제인이 학계로 나가기로 하였던 것은 부부로서
최선의 결정이었다. 그리고 그녀의 선택은 나중에 올바른 것으로 증명
되었다.

제인의 이야기를 비롯한 여러 자료에서도 확인할 수 있고 경제학 이
론을 통해서도 증명된 바이지만, 결혼이라는 제도는 경제에 의해 결정
된다. 경제학은 지난 반세기 동안 결혼이 어떻게 변해 왔는지를 이해
하는 데 도움이 된 것처럼 결혼이 앞으로 어떻게 변해 나갈지를 예측
하는 데도 도움이 된다.

1장에서 퓨 리서치센터의 조사 결과를 통해 젊은 세대는 더 이상 결
혼을 중요하게 생각하지 않으며, 44%가 결혼은 한물간 제도라고 생각
한다는 사실을 소개한 바 있다. 결혼이 한물간 제도라는 생각은 여성
의 경제적 자립 능력이 커짐에 따라 변화된 결혼 세태 때문에 생겨났
을 것이다. 하지만 여성의 자립은 결코 결혼을 무용지물로 만들지 않
았다. 오히려 그와 반대로, 결혼은 어려운 시기에 대비한 보험으로서

가치를 높여가고 있다. 이제 가족들은 더 이상 가계 수입을 남성의 돈벌이 능력에 전적으로 의존하지 않기 때문이다.

경제학자의 관점에서 보았을 때 결혼을 둘러싸고 일어난 변화 중 가장 놀라운 것은 사람들이 배우자감을 고르는 방식의 변화이다. 경제학자들이 처음 결혼을 논할 때는 서로 특성이 다른 사람들끼리 끌리게 된다는 거래 이론을 접목하는 것이 최선의 방법이라고 생각하였다. 하지만 여성이 보다 자립성을 갖게 되고 이혼도 쉬워지면서 사람들은 갈수록 배우자로 자신과 비슷한 사람을 선호하게 된다. 이러한 현상이 나타나는 이유로 우리는 이미 여러 가지 요인을 알아보았는데, 부부가 의사 결정을 함께 할 필요가 늘어나면서 점차 서로 의견을 조정하기에 유리한, 비슷한 목표를 가진 배우자를 찾게 되었다는 사실이 그중 하나이다.

이러한 현상은 적어도 나의 관점에서 볼 때 결혼의 질을 높여 줄 수 있는 긍정적 지표이다. 결혼을 택하는 사람의 수는 줄어들지라도 일단 결혼을 한 사람들은 이전 세대보다 많은 행복을 누릴 수 있기 때문이다. 또한 커플이 결혼을 하면 살림이 보다 안정된다는 사실은 결혼이라는 제도가 앞으로도 결코 쇠퇴하지는 않을 것이라는 점을 시사한다. 하지만 경제적 환경은 늘 변화하게 마련이다. 경제적 환경 변화가 결혼 방식에 영향을 미친다는 점을 생각하면 결혼이라는 제도가 나중에 결국 해체된다고 해도 별로 놀랍지는 않다.

이제 결혼 이야기에서 벗어나 이 책의 첫 장에서 이야기하였던 주제, 즉 성적 문란에 대한 문제로 옮겨가자. 앞에서는 성인 남녀와 대학생의 성문화를 살펴보았는데, 다음 장에서는 10대의 성생활을 다룰 것이다. 흔히 10대는 섹스에 적극적인 것으로 알려져 있지만 지금의 10대는 이전과 완전히 다른 신세대이다. 놀랍게도 이들은 역사상 유례없이 자기 부모 세대보다도 오히려 섹스에 대해 소극적인 청소년들이다.

7장
섹스의 신세대가 온다

10대들의 섹스에 대한 새로운 기준

—— 최근 친구의 아들과 연애 문제에 대한 이야기를 나눌 기회가
있었다. 내가 보기엔 키도 크고 잘생긴 데다가 나이도 열일곱 살이니
당연히 여자 친구가 있으리라고 짐작하였다. 하지만 그 아이는 여자
친구가 있느냐는 질문에 의외의 답을 하였다. "아니요. 난 스물두 살이
될 때까지 여자 친구는 사절이에요." 그때 나는 이렇게 되물었다. "그
럼 그때까지는 남자끼리만?"

그저 우스개로 던진 말이 아니었다. 산업화 이전의 일부 사회에서는
소년기의 동성애가 권장 사항이었다. 동성애가 혼전 출산을 막고 결
혼 시기를 늦추는 좋은 방법이라고 여겨졌기 때문이다. 이처럼 우리가

특히 청소년기에 정상적 성행위라고 믿는 행동의 기준은 사실 문화적, 경제적으로 결정된 것에 불과하다. 어떤 사회에서는 사춘기 소년들 간의 동성애가 도움이 된다고 생각하였고 여성의 출산을 늦출 수 있어서 다른 사회에서는 이를 해로운 것으로 간주하였다. 동성애가 이성애 결혼에 방해가 될 수 있어서

경제적 환경과 사회가 바람직하다고 생각하는 청소년기의 성 행동 sexual behavior 사이에는 어떤 관계가 있다. 몇 가지 예를 들어 보자.

먼저 법적으로 섹스가 허용되는 나이의 하한선과 평균 기대수명 간의 관계이다. 경제적으로 풍요로워지면 개인의 건강 상태가 좋아지고 사회 구성원들의 평균 수명도 개선된다. 기대수명이 짧은 사회를 보면 여성의 성행위를 법적으로 허용하는 나이가 비교적 어리다. 평균 수명이 37세밖에 안 되었던 16세기 영국의 경우는 이 나이 하한선이 10세였다. 사람들의 평균 수명이 별로 길지 않은 사회에서는 사람들이 되도록 어릴 때 아이를 낳기 시작한다. 평균 기대수명 이것 역시 경제적 요인에 의해 결정된다. 이 성관계 허용 시기를 결정하는 사회적 규범에 영향을 미치는 것이다.

다음으로 사람들이 결혼 적령기라고 생각하는 나이와 인구압 population pressure 사이의 관계이다. 내가 위에서 제시한 당시의 영국은 경작할 수 있는 땅이 몹시 제한되어 있었다. 농업에 크게 의존하는 사회에서 경작지가 제한되어 있을 경우 인구 증가는 모든 사회 구성원에게 위협이 된다. 따라서 믿을 만한 피임법도 없는 상황에서는 혼전섹스를 엄격하게 금지하는 것이 출산율을 묶어 두고 인구 증가를 막아

가용 자원이 고갈되는 것을 방지하는 좋은 방법인 것이다. 그래서 토지와 같이 제한된 자원은 한 사회가 규범적으로 받아들이는 결혼 적정 연령을 높이는 경향이 있다. 1600년대 영국의 경우 여성의 평균 결혼 연령은 25세였다. 인구 증가와 그로 인해 생활수준이 떨어지는 것을 방지하기 위해 사회 규범이 이른 나이에 결혼하는 것을 금지한 것이다.

사회가 미성년 출산을 용인하는지는 또 다른 경제적 측면과 관련되어 있다. 학력이 미래 수입을 결정하는 데 별 상관이 없다면 사회에서도 10대 출산을 관대하게 바라볼 것이다. 어린 나이에 부모가 된다고 해도 미래 수입에 큰 변화가 없기 때문이다. 하지만 학력이 높아야만 수입도 늘어나는 산업화 사회에서는 10대가 아이를 낳으면 설령 결혼을 한 상태라고 할지라도 부정적인 시선을 받게 된다. 이른 출산이 미래의 생산성을 제한하기 때문이다.

경제적 요인은 사회가 아이들에게 성 관련 지식을 얼마나 가르쳐야 할지를 결정하는 데에도 영향을 미친다. 우리 선조들은 아이들에게 '그 이야기'를 언제 하는 것이 좋을지 고민하지 않았다. 좁은 집에 식구들이 부대껴 살던 과거에는 부모와 아이가 한 방을 쓰며 아이들이 자는 틈을 타 부부가 섹스를 나눴다. 아이들을 섹스에 대한 지식으로부터 '보호'해야 한다는 집착은 순전히 주택의 크기와 관련해 생겨난 것이다. 경제적으로 풍요로워지면서 아이들이 성에 대해 모르는 채로 자라는 기간이 늘어났고, 그에 따라 성 문제를 아이들과 드러내 놓고 이야기하는 것은 금기가 되었다.

마지막으로, 기술 발전은 동성애나 성 정체성에 대한 사회적 여론에 큰 영향을 미쳤다. 예를 들어 인터넷 기술이 발전하면서 젊은 게이, 레즈비언, 양성애자, 트랜스젠더들은 이 세상에 자신과 비슷한 사람이 또 있다는 것을 쉽게 알 수 있게 되었다. 기술혁신은 주류에서 벗어난 성적 소수자들이 자신의 성적 취향에 솔직한 생활을 할 수 있게 이끌고 성 정체성을 떳떳이 드러내도록 만들어 주었다. 이런 커밍아웃은 문화적 태도 변화를 이끌어 내는데, 여기에도 경제적 요인이 개입하여 일정 역할을 한다.

10대들의 성 행동에 대한 사회적 규범의 변화와 경제가 어떻게 관련되어 있는가를 논의하기 전에 우선 다른 이야기부터 하나 해 보자.

2장에서 다뤘던 사라가 이번 이야기의 주인공이다. 사라는 비록 원치 않는 임신을 하는 불운을 겪었지만, 끝까지 대학을 마치기로 결심하였다. 이 이야기를 시작하였을 당시 사라는 처녀가 아니었지만, 놀랍게도 사라는 고등학교를 졸업할 때까지는 한 번의 섹스 경험도 없었다. 그녀가 섹스를 처음 경험한 것은 대학 입학 통지를 받고 장학금 수여가 확정되어 가을에 시작하는 신학기 등록을 마친 뒤였다. 물론 이 가을 학기는 타이밍이 어긋난 임신 때문에 결국 중도에 포기하게 되었지만.

사라가 어렸을 때는 아무도 그녀에게 대학에 가고 싶은지를 물은 적이 없었다. 가족들이나 주변 친구들 사이에서는 고등학교를 졸업하면 대학에 가는 것이 너무나 당연한 일이었다. 고등학교 시절 사라가 성적으로 소극적이었던 것은 대학 진학에 대한 기대 때문이 아니라 그녀의 친구들 중에는 이미 섹스를 하고 있는 아이들도 몇몇 있었다. 10학년 때 우정을 나눈 조용한 소년 트로이의 영향 때문이었다.

트로이는 애인이 아니라 함께 있으면 즐거운 친구였다. 그래서 트로이가 밤에 자기 집에 와서 놀자고 청하였을 때도 사라는 기꺼이 응하였다. 자신들의 관계가 플라토닉하다고 믿었기 때문이다. 10대 남학생들의 행실에 대해서 딸보다 잘 아는 사라의 어머니는 트로이 집에서 밤을 보내는 것에는 동의하지 않았지만, 꽤 개방적인 사람이었던지라 학교를 마친 오후 시간에 놀러가는 것은 허락하였다.

트로이는 사라가 한 번도 가 본 적이 없던 시립 공공주택단지에 살고 있었다. 그는 이곳에서 이모와 이모의 아기, 그리고 열여덟 살 먹은 사촌과 함께 살고 있었다. 트로이가 아홉 살이었을 때 어머니의 보호를 받지 못하게 된 상황에서 사회사업국은 이모가 대리 양육하도록 조치하였다. 게다가 사촌의 열일곱 살 먹은 여자 친구까지 툭하면 집에 들렀다. 친구들과 놀러 나가기 전에 사촌과의 사이에서 낳은 10개월 된 아기를 맡기기 위해서였다.

사라는 트로이의 집을 방문하고 두 가지 깊은 인상을 받았다. 그리고 그때 받은 인상은 이후 사라가 성적 의사 결정을 하는 데 큰 영향을 미쳤다. 우선 트로이의 환경이었다. 사라는 그때까지 그만큼 절망에 빠진 빈곤 가정을 본 적이 없었다. 친구의 처지도 슬펐지만, 더욱 충격적이었던 것은 어린 아기를 키우기에 너무나 부적절한 생활환경이었다. 사라는 자신이 아기 엄마가 되었을 때 트로이 가족이 아기에게 제공하던 것보다는 훨씬 좋은 환경에서 살고 싶었다.

그리고 다른 하나는 트로이에게 11학년 고등학교 2학년에 해당 - 옮긴이 이 되면 대학 진학용 수학과 영어 수업을 수강할 것인지를 물었을 때의 충격이었다. 트로이는 우수한 학생이었는데도 사라의 질문에 대답을 하는 대신 이모의 눈치만 보고 있었다. 그 모습을 본 사라는 깜짝 놀랐다. 그때 이모는 손을 저으며 얼른 트로이를 대신해 이렇게 답을 하였다. "대학에 갈 사람들만 받는 수업 때문에 시간 낭비할 필요가 있니?"

사라는 미래에 대한 청사진을 그릴 수 있는 특권이 모든 친구에게 똑같이 주어진 것이 아님을 이때 처음으로 알게 되었다. 사라의 주위에는 임신 위험이 있는데도 섣불리 섹스에 뛰어들고 실제 임신까지 하였던 친구들도 있었는데, 사라는 훗날 이 친구들이 그런 행동을 한 이유를 알게 되었다. 이들이 그처럼 섣부른 행동을 한 것은 자기 미래가 어두울 수밖에 없을 것이라는 비관주의 때문이었다. 사라로서는 생각도 하지 못한 미래에 대한 비관이었다.

그렇다고 사라가 바로 그때 그곳에서 고등학교에 다니는 동안 순결을 지키겠다고 결심한 것은 아니다. 깨달음을 얻는 데는 시간이 걸리기 때문이다. 하지만 이후 고교 생활 동안 사라는 성적 충동을 채우기 위해서라면 위험도 감수해 볼 만하다고 느껴 본 적이 단 한 번도 없었다. 사라에게는 섹스가 대학에 진학하면 꼭 해 보겠다고 손꼽아 기다리는 희망사항 중 하나였다.

11학년이 된 뒤 언제부터인가 트로이의 소식이 들리지 않았다. 이미 학교를 떠난 것이다. 하지만 고등학교 졸업 무도회 날 사라에게 다시 한 번 트로이와 그 가족들을 떠올리게 하는 일이 생겼다. 그 날 사라의 엄마는 사라와 두 여자 친구를 무도회장 입구까지 차로 데려다 주었

10대의 섹스를 금지하는 법적 규제

10대들의 성생활을 자제시키는 방법 중 하나는 청소년들이 일정 나이까지 섹스를 하지 못하도록 법으로 금지하는 것이다. 캐나다에서는 2009년 섹스 허용 연령을 14세에서 16세로 올렸다. 이 규정은 어린 청소년14~15세은 좀 더 나이 많은 청소년16~17세에 비해 성과 관련해 올바른 선택을 할 능력이 떨어진다는 전제하에 법률화되었다. 이러한 법 개정에 맞춰 밀러 Bonnie Miller, 콕스David Cox, 새윅 Elizabeth Saewyc은 과연 같은 10대라도 나이가 더 어린 청소년이 보다 불건전한 성생활을 하는지 검증해 보았다. 그리고 2만 6,000명의 청소년에게서 수집한 데이터를 분석한 결과 14~15세 청소년도 16~17세 못지않게 성과 관련된 문제에 현명한 판단을 내린다는 사실을 밝혀냈다.

또한 성과 관련해 가장 위험에 많이 노출되어 있고, 이에 따라 법적인 보호가 진짜 필요한 연령층은 12세 미만인 것으로 나타났다. 12세가 되기 전 섹스를 경험한 학생은 전체 응답자 중 3%였는데, 이 중 40%가 20세가 넘는 성인과 첫 경험을 하였다고 답하였다. 하지만 14세에 첫 경험을 가졌다고 답한 학생들 중에는 1.3%만이 20세 이상 성인과 섹스를 하였다. 15세에 첫 경험을 한 학생들의 경우 나이 먹은 상대와 섹스를 하였다는 답변이 좀 늘어나긴 하였으나, 그래도 6%가 채 되지 않았다.

10대 중반 청소년들은 새로 바뀐 캐나다 법령에 의해 섹스가 금지되기 전까지 대부분 자기와 비슷한 연령층의 상대와 섹스를 하였다. 2% 미만의 남학생들과 3~5%의 여학생들만이 다섯 살 이상 연상의 상대와 첫 경험을 하였다. 이 청소년들은 좀 더 나이 많은16~17세 그룹과 마찬가지로 약이나 술의 영향으로 섹스를 하기도 하였는데, 마지막 섹스에서 콘돔을 사용하였다고 답변한 비율은 16~17세 그룹이 74%인 것에 비해 오히려 높아서 83%에 달하였다. 게다가 지금보다도 어렸을 때 첫 경험을 하였다는 이 연령층의 여학생들은 콘돔과 함께 호르몬 피임약까지 복용하는 경우가 많았다.

섹스 연령 제한법을 만들자는 주장은 어린 10대 청소년들이 성행위가 초래하는 심각한 결과로부터 스스로를 보호할 능력이 없다는 전제에서 비롯된 것이다. 하지만 위 연구 결과는 10대 중반의 청소년들도 법이 있든 없든 상관없이 좀 더 나이 든 청소년들 못지않게 섹스에 관련해서 건전한 판단을 할 능력이 있음을 보여 준다.

다. 딸이 데이트라도 하면 골치가 아프니까 레드 카펫을 걸어가던 사라는 양옆에 늘어선 사람들을 보았다. 파파라치나 카메라를 든 부모들이 아니라 아기를 둘러업고 나온 또래의 여성들이었다. 임신 때문에 학교를 다닐 수 없게 되었던 또는 최소한 그 무도회에는 참석할 수 없었던 옛 동급생들이 친구들의 화려한 차림새를 보기 위해 나타난 것이었다. 사라도 이미 자기 반의 많은 여학생들이 마지막 학년에 아기 엄마가 되었고, 한 친구는 벌써 둘째까지 임신하였다는 사실을 알고 있었다. 하지만 화려한 무도회 여주인공들과 허름한 옷차림의 아기 엄마들 사이에 나타난 극명한 대비는 이들의 삶이 얼마나 판이하게 갈렸는지를 느끼게 해 주었다.

사라가 대학에 들어간 뒤 낙태를 결정하였을 때 그녀의 선택을 비난한 사람도 있을 것이다. 물론 비난할 자유는 있다. 하지만 사라로서도 쉬운 선택은 아니었다는 사실을 알아야 한다. 사라는 자신이 낙태를 하지 않을 경우 자기 인생이 어떻게 달라질 것인지 굳이 상상해 볼 필요도 없었다. 그녀는 이미 그것이 어떤 삶인지 알고 있었던 것이다.

모두가 하는 것 같지만 사실은 안 하고 있는 것

—— 오늘날 미국의 10대들은 1980년대 중반 이래 그 어느 10대 그룹보다 섹스에 소극적이다. 질병관리센터Centers for Disease Control의 조사에 따르면 2010년 전체 10대 중 섹스를 해 본 사람은 절반이 안 되었다. 남성 42%, 여성 43% 20년 전에 이 수치는 남성이 51%, 여성이 60%였다. 그렇다고 10대들이 정상적 섹스 대신 다른 성적 행위를 하는 것도 아니다. 15~17세에 이르는 남성의 46%와 여성의 49%가 다른 사람과 어떤 형태의 성행위도 하지 않았다.

10대들 중 현재 섹스를 하고 있는 남성의 92%와 여성의 86%가 어떤 형태로든 피임을 하였는데, 이렇게 주의하였음에도 불구하고 같은 해 15세에서 19세 사이 소녀들에게서 36만 7,752명의 아기가 태어났다. 미국의 15세에서 19세 사이 여성 중 1,316명이 2009년에 자신의 네 번째 아이를 낳았다는 사실에는 놀라지 않을 수 없다. 이 연령층 여성들의 3.5% 가까이가 출산을 하였다는 뜻이다. 이는 1991년부터 2010년 사이에 3분의 1 이상 줄어든 수치라지만, 그래도 미국은 아직 선진국들 중에서 10대 출산율이 가장 높은 나라이다. 바로 이웃인 캐나다에 비해서는 출산율이 무려 두 배나 된다. 캐나다 10대들의 출산율이 비교적 낮은 이유는 이들이 성행위에 소극적이어서가 아니다. 캐나다 통계청에 따르면 15세에서 19세 사이 캐나다 청소년의 43%가 섹스 경험이 있다.

최근 10대들의 출산이 줄어든 원인은 낙태가 쉬워졌기 때문은 아니다. 2006년 미국의 10대 낙태율여성 1,000명당 16명은 1991년여성 1,000명당 37명에 비해 절반이 채 되지 않는다. 공중 보건public health을 연구하는 산텔리John Santelli와 멜니카스Andrea Melnikas가 1991년에서 2005년까지 10대 출산율 하락 원인을 분석한 결과에 따르면, 이는 10대의 성행위가 줄었거나 낙태가 쉬워졌기 때문이 아니라 전적으로 10대들이 보다 주의해서 피임 도구를 사용하였기 때문에 가능한 것이었다. 그도 그럴 것이, 성행위를 비교적 자제하는 10대들이라면 어쩌다 섹스를 하게 되는 경우에도 피임약을 사용할 확률이 높다. 따라서 이런 10대들은 섹스를 하게 되도 임신율에 아무런 영향을 미치지 않는다.

미국의 경우 10대의 성행위나 그로 인해 빚어지는 결과는 역시 인종에 따라 편차가 크다. 현재 섹스를 하고 있는 미국 10대 여성들에게 물어본 결과 마지막 섹스 때 피임약을 먹었다고 답변한 비율은 백인이 흑인이나 히스패닉보다 높았다. 백인 10대 여성의 39%가 피임약을 복용한 반면 흑인은 14%, 히스패닉은 17%가 피임약을 먹었다고 답하였다. 흑인과 히스패닉 10대 여성은 출산율도 백인 여성들보다 높다.

2010년 15세에서 19세 백인 여성의 출산율은 2.4%였던 데 비해 흑인 여성들은 5.2%, 히스패닉은 5.6%의 출산율을 기록하였다.

흑인과 히스패닉 여성들은 임신율만 높은 것이 아니라 스무 살이 되기 전에 낳는 아이 수도 많다. 전체 10대 여성들 중 흑인과 히스패닉은 34%인데 비해 출산을 경험한 인구 중 흑인과 히스패닉은 58%에 이른다. 이들이 전체 10대 임신 중 다수를 차지한다는 사실은 익히 알려진 것이지만, 둘째 아이를 가진 10대 여성들 중에서 66%를 차지하고, 셋째를 가진 10대 여성들 중 73%, 넷 이상의 자녀를 가진 여성들 중에서는 무려 80%를 점유한다는 사실은 주목해 볼 필요가 있다.

이렇게 인종 간에 출산율 차이가 나는 이유를 설명해 주는 것 중 하나는 10대 임신에 대해 보여 주는 인종 간의 서로 다른 태도이다. 예를 들어 "지금 당장 임신을 한다면 기분이 어떻겠는가?"라는 질문에 10대 여성들은 백인의 경우 8%만이 조금 또는 많이 기쁠 것이라고 답한 데 비해 히스패닉은 19%, 흑인은 20%가 같은 답변을 하였다.

마지막으로 젊은 여성들은 다른 어느 연령층 여성보다 성병에 노출될 가능성이 높다. 질병관리센터에 따르면 전체 섹스 경험 인구 중 15세에서 24세의 젊은이들은 25%밖에 되지 않는데도 불구하고, 새로 성병에 걸리는 사람의 절반 가까이가 바로 이들 연령층에 속해 있다. 이들은 전체 인구 평균보다 클라미디아Chlamedia나 임질 감염률이 4배 높고, 매독 감염률도 2배나 된다. 흑인 10대 여성들은 성병 감염자들 그룹에서도 다른 인종들보다 다수를 차지한다. 2009년 이들의 클라미디아 발병률은 백인 10대들의 16배, 임질은 7배, 매독은 28배 높았다.

이러한 통계로 알 수 있는 것은 10대들의 섹스나 임신은 전체적으로 줄어드는 반면 성병 감염률은 낮아지지 않는다는 사실이다. 이 두 가지 현상은 서로 모순된 것 같이 보이지만, 이 두 가지 현상이 동시에 나타나는 데에는 경제적 이유가 있다. 일부 사회 경제적 집단에서는 10대의 성 문화가 긍정적인 방향으로 바뀌고 있는 반면, 한편으로 10대들이 섹스 때문에 비싼 대가를 치르는 집단도 공존하고 있다. 10대들의 성생활을 좀 더 잘 이해하기 위해서는 이들 역시 우리가 살고 있는 경제적 환경의 변화에 반응하고 있다는 사실을 인식해야만 한다.

불평등이 낳은 절망의 문화

—— 사라의 학교생활 이야기에서 주목해야 할 사항 중 하나는 사라의 학교에 다양한 사회 경제적 배경을 가진 학생들이 다니고 있었다는 사실이다. 이 학교는 서로 완전히 다른 두 동네에서 온 학생들로 구성되어 있었다. 부유하고 학력도 높은 동네의 아이들과, 생활비를 보조받으며 저소득층 공공주택단지에 사는 아이들이다. 또 한 가지 주목할 것은 10대 임신율이 매우 높았다는 사실이다. 이 학교 졸업반 학생은 대략 200명으로 많아야 8명 정도가 출산을 하였어야 하지만 무도회장에 구경 나온 친구들로 짐작하였을 때 실제 이 학교의 출산율은 더 높았을 것이다.

경제학자 키어니Melissa Schettini Kearney와 필립 레바인Phillip Levine의 연

구는 사라 학교의 10대 임신이 왜 그렇게 많았는지를 이해하는 데 열쇠를 제공한다. 이들은 학생들의 다양한 경제적 배경이 10대들의 임신에 중요한 역할을 한다고 주장한다. 미국은 주마다 10대 임신율이 매우 들쭉날쭉하다는 점에서 흥미로운데, 이들은 이처럼 주마다 임신율이 다르다는 점을 이용하여 소득 불평등이 10대 임신율을 부추기는 데어떤 역할을 하는지를 조사하였다. 그 결과 소득 불평등이 심한 주의저소득층에는 절망의 문화가 팽배해 있음이 밝혀졌다. 이런 문화적 분위기에서는 10대 소녀들이 고등학교에 다니다가 아이를 갖는다고 해도 큰일이 났다고 생각하지 않는다. 아이를 갖거나 안 갖거나 상관없이 지금과 같은 환경에서 벗어날 가망이 없다고 생각하기 때문이다. 그리고 사실 이들의 생각은 맞을지도 모른다.

우리는 흔히 문화라고 하면 개인의 외부에 존재하는 것이기 때문에우리를 둘러싼 세상에도 외재적外在的으로 작용한다고 생각한다. 마치우리가 갈색 눈이나 못생긴 발을 유전적으로 물려받듯 문화도 그렇게물려받는 것이라는 사고방식이다. 하지만 경제학자들은 문화를 내생적內生的인 것으로 간주한다. 문화란 사회의 경제적 환경에 의해 내부적으로 결정된다는 것이다. 그렇다. 우리는 문화를 물려받지만, 이는부분적으로는 우리가 경제적 환경을 물려받기 때문이다. 만약 그 경제적 환경이 변화한다면 문화 역시 변화할 것이다. 경제적 불평등은 그런 식으로 가난한 가족들이 지금의 경제적 조건을 피할 수도 바꿀 수도 없는 것으로 생각하게 만든다.

학교에서 콘돔을 구하기 쉬워지면 10대 임신이 늘어난다

사람은 첫 성경험에 대해 심리적 장벽을 갖고 있다. 경제학에서 말하는 고정비용fixed cost, 즉 처음 한 번 치르고 나면 다시는 대가를 치를 필요가 없는 비용과 유사하다. 청소년들이 섹스를 하지 않겠다고 결정하는 이유도 이 고정비용을 치르지 않으려는 것일 수 있다. 하지만 일단 동정이나 순결을 잃고 나면 이제 더 이상 고정비용을 치를 필요가 없기 때문에 또 다시 섹스를 하려고 한다.

만일 10대들이 학교에서 콘돔을 구할 수 있고, 따라서 첫 경험 때문에 치러야 할지도 모를 비용을 낮출 수 있다면 10대들의 성생활은 단기적, 장기적 관점 모두에서 볼 때 문란해질 가능성이 있다. 10대들이 좀 더 이른 나이에 섹스를 시작하게 되고단기적 관점 일단 섹스를 시작하고 나면 계속하게 된다장기적 관점는 것이다. 콘돔을 손에 넣기 쉬워지면 단기적으로 콘돔 사용이 늘어나고 임신율이 낮아지는 장점이 있지만, 장기적으로 보면 10대 임신율이 오히려 늘어날 수도 있다. 청소년들은 때로 콘돔을 잘못 사용하기 때문이다.

경제학자 아르키디아코노Peter Arcidiacono, 크와자Ahmed Khwaja, 우양Lijing Ouyang이 정책 모의실험을 한 결과에 따르면, 14세 학생의 콘돔 사용을 제한할 경우 정책을 실시한 바로 그해에는 콘돔을 사용하지 않은 섹스가 8% 늘어나지만, 정책 실시 3년 후에는 이 비율이 4%로 내려간다. 하지만 더 많은 수의 학생이 이렇게 콘돔 없이 섹스를 하게 되는 현상 이면에 아예 섹스를 하지 않는 편을 선택하는 학생들도 있을 것이다. 정책이 실시된 이후 섹스를 하는 학생들의 수는 정책이 시행된 그해 3% 떨어지고, 3년 뒤에는 5% 떨어진다. 콘돔을 사용하지 않는 섹스가 늘어남에도 불구하고 섹스 자체를 하지 않는 이들도 함께 늘면서 모의실험이 진행되는 3년 내내 임신율은 지속적으로 떨어졌다. 이것은 10대들에게 콘돔 구입을 제한하는 정책이 임신율을 낮추는 데 효과가 있음을 입증하는 결과이다.

하지만 이런 결론도 완전하지는 않다. 이 모의실험의 대상 연령은 너무 어린 나이인 14세로, 콘돔 사용 제한이란 작은 변화에 누구보다 민감하게 반응할 연령이었다는 점이다. 예를 들어 이 나이 때 남학생들은 콘돔을 사는 것이 10대 후반들보다 어렵게 느껴질 것이다. 따라서 이 모의실험은 10대 초반 남학생들의 성생황에 대해서는 나름 의미 있는 설명을 해 주지만, 10대 후반들에게 콘돔 사용을 제한한다면 어떤 일이 일어날지는 설명해 주지 못한다. 또한 이 실험이 무시하고 있는 사실 한 가지가 있다. 남성들이 어려서부터 콘돔을 사용하게 된다면 콘돔에 대한 거부감도 적어지고 사용 방법도 보다 잘 숙지할 수 있기 때문에 아이들의 미래가 좀 더 개선될 수 있다는 사실이다.

한편 소득 불평등이 비교적 덜한 주에 사는 저소득층 10대 여성들은 불평등이 심한 주에 사는 비슷한 조건의 여성들보다 출산율이 낮아서,

20세가 되기 전 아이를 낳을 가능성이 5% 포인트 낮다. 그런데 불평등이 덜한 주에서는 낙태를 선택하는 확률이 불평등이 심한 주보다 4% 포인트 높다. 결국 소득 불평등 정도가 다른 주 사이의 10대 출산율에 큰 차이가 있는 것은 임신율의 차이가 아니라 임신을 하였을 때 얼마나 낙태를 선택하느냐에 달려 있는 것이다.

사라가 트로이에게 대학 진학 문제를 물었을 때 트로이의 이모가 보여 준 반응은 10대들의 성생활에 문화가 얼마나 큰 역할을 하는가를 보여 주는 좋은 사례이다. 같은 공동체의 부유한 가정들이 지난 몇 세대 동안 사회의 부 대부분을 거머쥐는 동안, 트로이의 가족은 갈수록 경제적인 변방으로 내몰렸다. 그동안 경제적 상황을 개선할 능력이 전혀 없었던 트로이 가족으로서는 절망의 문화를 키울 수밖에 없었다.

트로이의 가족들은 트로이가 절대로 지금의 어려운 생활을 딛고 일어설 수 없을 것이라고 믿었고, 그래서 트로이나 그 사촌이 고등학교를 마치는 것도 기대하지 않았다. 트로이가 학교를 중도 포기하게 만든 결정적 원인은 경제적인 어려움이었지만, 사실상 아무도 트로이에게 학업을 계속할 가능성에 대해 내비치지 않았다는 사실이 학업 포기에 큰 역할을 하였다. 한편 트로이의 사촌은 학교를 마치기는 하였지만 공부를 지속하지 못한 채 여자 친구와 아기를 먹여 살리기 위해 일을 찾았다. 이러한 선택이 이 커플을 영원히 사회 경제적 계급의 밑바닥에 묶어두리라고 장담할 수는 없지만, 만일 고등학생 시절에 아기만 갖지 않았더라면 지금보다 생활수준을 개선하는 데 어려움이 덜하였을 것은 분명하다.

대학 교육은 특권이다

── 　사실 절망에 이를 정도의 생활수준이 아니더라도 대학에 갈 꿈을 포기하는 학생들은 많다. 만일 대학 학비가 누구나 낼 만한 수준의 액수였다면 경제적으로 소외된 가정의 10대들도 자신이 언젠가는 대학 졸업장이 필요한 고임금 직종에 취직할 수 있으리라는 희망을 가졌을 것이다. 하지만 현재의 대학 학비는 많은 학생들에게 결코 감당할 수 없는 수준이어서, 이런 이들에게 대학 진학이란 애초 불가능한 일이다. 따라서 이들이 고등학교 시절 아기를 갖는다고 해서 장래의 교육 기회가 변동된다거나 할 일은 없다. 이는 10대 임신율과 대학 학비 사이에 깊은 연관이 있음을 알려 준다.

경제학자 코완Benjamin Cowan이 미국 전역에서 수집한 데이터를 바탕으로 최근 발표한 논문에 따르면, 커뮤니티칼리지의 학비가 저렴하거나 무료인 주에 사는 10대들은 상대적으로 건전한 성생활을 한다. 대학에 갈 수 있으리라는 낙관적 기대 덕분이다. 코완은 커뮤니티칼리지의 학비가 1,000달러 낮아질 때마다 그 지역 17세 고등학생들의 평균적 섹스 파트너 수가 무려 26% 줄어든다고 밝혔다. 그는 또한 대학 학비가 그다지 높지 않은 곳에서는 학생들이 흡연이나 마리화나 같은 위험한 행동을 덜 한다고 주장하였다. 흡연의 경우 14%가 줄고, 마리화나 사용은 23%가 준다는 것이다.

물론 이런 주장은 현재의 위험한 성생활이 미래에 값비싼 대가를 치르리라는 사실을 이해할 만큼 10대들이 합리적이고 미래를 내다볼 줄도 안다는 가정을 전제로 하고 있다. 10대들이 성 문제에 대해 이성적으로 판단할 것이라는 전제에는 동의하기 어려울 수도 있다. 하지만 코완은 고등학교 마지막 학년에 대학 학비가 1,000달러 올라가면 학업을 계속하려는 학생 수가 5.7% 줄어든다는 사실을 통해 10대들이 자신의 미래에 대한 기대치를 설정하는 데 대학 학비가 크게 작용한다는 점을 알려 준다.

또한 그에 따르면 자신이 대학에 진학하리라고 생각하였던 학생들 중 적잖은 수가 실제로는 고등학교 졸업 후 학업을 이어 가지 못하였다. 고등학교 졸업반 학생의 83%가 1년 안에 대학에 진학할 것이라고 스스로 믿었지만 실제 대학에 진학한 학생의 비율은 겨우 56%였다. 이와 같이 현실에서는 모든 학생이 학업을 계속할 수 없다는 것이 뻔한데도 10대 성생활에 커다란 변화가 생긴 이유는 바로 이러한 현실과 기대 사이의 차이 때문이다. 그들은 학업을 계속할 필요가 없었다. 그들에게 필요한 것은 학업을 계속할 수 있으리라는 믿음이었다.

나는 앞서 미국의 10대 임신율이 선진국 중 제일 높으며 이웃 국가들의 두 배가 넘는다고 말하였다. 미국의 경우 출산하는 10대 여성은 1,000명 중 39명인데, 캐나다는 1,000명 중 14명에 불과하다. 10대 임신율의 차이는 대학 학비가 매우 저렴한 유럽 국가들과 미국의 경우를 비교하였을 때 더욱 커진다. 미국의 10대 임신율은 독일과 프랑스의 3배에 달하고 네덜란드에 비해서는 4배나 된다. 미국과 다른 선진국들 사이의 극심한 10대 임신율 격차는 왜 생기는 것일까? 이를 가장 분명하게 설명해 주는 경제학적 해석은 미국의 저소득층 가정의 10대들은 다른 선진국의 10대들에 비해 자신이 대학 교육을 받을 수 없으리라고 훨씬 더 깊이 비관한다는 것이다.

섹스가 줄어들면 성병은 늘어난다

―――― 앞에서도 언급한 것처럼 오늘날 미국 고등학교의 성 문화는 지난 20년 사이 그 어느 때보다 보수적이며 10대 출산율도 1991년에서 2009년 사이 3분의 1로 줄어들었다. 그런데 이렇게 10대의 섹스 횟수도 줄고 성행위를 할 때의 조심성 역시 늘었음에도 불구하고 2011년 24세 이하 연령층에서 새로운 성병 환자가 50% 늘어난 이유는 무엇일까?

이 질문에 답하기 위해 다음과 같은 상황을 설정해 보자. 100명의 학생 중 현재 섹스를 하고 있는 학생이 50명이라고 치자. 성별이나 동성애 또는 이성애 여부는 상관없다. 문제는 이들이 한 사람의 애인과 배타적으로 섹스를 하지 않는다는 점이다. 어쨌거나 10대의 한창 나이니 한 해에도 여러 명의 파트너와 수차례 섹스를 할 것이 아니겠는가! 그런데 이 학교에 학기 초 성병에 감염된 학생 한 명이 전학을 왔다. 모든 학생들이 한 사람과의 배타적 연애 관계에 있는 것은 아니므로 성병에 걸린 학생이 자기 파트너에게 병을 옮기면 이 학생이 또 다른 파트너를 전염시키는 식의 연쇄작용이 일어난다. 학년이 끝날 무렵이면 학교 학생 중 일정 숫자가 감염된 상태일 것이다. 현재 섹스를 계속하고 있는 학생 비율이 50%라는 가정에 비추어 볼 때, 감염자 수는 전체 학생의 절반이 좀 안 될 것이다.

이제 다음 해 상황을 상상해 보자. 새로 100명의 학생이 입학을 하는데, 이 중 40%만이 섹스를 하고 있다. 학기 초가 되자 다시 성병에 걸린 학생 한 명이 전학을 오고, 지난해와 같은 연쇄작용이 반복된다. 올해는 지난해보다 섹스를 하는 학생 수가 줄었으니 학년 말이 되었을 때면 성병 감염률도 내려갔으리라고 짐작하기 쉽다.

하지만 짐작이 틀렸다. 모든 학생들이 똑같은 방식으로 섹스를 하지는 않는다. 올해는 섹스를 안 하겠다고 결심하였던 학생들의 경우는 어쩌다 섹스를 한다고 해도 성병 감염에 대비해 준비를 철저히 한다. 이들은 가장 위험회피 성향이 강한 집단이다.

예를 들어서 다음과 같은 세 사람의 행동을 생각해 보자. 가장 위험회피적인 첫 번째 사람은 섹스를 할 때마다 항상 콘돔을 사용하자고 주장한다. 위험중립적인 두 번째 사람은 콘돔 사용을 굳이 주장하지도 않지만 거절하지도 않는다. 세 번째 사람은 위험에 도전하는 것을 좋아해서 늘 콘돔 없이 섹스를 하려고 한다. 과거에 보다 많은 학생들이 섹스를 할 때는 위험회피형 학생들이 위험중립형 학생들과 애인이 될 가능성이 있었다. 이 경우 두 사람 모두 성병으로부터 안전하였다. 위험회피형 학생이 위험중립형인 상대에게 콘돔 사용을 주장하였을 것이고, 위험중립형은 이를 받아들였을 것이기 때문이다.

대학 교육이 장래의 소득 수준을 결정하는 데 중요한 역할을 하게 되는 등 사회 경제적 여건이 달라지자 섹스의 대가도 커졌다. 그러자 위험회피형에 속하는 10대들은 많은 수가 섹스를 중단하게 된다. 이제 고등학교에서 섹스를 하는 학생들은 위험중립형과 위험애호형이 다수를 차지한다. 이전에 성실한 위험회피형 파트너와 섹스를 할 때는 성병으로부터 안전하였던 위험중립형 학생들은 이제 위험애호형과 섹스를 하게 된다. 위험애호형 학생은 위험중립형인 파트너에게 콘돔을 사용 않은 채 섹스를 하자고 주장하고 위험중립형은 이를 받아들인다. 그 결과 둘은 성병 감염의 위험에 더 많이 노출된다. 이렇듯 대부분의 위험회피형 학생들이 10대 섹스 시장에서 빠져나가면 성병 감염률이 내려가기는커녕 더 높아진다. 이전에는 조심성 많은 파트너와 성관계를 할 수 있었던 학생들이 이제 위험중립적이거나 위험애호적인 학생들하고만 섹스를 하게 되었기 때문이다. 경제학자들은 이를 외연적 한계extensive margin의 변화라고 부른다. 안전한 섹스 파트너들이 시장을 떠남으로써 남은 10대 섹스 참여자들은 보다 큰 감염 위험에 노출되는 것이다.

또한 성병 감염률의 증가를 설명해 주는 두 번째 변화가 있다. 여전히 섹스 시장에 남은 10대들이 자신들의 행동 방식 자체를 감염 위험성이 높은 방향으로 바꾸는 것이다. 경제학자 아르키디아코노와 뷰챔프Andrew Beauchamp, 매컬로이Marjorie McElroy의 최근 연구에 따르면, 여학생들이 남학생들보다 많은 학교의 경우 성별 불균형 때문에 여학생들이 섹스를 전제로 한 관계에 보다 적극적으로 뛰어들게 된다. 이 연구 결과는 남학생들이 시장 지배력을 가진 대학 캠퍼스에서 여학생들이 보다 적극적인 성생활을 한다고 소개하였던 것과 비슷한 내용이다. 이들에 따르면 예를 들어 12

학년 여학생이 같은 학년 남학생보다 많을 경우에는 연인 관계 속에서만 섹스를 하려는 여학생들의 수가 섹스를 전제로 한 관계를 갖고 싶다고 하는 여학생보다 적다. 이 경우 여학생과 연인 관계에서 섹스를 나누고 있는 남학생과 섹스를 전제로 한 관계를 더 선호한다는 남학생 수는 비슷하였다. 남녀 학생의 답변 차이를 보면, 남학생은 원하는 만큼 섹스를 할 수 있기 때문에 섹스 문제에서 여학생보다 더 큰 협상력을 갖고 있고, 반면 여학생은 원하는 것보다 섹스를 많이 하고 있기 때문에 남학생보다 협상력이 떨어짐을 알 수 있다.

이런 현상이 생기는 것은 대학 시장과 마찬가지로 12학년 여학생들이 자기들보다 수가 적은 남학생들을 두고 서로 경쟁을 벌이기 때문이다. 남학생을 둘러싼 12학년 여학생의 경쟁이 치열해지는 이유는 여학생보다 남학생들이 더 많이 학교를 중도 포기하는 탓도 있지만, 자기보다 나이 많은 남학생들과 기꺼이 섹스를 하려는 저학년 여학생들하고도 경쟁해야 하기 때문이다. 이렇게 시장 지배력을 갖게 된 상급반 남학생들은 여학생들에게 섹스가 전제된 관계를 요구하기 쉬워질 뿐만 아니라여학생들은 원치 않는다고 해도 성병에 대비해 안전장치를 하는 문제콘돔을 사용하는 것이 한 방법도 여학생 뜻보다는 자기가 원하는 방향으로 결정하기 쉽다.

남성보다 여성의 성병 감염 위험이 높은 마당에 콘돔 사용을 결정할 수 있는 권한이 남성 쪽으로 기울어지면 콘돔 사용률은 떨어지게 마련이다. 남성 입장에서는 콘돔을 쓰지 않아도 여성보다 치러야 할 대가는 적고 콘돔 없는 섹스 쪽이 쾌락은 더 크기 때문이다. 게다가 이 상급반 남학생들은 자기 학년 여학생들뿐만 아니라 저학년 여학생들까지 감염시킴으로써 성병이 세대를 거쳐 퍼지게 만든다.

　여기에서 이 장을 시작할 때 제기하였던 인종 문제, 특히 흑인 여학생의 성병 감염률이 백인이나 히스패닉 여학생보다 두드러지게 높다는 조사 결과를 떠올려 본다. 이 조사를 진행하였던 학자들은 고등학생들 사이에서도 같은 인종끼리 섹스를 하려는 경향이 높다는 사실을 발견하였다. 조사대상 학생 중 86%의 커플이 같은 인종끼리 사귀고 있는 이들이었다. 흑인 여학생들은 특히 흑인 남학생과 만나는 것을 선호하여 99%의 흑인 여학생이 같은 인종 남학생과 섹스를 하고 있었다. 한편 10대 흑인 남학생들은 흑인 여학생보다 다른 인종과의 섹스에 개방적이었다. 11%의 흑인 남학생이 다른 인종 여학생과 섹스를 하였다. 최근 고등학교 과정을 끝까지 마치는 흑인 남학생의 비율이 흑인 여학생보다 7~12% 포인트 낮다는 점을 감안할 때 헤크먼James Heckman과 라퐁텐Paul LaFontaine의 조사 10대 흑인 여학생들은 고등학교 섹스 시장에서 수적으로 부족한 흑인 남학생을 두고 같은 인종 내에서뿐만 아니라 다른 인종 여학생하고도 맞붙어 치열하게 경쟁해야 한다는 사실을 알 수 있다.

　아르키디아코노의 논문이 제공하는 증거에 비추어 볼 때, 이런 성별 불균형은 흑인 여성들이 스스로 원하는 것보다 더 많은 섹스를 할 수밖에 없음을 의미한다. 만일 남녀가 비슷한 수였다면 흑인 여성들은 이보다 섹스를 덜 하였을 것이다. 또한 이 논문은 남성들의 시장 지배력이 커지면서 남성이 여성보다 더 큰 협상력을 갖게 되면 콘돔을 사용하지 않는 섹스가 빈발할 가능성 역시 높아진다고 주장하였다. 고등학교의 성별 불균형 역시 10대 흑인 여학생들이 위험한 섹스를 하게 될 확률을 높였고, 따라서 임신과 성병 감염도 늘어나게 하였다.

10대의 에이즈 감염을 늘리는 아프리카의 금욕 프로그램

케냐에서는 HIV 예방 교육 프로그램으로 젊은 여성들에게 도덕적 가치나 남성을 거절하는 방법, 그리고 결혼 전까지 금욕할 것 등을 가르친다. 하지만 이렇게 금욕을 가르치는 데도 불구하고 케냐의 8학년 여학생 중 21%와 남학생 48%가 섹스를 하고 있다. 이 프로그램에서는 콘돔 사용을 언급하지 않는다. 아마도 그 때문인지 케냐 젊은이들의 HIV 감염률은 높다. 여성 감염률을 보면 15~19세의 경우 3%, 20~24세는 19.9%, 25~29세는 13%에 이른다.

케냐 여성들 사이에 이렇게 HIV가 널리 퍼진 이유 같은 연령층 남성들에 비해 감염률이 네 배나 높다. 중 하나는 이들이 자기보다 훨씬 나이 많은 남성과 섹스를 하기 때문이다. 8학년 한 해 동안 임신을 한 여학생 중 49%의 아이 아빠가 이들보다 다섯 살 이상 많았고, 16%는 무려 열 살 이상 나이가 많았다. 이러한 현상은 나이 많은 남성들이 슈거 대디 노릇을 하며 어린 여성들에게 돈과 선물을 주는 대가로 콘돔 없는 섹스를 요구하기 때문에 생기는 것이다.

스탠포드의 경제학자 뒤파Pascaline Dupas는 최근 논문에서 새로운 실험 결과를 발표하였다. 이 실험은 무작위로 고른 케냐의 학교들에 간단한 정보 한 가지를 첨부한 교육 프로그램을 제공하는 것이었다. 그 정보란 가장 가까운 도시에서 나이와 성별에 따라 얼마나 많은 HIV가 발병하고 있는지 알려 주는 내용이었다. 연구원들은 케냐 정부가 실시하는 질병 예방 프로그램 수칙에 따라 먼저 나서서 콘돔 사용에 관한 문제를 제기하지 않는 대신 학생들이 묻는 질문에 대답만 해 주었다.

프로그램을 실시한 그해, 나이 많은 남성과 섹스를 하면 HIV에 감염될 위험이 더 커진다는 정보를 제공받은 여학생들의 임신율은 기존 교육 프로그램만 이수한 경우에 비해 28% 줄어들었다. 특히 자신보다 다섯 살 많은 남성의 아이를 갖는 여학생들 수가 가장 많이 줄었다. 임신율 하락폭은 무려 61.7%나 되었다. 또한 처리 집단treatment group, 정보를 제공받은 집단 – 옮긴이 여학생들은 마지막 성관계를 가졌을 때 콘돔을 사용한 확률이 통제 집단control group, 정보를 제공받지 않은 집단 – 옮긴이 여학생보다 36% 높았다.

이러한 간단한 프로그램만으로 HIV 발생을 줄일 수 있는지 여부를 확신할 수는 없지만 나이 먹은 남성과 콘돔 없이 성관계를 할 확률이 줄어든 것은 사실이다. 하여간 연구원들은 71개 학교에서 그저 40분짜리 프리젠테이션 하나를 보여 주는 것만으로 15세 여학생이 출산할 아이의 수를 30명 줄일 수 있었다. 그만큼 학생들의 행동에 의미 있는 변화를 불러왔다는 뜻이다.

이 문제에 대해 생각해 볼 사안이 또 하나 있다. 앞서 4장에서 흑인 남성의 수감률이 높아지면 흑인 여성의 결혼율이 낮아진다는 사실을 살펴본 바 있다. 메슐랑Stéphane Mechoulan은 이와 비슷한 주제를 다룬 논문에서 흑인 남성의 수감율이 1% 포인트 올라갈 때마다 10대 흑인 여성이 첫 아이를 낳을 것으로 예상되는 평균 연령이 7개월 높아진다는 증거를 제시하였다. 흑인 남성의 수감율이 높아지면 10대 여성들이 첫 섹스를 시작하는 시점을 뒤로 미룬다. 아이 아빠가 감옥에 들어가서 자신과 아이를 부양해 줄 수 없게 될까 두려워 스스로를 보다 철저히 임신으로부터 보호하는 것이다.

금욕, 마음은 간절해지겠지만 성적까지 올려 줄까?

―――― 오로지 금욕만을 강조하는 미국 연방정부의 성교육 지침은 학생들에게 "결혼 관계 밖에서 이루어지는 성행위는 정신적으로나 육체적으로 해롭다."라는 내용을 가르친다. 이 말은 학생 시절에 섹스를 하면 원치 않은 임신이나 성병에 감염되지 않더라도 감정적으로 상처를 입어 학업 성적이 떨어질 수 있다는 것이다. 10대의 성생활이 정신적으로 해로운지는 모르겠으나 학자들은 지금까지 이를 입증해 줄 만한 어떠한 근거도 찾아낼 수 없었다.

새비아Joseph Sabia와 리즈Daniel Rees는 최근 1995년, 1996년, 2001년의 3개년에 걸쳐 미국 전역의 학생들을 포함한 대규모 데이터를 사용하여 이 문제를 다루었다. 이들은 첫 섹스의 시기를 1년만 늦추어도 10대 여학생들의 고등학교 졸업 가능성이 4.4% 올라간다는 사실을 밝혀냈다. 하지만 첫 성경험을 빨리 하였을 때 학업에 영향이 미치는 현상은 오로지 백인 여학생들에게서만 나타났다. 히스패닉이나 흑인 여학생들의 경우 첫 성경험을 하는 것과 고등학교 졸업률 사이에 아무런 연관성을 찾아볼 수 없었다.

고등학교 졸업에 실패하게 되는 원인이 심리적 상처 때문이라는 주장이 참이라고 가정하면, 성행위를 빨리 시작하는 것이 해가 되는 집단은 오로지 백인 여학생들뿐이라는 결론이 나온다. 하지만 이러한 결론 역시 문제가 있는데, 새비아와 리즈는 성행위와 졸업에 영향을 미칠 수 있는 다양한 요소를 통제하였지만 단 하나 통제하지 않은 것이 있다. 바로 10대의 임신이다. 여학생이 주어진 1년의 기간 안에 임신을 하였다는 것은 그녀가 섹스를 하고 있다는 전제에서만 가능한 것이므로, 1년 일찍 섹스를 시작하면 그만큼 고교 재학시절 임신을 하게 될 가능성이 높아질 수밖에 없다. 우리는 청소년기에 아이를 낳아 부모 노릇을 하게 되면 물리적으로 학업을 마치기 어렵다는 사실을 안다. 따라서 위의 조사 결과가 첫 섹스의 정신적 유해성을 단정할 수 있는 증거라고 말하기는 어렵다.

이들은 또 남학생들의 경우 인종을 불문하고 첫 섹스를 1년 미루는 것이 고교 졸업률에 큰 영향을 미치지 않는다고 밝혔다. 이 이야기만 들으면 남학생의 경우 여학생보다 섹스가 정신적으로 덜 해롭다는 결론을 내리기 쉽다. 하지만 여학생은 아이를 가지면 학교를 마치기 어렵지만, 그 여자 친구를 임신시킨 남학생은 비교적 졸업하기가 쉽다는 현실을 감안해야 한다. 출산이라는 요소를 통제하지 않는다면 피임을 제대로 할 줄 아는 여학생들이 섹스를 일찍 시작하였을 때 과연 고교 졸업에 지장이 생기는지의 여부를 제대로 파악할 수 없으며, 여학생들이 남학생들보다 섹스로 인해 정신적 상처를 받기 쉽다는 주장 역시 말 그대로 추측에 머물게 된다.

그런데 새비아와 리즈는 흥미로운 조언을 하나 한다. 이제 금욕 위주의 성교육 프로그램은 혼전섹스가 심리적 영향을 미친다는 기존 주장을 폐기하고 대신 보다 은근한 뉘앙스의 메시지로 이를 대체해야 한다는 것이다. 위에서 본 것처럼 객관적 증거까지 나와 있는 마당에, 이런 교육이 과연 교실에서 어떤 모습으로 비추어질지 나뿐만 아니라 독자들도 궁금할 것이다. 예를 들어 교사가 학생들에게 '섹스는 정신적으로 해로운 것'이라고 강력하게 경고한 뒤 "하지만 남학생들은 섹스가 별로 학업에 지장을 주지 않으니 섹스를 해도 되고, 여학생 중에서도 흑인이나 히스패닉은 섹스를 해도 별 상관없을 것 같다."라고 덧붙이는 광경을 상상해 보라. 이런 이야기를 하면 교육 효과는 어떨지 몰라도 학생들의 관심을 확 끌어당기는 효과는 있을 것이다.

또 하나 의문점이 있다. 만일 10대의 섹스가 정신적으로 해로운 것이라면, 가까운 친구가 섹스 문제로 후유증을 앓고 괴로워하는 모습을 가까이서 지켜본 10대는 친구의 실수를 타산지석 삼아 똑같은 실수를 피할 수 있을까? 카드David Card 와 줄리아노Laura Giuliano 가 최근 발표한 논문은 애드 헬스Add Health, 미국 청소년의 건강상태 변화를 장기적으로 관찰하는 국가 연구프로젝트-옮긴이의 설문조사 과정에서 조사원들로 하여금 고등학교에 다니는 10대들에게 또래 집단이 누군지 밝히게 하는 색다른 접근법을 활용하였다. 이들은 이런 방식으로 수집한 자료를 통해 다음과 같은 질문의 답을 구하였다. 만일 어떤 학생의 가장 친한 친구가 위험한 행동섹스, 흡연, 마리화나 사용, 무단결석 등에 연루되었을 때 이 학생이 자기 친구와 비슷한 행동을 하게 될 가능성은 얼마나 될까?

자신이 보유한 가장 비싼 자산을 판다면

10대 여성들이 주위로부터 끊임없이 듣는 충고가 있다. 그들이 가진 가장 비싼 자산, 즉 처녀성을 함부로 내다 버리지 말라는 이야기이다. 몇 년 전 미국 네바다 주의 한 매춘업소에서 나탈리 딜런이라는 21세의 대졸 여성의 처녀성을 무려 380만 달러에 팔겠다는 광고를 내건 적이 있다. 이 광고는 많은 여성들에게 진짜 이 '자산'이 금전적 가치가 있는 것인지에 대한 궁금함을 안겨 주었고, 이후 적잖은 여성들이 나탈리의 성공을 따라해 보겠다고 나섰다. 하지만 아무리 특이한 서비스라고 해도 시장의 힘은 적용되는 법이어서 처녀성 장사는 그리 수지맞을 것 같지 않다.

마리아니Fabio Mariani는 최근 발표한 논문에서 사회 계층에 따라 달라지는 처녀성의 가치는 여성들이 결혼 시장에서 가질 수 있는 기회와 밀접하게 연관되어 있다고 주장하였다. 만약 어느 부유한 남성이 가난한 여자와 만나 사랑에 빠졌다고 하자. 그는 여자가 처녀이기만 하다면 가난하더라도 기꺼이 결혼할 생각이다. 하지만 그 여자가 처녀가 아니라면 남성은 그녀를 버리고 별로 사랑하지는 않지만 부자인 데다 처녀인 여자와 결혼하는 편을 선택하고자 할 수도 있다. 이때 가난한 여자에게 처녀성이 가져다주는 수익은 부유한 남성과 결혼할 수 있는 확률과 남성의 소득을 곱한 것이다. 처녀성에 대한 이 기대수익을 감소시키는 어떤 것도 그녀가 결혼이 아니더라도 처녀성을 포기하게끔 만들기 위해 필요한 보상액을 줄이게 된다. 이 보상액이 그녀의 처녀성에 대한 유보가치이다.

선진국의 예처럼 남성들 사이에 소득 불균형이 심할 경우 처녀성은 높은 유보가격을 갖게 된다. 빈부 격차가 심할수록 여성이 처녀성을 지켜서 얻을 수 있는 것이 많기 때문이다. 그러나 대부분의 경우에는 높은 유보가격을 갖기 어렵다. 처녀성 시장에 진입하는 데는 참가자들이 판매 시점까지 반드시 순결을 지켜야 한다는 단 하나의 조건이 있다. 이렇게 시장 진입 비용이 거의 공짜나 다름없기 때문에 이 시장은 경쟁이 심하여 상품 가격이 적정 시장 가치까지 내려갈 수밖에 없다. 완벽한 경쟁상태의 처녀성 시장에서 남성이 기꺼이 자기 지갑을 열 만한 처녀성의 적정 가격은 이를 팔려는 여성들이 설정한 유보가치보다 아마도 훨씬 낮을 것이다.

처녀성 판매가 별로 수익을 거둘 수 없는 이유는 또 있다. 서구에서 처녀성을 팔겠다고 나선 여성들은 처녀성이 훨씬 싼 값에 거래되는 나라에서 날아온 여성들과 경쟁해야 한다는 사실이다. 미국과 멕시코 국경 마을의 처녀성 가격은 고작 400달러 정도에 불과하다. 서구 여성들에게 이 정도 액수는 일반적 매춘 가격에도 미치지 못한다.

친한 친구는 보통 가족의 상황이 유사한 경우에 만들어진다. 동일한 인종, 유사한 교육 목표나 위험에 대한 태도 등이 그것이다. 카드와 줄리아노가 이러한 모든 조건들을 통제한 상태에서 분석한 결과를 보면, 가장 친한 친구의 섹스 경험을 곁에서 간접 체험한 아이의 경우 이후 1년 안에 섹스를 시작하게 될 확률이 다른 학생들보다 4.5% 포인트 높아진다. 친구가 이성과 '친밀한 육체 접촉 단계'까지 갔다면즉 3루까지 진출하였다면 주변 친구 역시 비슷한 수위의 육체 접촉을 경험할 확률이 다른 학생들보다 평균 4% 포인트 높아진다. 이러한 친한 친구 효과best-friend effect 는 특히 한부모 가정에 살거나 부모가 모두 고등학교를 마치지 못한 가정의 아이들에게서 두드러지게 나타난다. 이런 가정환경은 10대가 좀 더 쉽게 섹스에 발을 담그게 이끈다.

10대들의 섹스에 친한 친구 효과가 나타나는 이유를 설명해 주는 것 중 하나는 10대들이 마리화나를 같이 피우거나 술을 같이 마시다 보면 섹스로 이어지기 쉽다는 주장이다. 하지만 마리화나를 피우는 친한 친구가 있으면 같이 흡연할 가능성이 커지기는 하여도 그 자체가 10대들을 섹스로 인도하지는 않는다. 또한 음주로 인해 섹스가 상당히 늘어나는 것은 사실이지만 친한 친구가 술을 많이 마신다고 해서 그를 친구로 둔 학생이 다른 학생들보다 술을 더 마시게 되지는 않는다.

결국 이런 저런 가능성을 제외하고 나면 별로 인정하고 싶지 않은 설명만 남는다. 즉 10대들은 섹스가 즐거운 행위라고 느낄 뿐만 아니라, 일부는 어떤 부정적인 결과도 없이 자기 친구가 섹스를 즐기는 것을 보면서 결국 자신도 섹스를 시도해 보게 된다는 것이다. 친한 친구 효과를 설명할 수 있는 또 다른 연구도 있는데, 비야베르데Jesús Fernández-Villaverde, 제러미 그린우드와 네지 구너에 따르면 피임약의 효과가 개선되어 혼전섹스가 안전해질수록 부모들은 10대 자녀의 섹스에 비교적 관대해진다고 한다.

한편 10대 자녀가 섹스를 하지 못하도록 부모가 막기 위한 방법으로는 혼전섹스가 수치스러운 일이라고 가르치는 것이 있다. 학자들이 애드 헬스 데이터를 사용해 밝혀낸 바에 따르면 친구 중에 섹스를 경험한 친구가 있는 10대는 그 자신도 이미 섹스를 하였을 가능성이 높은 반면, 섹스가 수치스러운 일이라고 믿는 10대는 섹스를 해 봤을 가능성이 낮았다. "만일 네가 섹스를 하고 있다는 사실을 엄마가 아신다면 네 느낌은 어떨 거 같니?"라는 질문을 통해 응답자의 수치심을 측정하였다. 이러한 조사를 통해 우리는 10대들이 왜 친한 친구의 경험을 따라 섹스를 하게 되는지 알 수 있다. 섹스를 하고 있는 친구를 곁에 둔 10대들은 섹스를 하면 흔히 느낄 수 있는 수치심이나 나쁜 짓을 하였다는 인식을 상대적으로 덜 느끼게 된다는 것이다.

마무리하는 말

—— 이 장을 시작하면서 끄집어 낸, 21세가 될 때까지 여자 친구를 갖지 않겠다고 하였던 내 친구 아들 이야기를 기억할지 모르겠다. 이 이야기에서 특히 흥미롭게 느껴졌던 것은 그의 엄마인 내 친구가 아들

의 결심에 적이 실망하였다는 사실이다. 친구는 자기가 아들 나이 때 아니 실은 그보다 더 어린 나이에 그랬던 것처럼 자기 아들이 적극적으로 이성을 사귀지 않는다는 데 실망하고 있었다.

모든 사람이 내 친구처럼 자신이 10대 때 겪었던 섹스를 좋은 경험으로 기억하지는 않는다. 하지만 현재의 10대 부모들이 아마도 고등학교 시절 자기 자식들보다 더 섹스를 많이 하였던 첫 부모 세대일 것이라는 점은 흥미로운 사실이다.

돌아보건대 나 자신도 20대 초반일 당시 내 또래들이 섹스혁명 시대의 끝자락에 놓여 있다는 것을, 그리고 내 뒤를 따라올 세대는 우리가 젊어서 누린 것만큼 섹스의 자유를 누리지 못하리라는 것을 직감하였다. 내가 섹스혁명이 이제 끝을 맺으리라고 믿었던 이유는 점점 확산되어 가던 HIV와 에이즈에 대한 경각심 때문이었다. 지나고 나서 보니 이런 질병에 대한 두려움이 10대들을 좀 더 성행위에 대해 조심스럽게 만든 것은 사실이지만, 지난 20년 간 10대들이 섹스에 대해 보수적인 방향으로 꾸준히 변해 온 데는 또 다른 경제학적 설명이 필요하다.

최근 언론은 10대들이 성적으로 보수화된 주요 원인을 이들이 느끼는 각종 두려움에서 찾고 있으며 나도 이것에 동의한다. 10대가 느끼는 두려움은 단지 아이를 가졌을 때 감당해야 할 고충뿐만이 아니다. 10대들은 굳이 리얼리티 TV쇼를 보지 않아도 우는 아기를 데리고는 더 이상 예전처럼 쇼핑을 할 수 없다는 사실을 잘 알고 있다. 10대들이 가장 두려워하는 것은 아기를 일찍 가질 경우 경제적으로 뒤처질 수 있다는 사실이다. 지난 30년을 돌아보면 고등학교를 졸업한 후에도 학업을 계속하였던 사람만이 기존의 경제적 상황을 개선하기에 충분할 만큼 많은 돈을 벌 수 있었다. 10대들이 느끼는 두려움의 정체는 이것이다. 최고 부유층 사람들은 펑펑 소비를 해대고 나머지 사람들은 그 소비 수준을 따라잡으려 피터지게 경쟁하는 상황에서 자기가 이 소득 분배 구조의 밑바닥을 차지하게 되지는 않을까 하는 것이다. 너무 빨리 아이를 가지면 평생 남들보다 돈벌이에서 뒤처지게 될 것이라는 생각 때문에 젊은 남녀가 섹스에 대해 조심스러워진다는 사실은 충분히 이해할 만하다.

물론 이러한 경제적 요인들은 미국의 10대 임신율을 다른 나라에서도 관측되는 낮은 수준으로 떨어뜨려야 한다. 가령 10대들이 너무 일찍 임신하게 될 경우 자신의 평생 소득이 줄어들 것을 안다면 모두가 그러한 경제적 동기에 근거하여 위험스런 행동을 자제해야 하는 것이 아닐까? 하지만 현실은 이와 다르게 나타난다. 미숙련 노동자는 10대에 아이를 가지는지와 상관없이 현재 소득 능력에 전혀 차이가 없다. 미숙련 노동자가 숙련 노동자로 올라서기 위해서는 많은 투자가 필요하지만, 이는 저소득층 부모가 자녀에게 지원하기에는 너무 많은 돈이다. 그래서 이런 저소득층 가정의 자녀들은 10대에 성생활을 어떻게 하든 나중에 돈을 버는 데 큰 영향을 받지 않는 것이다.

나는 경제가 10대의 사회적 성 규범이 형성되는 데 어떤 작용을 하는지 설명하는 것으로 이 장을 시작하였다. 여기에 한 가지 덧붙여 이야기하고 싶은 것은, 근대 경제체제에서 가장 소외받은 사회 경제적 집단은 10대 성행위와 관련해 점차 비관적인 시각을 키워 왔다는 사실이다. 이러한 경제적 인식은 중요하다. 자칫 잘못하였다가는 인과관계를 거꾸로 이해해서, 저소득층 사람들이 경제적으로 궁지에 몰리게 되는 것이 이들의 성생활 때문이라고 생각할 수 있기 때문이다. 이렇게 왜곡된 시각은 고소득 가정의 10대 성 문화가 상대적으로 보수적인 것은 이들의 윤리 의식이 높기 때문이라는 식으로 편리하게 해석하면서 이면에 숨어 있는 진짜 이유를 모른 척 해 버린다. 하지만 잘사는 집 아이들이 섹스 문제에 보수적일 수밖에 없는 진짜 이유는 그들이 저소득층과는 완전히 다른 경제적 동기를 갖고 있기 때문이다. 이러한 경제적 동기는 각 집단이 속한 공동체마다 별개의 방식으로 형성되어 온 것이다.

다음 장에서는 불륜 문제를 살펴보자. 종종 가십 위주의 타블로이드 신문을 읽다 보면 섹스 파트너를 수시로 바꿔가며 문란한 생활을 하는 사람들의 이야기가 나오는데, 우리는 이들이 우리와 완전히 다른 세계에 속한 사회 경제적 집단, 즉 사회에서 가장 부유한 기혼남들이 아닐까 생각한다. 하지만 그건 너무 성급한 결론이다. 사실 정절을 지키느냐 마느냐를 선택하는 데 있어 돈 문제가 결정적 역할을 하는 것은 남성들 쪽이 아니라 오히려 여성들이다.

8장
타고난 바람기

죽음이 우리를 갈라놓을 때까지, 또는 당신이 "이젠 바꿀 때야."라고 말할 때까지

──── 구글에는 문장 자동완성이라는 흥미로운 기능이 있다. 검색창에 어떤 문구를 입력하면 이전에 사람들이 해당 문구에 대해 검색하였던 흔적들이 자동으로 제시된다. 결혼에 대해서도 마찬가지인데, 이때 제시되는 문장들을 보면 누구라도 '결혼은 나쁜 것'이라는 생각을 갖게 된다. 예를 들어 구글에서 "왜 내 부인은Why does my wife"이라는 문구를 입력하면 다음과 같은 문장들이 자동으로 완성되어 제시된다. "더 이상 날 사랑하지 않는가?", "아무 이유도 없이 우는가?", "내가 손대는 것도 싫어하는가?". 이번에는 "왜 내 남편은Why does my husband"

이라는 문구를 입력해 보자. 마찬가지로 다음과 같은 문장이 자동으로 제시될 것이다. "날 싫어할까?", "나를 무시할까?", "바람을 피울까?".

이 장에서 다룰 대상은 웹 사이트에서 "내 결혼은…….", "끝장났다.", "실패하였다.", "골치 아픈 문제에 빠졌다."라는 문구를 검색할 만큼 결혼 생활이 막장에 이른 사람들이다. 나는 "그때가 언제인지 묻고 싶다. 바로 언제……", "관계를 끝내야 하는지", "헤어져야 하는지", "이혼을 할지"라는 질문에 답을 할 수는 없지만 불륜이 왜 생기는지에 대한 약간의 경제학적 통찰력은 제공해 줄 수 있다.

여기 한 남성의 이야기를 통해 설명을 시작해 본다. 레너드는 좋은 남자였다. 사회 정의에 힘을 보태고 싶었던 그는 자신과 같은 신념을 지닌 지역 정치인을 돕는 일을 하였다. 독실한 교인이었고 교회 건물을 짓기 위한 모금 활동에서도 중요한 역할을 하였다. 레너드는 직장에서도 성공한 남자였다. 자기 역할은 엄격하게 하되 직장에 갓 들어온 후배들에게 자상한 선배 역할도 하고 있다고 자부하였다. 그가 지금의 아내와 만나기 전 한 번 결혼하였던 사실은 잘 알려져 있었다. 그런데 그의 첫 결혼에는 남들에게 드러내서 이야기하고 싶지 않은 문제가 있었다.

레너드가 첫 결혼을 한 것은 대학에 다니고 있었던 1970년대 초반이었다. 두 아이를 가진 뒤에도 그들 부부는 아주 활발한 성생활을 유지하였다. 결혼 생활의 연차를 더해가면서 부부는 열정의 불꽃을 유지하기 위해 스와핑클럽에서 만난 뜻 맞는 커플들과 때로 양성애에 가까운 성적 판타지까지도 시도해 보았다. 그런데 시간이 흐를수록 레너드에

성매매 시장을 잠식하는 스와핑클럽

경제학자 돌란도Fabio D'Orlando에 따르면 부부들이 파트너를 바꾸어 가며 섹스를 하는 스와핑swinging이 사회적으로 일부 용인되기 시작하면서 이에 참여하는 커플이 늘어나고 있으며 보다 극단적인 성행위를 시도하는 커플들도 늘어나고 있다고 한다. 스와핑을 하고는 싶지만 치러야 할 비용이 너무 큰 것을 두려워하는 사람들은 언제나 있었다. 여기에서 비용이란 스와핑클럽의 입장료가 아니라 물론 그 비용도 고려해야 하겠지만 스와핑에 따르는 후유증, 즉 망신을 당하거나 결혼 생활의 파국을 초래할 위험을 말한다. 하지만 인터넷의 발달과 함께 스와핑의 위험이나 기대비용은 사뭇 줄어들었다. 인터넷을 통해 같은 취향을 가진 사람을 확인하거나 기꺼이 경험을 공유해 보겠다는 커플을 찾아내기가 보다 쉬워졌기 때문이다.

이렇게 스와핑의 비용이 줄어들자 보다 많은 사람들이 이 시장에 참여하게 되었을 뿐만 아니라, 돌란도에 따르면 보다 '온건한' 성행위 두 쌍의 커플이 한 침대에서 각각 섹스를 하는 형태 등에서 보다 수위가 높은 성행위 부부의 섹스에 싱글 남성을 끌어들여 아내가 그와 성행위를 하거나, 셋이 함께 섹스를 하는 형태 등로 옮겨 간다. 이렇게 강도 높은 섹스가 늘어나면서 이 시장으로 진입하는 미혼 남성들도 늘어났는데, 이는 경제학적 관점에서 보면 아주 흥미로운 상황이다.

스와핑 이벤트를 벌이는 클럽들은 되도록 많은 미혼 남성이 클럽에 들어올 수 있도록 하려고 한다. 커플들은 미혼 남성이 클럽에 있는 것을 싫어하지만 들어가려는 미혼 남성은 많고 들어갈 수 있는 곳은 많지 않다 보니 이들

클럽의 입장료가 비싸질 수밖에 없다. 따라서 이윤극대화를 해야 하는 클럽 주인들 입장에서는 높은 입장료를 내고도 클럽에 들어오겠다는 미혼 남성들에게 자리를 내 주기를 원하게 된다. 그런데 수위가 높은 성행위를 시도하는 커플들이 생겨나면 클럽에서 미혼 남성을 찾는 사람도 늘어난다. 그리고 이렇게 미혼 남성을 원하는 사람들이 늘어나면 이제는 미혼 남성이 클럽에 들어가는 데 드는 비용도 낮아지고 그 결과 다시 스와핑클럽을 찾는 미혼 남성들이 많아지는 순환이 이루어진다.

미혼 남성 입장에서 스와핑클럽은 사창가를 대신하는 것이다. 경제학 개론 수업을 들어본 사람은 누구나 알다시피 두 종류의 상품이 서로 대체재일 때 한 상품의 가격이 떨어지면 다른 상품에 비해 그 상품에 대한 수요는 늘어나게 된다. 스와핑클럽이 미혼 남성들에게 가격은 낮으면서도 매춘과 비슷한 서비스를 제공해 줌으로써 매춘시장을 나눠 먹게 되는 것도 이런 원리이다.

전해 듣기로 난교 행사에서 미혼 여성은 '유니콘'으로 불린다고 한다. 전설 속에서만 찾을 수 있는 신화적 존재라는 뜻이다. 놀라운 일도 아니지만 만일 이런 여성이 클럽에 들어가겠다고만 한다면 클럽에서는 무조건 공짜로 모실 것이다.

겐 이런 접촉조차 시들하게 느껴졌다. 그는 아내에게 좀 더 성행위의 수위를 올리자며 설득을 하였는데, 너무 지나쳐서 결국 안전구역에서 벗어나 버리고 말았다. 레너드가 지나치게 밀어붙인 결과 아내는 결국 반기를 들었다. 아내는 더 이상 부부 둘만의 섹스 외에는 어떤 시도도 하지 말자고 하였다. 물론 처음에는 레너드도 이에 동의하였다. 하지만 두 달이 지나 레너드의 아내는 남편이 자기 몰래 스와핑클럽에 들어가려고 하였다는 이야기를 친구에게서 전해 들었다. 레너드의 배신은 이들의 결혼 생활에 마침표를 찍었다. 아이러니컬하게도 레너드는 파트너가 없어지자 더 이상 스와핑클럽에 들어가지 못하게 되었다.

싱글이 된 레너드의 성생활은 전혀 흥미진진하지 않았다. 두 번째 아내를 만나기까지 5년 동안 성욕을 해결하기 위해 그저 매춘 서비스에만 의존하였기 때문이다. 이제 50대 중반이고 재혼까지 한 레너드, 그는 다양한 성생활을 시도하였던 시절은 이제 완전히 과거가 되었다고 확신하였다. 그는 두 번째 아내와 보다 성숙한 결혼 생활에 충실하려고 하였다. 성생활도 부부 관계 안에서만 하는 것으로 제한하였다. 문제는 시간이 흐르면서 점차 외로움이 느껴졌다는 사실이다. 그는 두 번째 아내를 진심으로 사랑하였지만, 새로운 연애에 따라오는 친밀함 같은 것이 그리워졌다. 무엇보다 레너드는 자신을 열렬하게 욕망하는 여자, 그의 섹스 기량을 찬미해 주고 그를 기쁘게 하기 위해 해 달라는 것은 뭐든지 해 줄 여자와 함께하고 싶었다. 한 마디로 말해 숭배를 받고 싶었던 것이다.

이런 고민들로 인해 자신이 발기 부전이 아닌가 생각하기 시작할 즈음 변화가 생겼다. 직장에서 승진을 하여 신입사원들을 관리하는 데 보다 큰 권한을 부여받았고, 이들과 일대일로 상대할 일이 많아진 것이다. 레너드는 새로운 지위에 우쭐해졌고 한창 물오른 젊은 여성들에게 뭔가 해 줄 만한 것이 생겼다는 자신감을 갖게 되었다.

내 친구로부터 들은 이야기가 있다. 결혼 생활을 하면서 느끼는 외로움은 혼자 있으면서 느끼는 외로움과 달리 모든 희망을 빼앗아 가는 것이라고. 이런 이유로 나는 한편으로 레너드가 결국 자신이 원하는 관계를 찾아내는 데 성공하였다고 말해 주고 싶은 유혹이 들기도 한다. 그러나 현실은 달랐다. 새로운 지위가 레너드에게 선사한 것은 그저 희망이었을 뿐이었고 그 이상은 없었다. 설령 그가 좀 더 젊고 미혼이었다고 하더라도 사정은 마찬가지였을 것이다. 그는 여자들이 연애하고 싶어할 만한 매력남은 아니었다. 그가 주변에서 만날 수 있는 여자들은 그에게 간혹 호감을 느낄 수도 있고 그를 유혹하는 데 흥미를 느낄 수 있을지는 모르지만 아무도 애인이 되어 주는 데는 흥미가 없었다. 그러므로 레너드는 아내에게만 충실한 남자가 될 수밖에 없었다. 배우자에게 헌신을 다짐해서가 아니라 이제는 혼외정사 시장에서 퇴물이 되었기 때문이다.

현실에서 혼외 성관계가 얼마나 널리 이루어지고 있는지 정확히 아는 사람은 없다. 어림잡아 50%의 남녀가 결혼 생활 중 한 번쯤은 배우자를 배신하였으리라 추측할 뿐이다. 물론 이런 추정치에는 문제가 있는데, 무엇보다도 '충실'이 무엇을 의미하는지는 각각의 결혼마다 다르다. 따라서 부정不貞을 정확하게 측정하기는 어려운 일이다. 만일 당신이 책상에 앉아 직장 동료에 대해 야릇한 환상을 품는다면 그건 배우자를 배신한 것일까? 어떤 사람들은 그렇다고 대답할 것이고, 부정에 대해 아주 엄격한 잣대로 판단하자면 이런 행동도 배우자에 대한 배신으로 집계될 것이다. 그렇다면 당신이 결혼 생활 중 어느 시점에 배우자 아닌 사람과 섹스를 하였다면 그것은 배신일까? 대부분 그렇다고 대답하겠지만, 만일 배우자가 당신의 혼외정사에 동의하였거나, 심지어 성행위에 동참해 당신과 번갈아서 혼외정사 상대와 섹스를 하였다면? 그렇다면 이것은 부정에 속할까?

배우자의 부정을 측정하는 보다 신뢰할 만한 기준이 있기는 하다. 사실은 피가 섞이지 않은 사이인데도 친자라고 믿고 자식을 키우는 남성들이 전체 기혼남 중에서 차지하는 비율이다. 진화심리학자 데이빗 버스David Buss는 부모들의 맹검식 연구blind study. 결과에 차이를 가져올 수 있는 정보를 알려 주지 않고 진행하는 연구 - 옮긴이를 통해 전체 어린이의 약 10%가 친자가 아니었다는 사실을 밝혔다. 물론 이런 측정법은 여성의 부정만을 알아낼 수 있고, 오늘날처럼 전체 출산의 약 40%가 미혼모 출산이라는 것을 감안할 때 이 역시 불륜을 정확히 측정하기에는 불완전한 방법이다.

한편 엠슬리Bruce Elmslie와 테발디Edinaldo Tebaldi에 따르면 첫 배우자와 지금까지 함께 살고 있는 미국인 커플 중 7%의 여성과 14%의 남성이 "결혼 기간 중 배우자 외의 이성과 섹스를 한 적이 있는가?"라는 질문에 "그렇다."라고 답을 하였다. 35세 미만의 남녀만을 놓고 볼 때는 남녀 외도 비율이 비슷해서, 여성은 7%, 남성은 9%가 혼외정사를 인정하였다. 우리가 앞으로 살펴볼 것처럼 연령에 따라 이 같은 차이가 생겨나는 이유는 남성은 바람을 덜 피우고 여자는 남성 못지않게 바람을

바람은 '동태적 비일관성'의 문제

동태적 비일관성Dynamic inconsistency 또는 시간 비일관성은 선호가 시간에 따라 달라질 수 있다는 것을 알려 준다. 처음에는 최적의 선택인 것처럼 보였던 것이 시간이 지나면 반드시 그렇지 않을 수 있다는 것이다. 동태적 비일관성은 정부나 중앙은행의 행동이 상황에 따라 달라지는 것을 설명하기 위한 개념이지만, 개인들의 경우 불륜을 사전에 방지하는 것이 왜 어려운지도 설명해 줄 수 있다.

예를 들어 보자. 아내가 외도를 할까봐 걱정된 남편은 결혼을 하면서 아내에게 만약 외도를 할 경우 경제적 지원을 끊고 떠나 버리겠다고 다짐해 둔다. 이것은 결혼할 당시 그의 선호이기도 하고, 이렇게 말해둠으로써 아내가 외도하지 않기를 기대한다. 이후 아내가 섹스를 하고 싶은 다른 남성을 만났다고 상상해 보자. 외도를 하면 떠나 버리겠다고 말하기는 하였지만 아내는 남편이 스스로 떠나지 않을 것이며, 떠난다고 해도 이혼법 때문에 경제적 지원을 중단할 수 없다는 것을 알고 있다. 이처럼 남편의 말은 신빙성이 없고, 결국 그녀는 혼외정사를 선택하게 된다. 남편은 뒤늦게 아내가 외도를 한 사실을 알게 되는데, 상처를 받았지만 결혼 생활을 지속하기로 결정한다. 남편의 당초의 선호는 아내가 외도를 할 경우 떠나는 것이었지만, 막상 아내가 외도를 하고 나자 아내 곁에 남는 것이 그의 선호가 된다.

동태적 비일관성은 문제가 존재한다는 것을 알게 되면 그 해결책을 찾을 수 있다는 점에서 흥미롭다. 이 남편의 경우 하나의 해결책은 아내가 외도를 할 경우 실제로 아내 곁을 떠날 수 있는 방법을 찾는 것이다. 예를 들어 아내 없이도 살 수 있을 만큼 스스로 앞가림을 한다거나 또는 결혼 전에 아내가 외도하면 금전적인 보상을 하도록 하는 계약서를 작성하도록 요구할 수도 있다.

역사적으로 보면 불륜은 부부가 합의할 필요가 없는 사안이었다. 정부가 법을 통해 불륜을 강력하게 처벌해 왔기 때문이다. 특히 이런 법은 여성들의 불륜을 더 단호하게 처벌하였다. 현세에서는 불륜으로 처벌받지 않을 때에도 불륜을 범한 자는 영원한 저주를 두려워하게끔 종교적 신념이 혼외정사를 죄악시하였다. 잠시 딴 생각을 하였던 자기 배우자를 용서해 주려는 사람도 더러 있으나, 사회 규범은 이런 사람까지도 가족과 친구들로부터 비난을 받게 만들고 결국 수치심 때문에 부정한 배우자를 떠나도록 이끈다. 이러한 메커니즘은 동태적 비일관성 문제에 부딪친 커플들에게 외부적인 처벌을 강제로 부과함으로써 부부의 불륜 문제가 해결될 수 있도록 도와준다. 이처럼 동태적 비일관성 이론은 일반적으로 부부간에 맺는 강제성 없는 계약보다 외부적인 메커니즘이 불륜 예방에 더 효과적이라는 것을 알려 준다.

피우는 신세대 문화 탓이라기보다는 불륜의 시점 때문일 것이다.

다소 수치가 낮다고 여기는 독자도 있을 것이다. 맞다. 실제 이 조사는 불륜이 얼마나 널리 퍼졌는지를 과소평가하고 있다. 이 조사는 한 번이라도 이혼 경력이 있는 사람들을 제외한 채 아직 첫 번째 결혼을 유지하고 있는 사람들만을 대상으로 이루어졌기 때문이다. 도널드 콕스는 전국 표본 설문조사를 통해 한 번이라도 배우자 몰래 바람을 피운 적이 있는 사람은 결국 이혼을 할 가능성도 높다는 사실을 밝혀냈다. 불륜 경험이 없는 사람의 경우 남성은 29%, 여성은 31%가 이혼을 한 반면, 불륜 경험이 있는 사람은 남성 49%, 여성 56%가 이혼을 하였다. 따라서 이혼 경험이 있는 사람들을 조사 대상에서 제외한다는 것은 실제 불륜율보다 축소된 결과를 낳을 수밖에 없다.

도널드 콕스가 조사한 결과를 보면 생애 한 번 이상 불륜을 경험한 사람의 비율은 전체 기혼자 중 남성 25%, 여성 14%였다. 지난 12개월 사이의 행동만을 물었을 때는 8%의 남성이 혼외정사를 인정하였고, 여성은 이 비율이 3.5%에 머물렀다. 동거하는 사람들까지 조사 대상에 포함한다면 불륜을 인정한 이들의 비율은 남성은 34%, 여성은 23%까지 치솟는다. 남성이 여성보다 더 많이 외도를 한다는 것은 널리 알려진 사실이다. 지난 한 해 동안 두 명 이상의 파트너와 성관계를 가진 바람둥이는 남성이 여성에 비해 두 배가 많았다. 불륜 대상을 보면 남성들은 자기보다 젊은 여성과 바람을 피우는 경향이 있고별로 놀랄 일도 아니다. 여성은 자기보다 학력이 높은 남성을 만나는 경우가 많다. 26세 미만의 젊은 여성은 다른 어떤 연령층의 여성보다 바람을 많이 피우는 한편, 남성의 경우는 여성과 마찬가지로 역시 젊었을 때 바람을 상대적으로 많이 피우긴 하나 여성들만큼은 나이와 불륜에 큰 상관관계가 없었다.

경제학적인 관점에서 불륜을 고찰하는 것이 혼외정사를 이해하는 데어떤 도움이 될지 의아해하는 사람도 있을 것이다. 물론 기혼자들이혼외정사를 찾게 되는 데는 생물학적 요인이 가장 큰 역할을 할 것이다. 하지만 어느 단계에서 결국 이런 생물학적 충동을 행동으로 옮기게 하는 것은 이성적인 개인이 자신의 이익을 극대화하려는 목적으로내린 결정이다. 앞으로 살펴보겠지만 이런 결정이 반드시 행복을 낳는것만은 아니다. 하지만 바람을 피우겠다고 결심한 바로 그 시점에서는이것이 최선의 판단이다.

이제 불륜을 설명하는 데 유용한 경제적 모델 한 가지를 소개하고자한다. 1장에서 한 번 사용하였던 접근법이기 때문에 독자들에게는 익숙하게 느껴질 것이다. 성생활이라는 것이 시간의 흐름에 따라 어떻게변화하는지 설명하는 대신 왜 다른 사람들은 불륜에 빠지지 않는데 일부 남녀는 부정을 저지르게 되는지 이 모델을 통해 보여 주겠다.

불륜 셈법

── 남성이나 여성이나 결혼 중 불륜을 범하는 것은 그 대가가 예상되는 비용보다 더 크다고 믿기 때문이다. 불륜을 저질렀을 경우 예상되는 비용은 다음과 같이 계산할 수 있다.

발각될 확률 × 발각되었을 때의 비용 = 불륜에 따른 기대비용 불륜이 발각될 확률은 개인의 상황에 따라 다르다. 혼외정사를 하는 두 명의 여성이 있다고 가정하자. 한 사람은 자기 직업을 갖고 있고 경제적으로도 독립적이며 도시에 살고 있다. 다른 한 사람은 전업주부이고 경제적으로 남편에게 의존해 살고 있으며 시골에 거주한다. 더 이상의 정보가 없더라도 지방에 사는 전업주부가 자기 일을 하며 출장 기회까지 가질 수 있는 여성보다 불륜이 발각될 위험이 더 높다는 것은 쉽게 예측할 수 있다.

'불륜이 발각되었을 때의 비용'은 다소 복잡한 개념이지만, 어쨌거나 불륜에 따를 것으로 예측되는 일련의 대가이다. 어떤 남성이나 여성도 실제 발각되기 전까지는 불륜의 대가가 과연 어떤 것일지 알 수 없다. 불륜 때문에 이혼을 당하였을 때 커리어 우먼이나 전업주부 모두 이혼 수당을 받을 수 없는 경우라면, 불륜으로 인한 대가는 전업주부 쪽이 훨씬 크다. 한편 불륜 여부와 상관없이 이혼 수당이 지급된다면, 전업주부는 이혼 수당을 받을 수 있을 것이고 경제적으로 독립적인 커리어 우먼은 이를 받지 못해 상대적으로 더 많은 손해를 볼 수도 있다. 사실은 커리어 우먼의 경우 남편이 자신보다 소득이 적으면 오히려 이혼 수당을 지불하고 관계를 끝낼 수도 있을 것이다.

마지막으로 아내의 불륜을 알았을 때 남편이 아내 곁을 떠날 가능성이 얼마인지를 알아야 한다. 남편이 떠날 확률은 사실 커플마다 다르기 때문에 파악하기가 어렵다. 경제력이 있는 여성의 남편이라면 결혼이 주는 경제적 안정을 즐기고 싶어 아내 곁에 머무는 것을 선택할 수도 있고 또는 부정한 아내와 사느니 경제적 불안정을 택하겠다고 할 수도 있다. 전업주부의 남편도 부정한 아내를 더 이상 부양하기 싫어서 떠날 수도 있고 또는 어린 자식 때문에 아내 곁에 머물기로 결정할 수도 있다. 이와 같이 정확한 확률은 알 수 없지만 불륜을 선택한 여성이라면 남편에게 발각되었을 때 어떤 일이 벌어지리라는 것을 이미 알고 있을 가능성이 높다.

간단한 셈을 위해 전업주부의 불륜이 발각될 확률은 30%이고, 남편이 그녀 곁을 떠날 확률은 50%라고 치자. 그녀가 이혼을 할 경우 입게 될 손실은 결혼 생활이 그녀에게 제공해 주는 10만 달러 상당의 상품과 서비스이다. 그렇다면 불륜으로 인해 예상되는 비용은 다음과 같다.

0.30 × 0.50 × 10만 달러 = 1만 5,000달러

따라서 불륜을 선택하려면 혼외정사로 얻을 수 있는 이익이 적어도 이보다는 커야 한다. 금전적인 기준으로 적어도 1만 5,000달러 이상의 가치는 있어야 한다는 것이다.

커리어 우먼의 경우에는 위험과 비용이 전업주부의 그것과는 사뭇 다르다. 이 여성의 불륜이 발각될 가능성은 5%이고, 남편이 아내의 불륜을 알았을 때 떠나 버릴 확률은 50%라고 치자. 이 여성이 이혼을 하게 되면 결혼이 제공하는 상품과 서비스를 5만 달러 정도 상실하게 된다. 그렇다면 불륜으로 인해 예상되는 비용은 다음과 같다.

0.05 × 0.50 × 5만 달러 = 1,250달러

따라서 이 여성이 혼외정사를 하기 위해 필요로 하는 이익은 여느 여성보다 낮은 편이다. 금전적 기준으로 이익이 1,250달러 이상만 된다면 그녀는 혼외정사에 나설 수 있다.

경제적인 손실은 기대비용을 설명하기에 가장 편리한 기준임에 분명하다. 하지만 이외에도 측정하기는 다소 어렵지만 발각되었을 때 치러야 할 대가와 관련해서 고려해야 할 사항들이 여럿 있다. 예를 들어 바람을 피운 사람들은 양육권을 잃음으로써 마음에 상처를 받을 수도 있다. 설령 양육권을 잃지 않더라도 이혼 소송 과정에서 자녀들에게 고통을 안겨줄 수도 있다. 남자든 여자든 바람을 피웠다가 배우자에게 앙갚음으로 신체적 폭력을 당하는 경우도 많다. 또한 결혼 생활에서 가장 중요한 가치로 여겨지는 배우자의 사랑을 잃게 되는 것도 감당해야 한다. 가족이나 친지들로부터 외면을 당하는 등 자신이 소속된 공동체로부터 방출되거나, 불륜 상대자가 직장동료나 고객일 경우에는 경력에 손상을 입을 위험도 있다. 한동안 독신으로 지내야 할지도 모른다는 것 역시 불륜을 고려할 때 예상해야 할 비용이다. 여기에서 언급하지 않은 요소까지 포함해 이 모든 것이 불륜과 관련한 비용편익분석에서 고려해야 할 사항이다.

내가 말하였던 것처럼 혼외정사를 하고 몇 년이 지나면 당사자는 자신의 결정이 그다지 현명하지 않은 것이었다고 느낄 수도 있다. 특히 불륜이 초래할 기대비용이 실제 비용으로 현실화되었을 경우 배우자가 진짜 불륜을 알아채서 이혼 청구를 하였을 경우 그러하다. 하지만 나중에 아무리 후회를 하게 되고 바람을 피운 것이 인생 최악의 결정이었다고 하더라도 불륜을 결심하였을 당시만큼은 그것이 당사자에게 합리적 판단이었을 수 있다.

이것은 불륜을 범하는 결정이 부정적 결과에 대한 확실성 certainty이 아니라 가능성 likelihood에 기반하여 이루어지기 때문이다. 만일 바람을 피우는 사람 모두가 반드시 발각되고, 배우자나 공동체는 확실히 부정적으로 반응할 것이며 자신이 얼마만큼의 대가를 치러야 하는지를 확실히 알고 있다면 불륜은 지금보다 훨씬 줄어들 것임에 틀림없다.

매춘 경험을 배우자에게 털어놓을 것인가?

많은 남성들이 혼외정사 상대로 매춘부를 택한다. 앞서 결혼 생활 중 혼외정사를 경험한 남성이 25%라고 말한 바 있는데, 매춘으로 여자를 산 경우를 제외하면 이 비율은 19%로 떨어진다. 평생 한 번이라도 매춘을 한 적이 있는 남성의 비율이 전체의 20% 미만이라는 점을 감안할 때, 돈을 주고 여자를 살 의향이 있는 남성은 바람을 피울 생각도 더 많다는 사실을 암시한다. 캐나다 사회학자 애치슨 Chris Atchison은 일명 존의 목소리 www.johnsvoice.ca라는 설문조사를 통해 매춘 경험이 있는 남성들에게 이 사실을 배우자한테 털어놓은 적이 있는지 물었다. 조사 대상자 중 대다수가 지난 10년 동안 매춘을 한 경험이 있었는데, 이들 중 절반781명 중 371명은 조사 당시 기혼이거나 사실혼 관계에 있었고 미혼 남성은 25%가 연애를 하는 중이었다.

조사 결과에 따르면 이들 중 50% 미만이 매춘을 한 사실을 다른 사람에게 털어놓은 적이 있었다고 한다. 고백 상대는 동성 친구가 23%, 다른 매춘부가 17%, 여자를 사려는 다른 남성이 10%, 그리고 9%가 이성 친구였다. 배우자나 기타 섹스 파트너에게 매춘을 이용한 적이 있다고 털어놓은 사람은 전체 응답자 중 대략 6%에 불과하였다. 조사 당시 애인 또는 배우자가 있었던 남성들 중 79%는 파트너에게 매춘 경험을 꽁꽁 숨겼다고 답하였는데, 이는 나머지 21%의 경우 그 사실을 별로 숨기려고 하지 않았다는 이야기가 된다. 발각되어도 상관없다고 생각하였거나, 발각될 리가 거의 없다고 생각하였을 것이다. 63%의 남성은 배우자가 이 사실을 알게 될까봐 걱정하였다고 답하였다.

매춘부와 여러 번 상대한 사실을 배우자가 알게 되면 어떤 파급효과가 염려되느냐는 질문에 61%는 '이혼 당할 것 같다.', 11%는 '부부싸움이 일어날 것이다.', 10.5%는 '아내가 노발대발할 것이다.', 5%는 '총체적 재앙이 발생할 것이다.'라고 답하였고, 1% 조금 넘는 사람은 '폭력이 오갈 수도 있을 것'이라고 답하였다. 또한 다른 가족들이나 직장 동료는 자신의 불륜 사실에 어떤 반응을 보일 것으로 예상하는지도 물었다. 이에 대해 41%는 속옷 바람으로 집을 쫓겨나면 '수치스럽고 당혹스러운 것은 물론 사회적 낙인이 찍히고 비웃음을 사게 될 것'이라고 답하였다. 17%는 '친구와 가족을 잃게 될 것'이라고 하였고, 13%는 '후폭풍의 종류가 두 가지 이상일 것'이라고 답하였으며, 13%는 '후유증 따위는 없을 것이며 신경도 쓰지 않는다.'라고 답하였다.

일부일처제의 신화

— 인간은 다른 포유류와 마찬가지로 원래는 일부일처적인 동물
이 아니다. 영장류 중에서 가장 충직하게 일부종사하는 종으로 알려지
면서 지나치게 낭만적으로 묘사되어 온 암컷 나무늘보도 밤마다 기회
만 있으면 가까이 있는 수컷 나무늘보와 교미를 하기 위해 슬그머니
보금자리에서 기어 나온다. 바람을 피울지를 결정하기 위한 비용편익
분석에서 편익을 이해하기 위해서는 결혼을 벗어난 성관계를 가지려
는 생물학적 욕망의 이익을 알아야만 한다.

2장에서 살펴본 것처럼 인간이라는 종의 수컷에게는 다양한 상대와
섹스를 하고 싶은 생물학적 욕망이 있다. 이런 성향을 가장 적절하게
표현한 것이 바로 쿨리지 효과Coolidge Effect이다. 미국 20대 대통령 쿨리지의
아내가 "수탉들은 매일 교미를 한다는 이야기를 대통령에게 전해 달라."라고 하였더니,
다음날 대통령이 "아내에게 그 수탉들은 매번 다른 암탉하고 교미한다고 전해 달라."라
고 응수하였다는 에피소드에서 유래되었다.-옮긴이 쿨리지 효과는 암컷이 섹스
를 하자고 청하면 옳다구나 받아들였던 포유류 수컷들물론 인간을 포함
해서이 교미만 마쳤다 하면 상대에게 흥미를 잃고 새로운 파트너가 생
겨야만 섹스를 하려 드는 성향을 일컫는다. 즉 수컷들은 한 번 자신의
씨를 뿌린 암컷에게는 더 이상 반복 투자하지 않으려는 본능을 유전자
속에 갖고 있는 것이다.

1950년대에 심리학자 비치Frank Beach와 조던Lisbeth Jordan은 상자 안에
암컷 쥐와 수컷 쥐를 넣고 수컷이 지칠 때까지 교미를 시키는 실험을

통해 이 효과를 검증하였다. 수컷 쥐는 어느 정도 지치면 암컷 쥐가 아무리 교미를 계속하자고 보채도 더 이상 암컷에게 흥미를 보이지 않았다. 어쩐지 당신에게도 익숙하게 들리는 시나리오가 아닌가! 그런데 실험자가 상자 안에 새로운 암컷 쥐를 집어넣자 수컷 쥐는 금세 흥미를 되찾고 새로운 암컷 쥐에게 달려들어 교미를 하였다.

당신이 파트너의 성욕을 되살리기 위해 다른 여성을 침대에 끌어들이는 무리수까지 고려하고 있는 욕구 불만 여성이라고 가정해 보자. 또는 당신이 섹스에 권태를 느껴 파트너에게 다른 여성을 침대로 끌어들이자고 말해 보는 것도 나름 설득력 있는 제안이 아닐까 궁리하고 있는 남성이라고 치자. 이때 당신이 반드시 알아야 할 사실이 있다. 새로운 암컷 쥐를 집어넣는다고 해서 원래의 파트너에 대한 수컷의 성적 흥분이 되살아나는 것은 결코 아니라는 점이다. 수컷은 그저 새로 등장한 암컷에 대해서만 흥미를 느낄 뿐이다.

수컷들이 왜 이런 행동방식을 보이는지 설명해 주는 가장 인기 있는 이론은 진화의 역사를 통해 섹스 파트너를 가장 많이 바꿔치기 하였던 남성 원한다면 오스트랄로-프로미스큐어스promiscuous ̄ 문란한 인류—라고 부를 수도 있다. 이 가장 많은 자식을 남겼기 때문이라는 주장이다. 우리가 성적으로 가장 문란하였던 남성의 자손들이라는 사실은 현대 남성들에게도 이렇게 다양한 섹스 파트너를 욕망하는 유전자가 새겨져 있음을 의미한다.

여성에게는 평생 낳을 수 있는 아이의 수가 제한되어 있기 때문에 섹스 파트너가 많아져 봐야 출산 횟수를 늘리는 데 도움이 안 된다. 하지만 섹스 파트너를 바꿨을 때 질적으로 우수한 아이를 낳을 수는 있다. 키 크고 건강한 아이는 성인이 될 때까지 생존하고 자신의 자식을 낳을 확률이 더 높다. 그러므로 우리는 자기 아이의 아빠가 될 남성으로 보다 키 크고 건강한 섹스 파트너를 선택한 여성들의 자손인 셈이다.

여성들이 2세를 위해 우수한 섹스 파트너를 물색하는 방향으로 진화하였다는 증거는 여성의 생리 주기에 따라 섹스 파트너에 대한 선호도가 변한다는 연구를 통해 찾을 수 있다. 진화심리학자 마티 헤이즐턴 Martie Haselton과 조프리 밀러Geoffrey Miller가 조사한 바에 따르면 배란기의 피실험자 중 93%가 단기적인 섹스 파트너로 부유하지만 창의성 떨어지는 남성보다 가난하지만 창의적인 남성을 선호하였다. 하지만 배란기를 벗어났을 때는 58%의 여성만이 단기적 섹스 파트너로 가난하지만 창의적인 남성을 택하였다.

이와 달리 여성이 장기적인 섹스 파트너를 고를 때는 단기적 관계보다 재력을 더 중요시할 것이라고 생각할 수도 있다. 여성이 우수한 유전자보다 물질적으로 많은 것을 제공해 주는 남성을 찾을 것이라는 가정에서이다. 하지만 위 실험 결과에 따르면 가난하지만 창의적인 예술가와 부유하지만 창의적이지 못한 예술가 사이에서 장기적인 섹스 파트너를 고르라고 하였을 때, 배란기든 아니든 관계없이 대략 84%의 여성이 가난한 예술가를 선택하였다.

진화심리학자 필즈워스Elizabeth Pillsworth와 마티 헤이즐턴이 실시한 또 다른 연구 결과는 이 문제를 더욱 콕 집어 이야기한다. 그에 따르면 이성에게 인기가 별로 없는 남성과 결혼한 여성은 매력적인 남성과 결혼한 여성들보다 배란기에 혼외정사를 할 가능성이 높다. 하긴 이들로서는 혼외정사 상대를 찾고 싶어 하는 욕구가 더 강할 수밖에 없을 것이다. 그런데 이 여성들의 말에 따르면 아내인 자신의 생식력이 가장 높은 시기가 되면 남편이 좀 더 자신을 살뜰하게 배려하고 다정하게 대해 준다는 것이다. 그렇다면 이성에게 인기 없는 남성들은 아내가 불륜에 빠지는 것을 미리 막기 위해서는 자신이 아내의 정절에 애정으로 열심히 보답해야 한다는 사실을 이미 어느 정도 깨치고 있는 것이 아닐까?

이와 같은 생물학적 근거가 중요한 이유는 배우자를 배신함으로써 얻는 이익이 남성과 여성의 경우 서로 다르다는 사실을 알려 주기 때문이다. 예를 들어 남성이 바람을 피우려면 상대 여성이 그에게 홀딱 넘어와 불륜을 저지를 만큼 성적 매력을 갖고 있어야 한다. 상대 여성 쪽에서 볼 때 저 정도 괜찮은 유전자를 가진 남성하고 섹스를 하면 2세에게 좋은 유전자를 물려줄 수 있을 것 같다고 판단해야 혼외정사가 가능해지는 것이다. 뒤집어 말하면 이렇다. 여성이 바람을 피우는 것은 남성의 경우와 달리 여성 자신이 섹시한 매력을 갖고 있어서가 아니라, 그녀와 혼외정사를 맺으려고 덤벼드는 남성에 비해 남편의 가치가 떨어지기 때문이다. 즉 여성은 이 외간 남성과 단기적인 섹스 관계를 맺으면 아이에게 우수한 유전자를 물려줄 수 있기 때문에 그와 자려고 하는 것이다.

피임약이 여성의 배우자 선호도를 바꾸었다

만일 배란이 여성에게 보다 매력적인 섹스 파트너를 찾도록 생물학적인 자극을 주는 것이라면, 아내가 바람피우는 것을 막고 싶은 남편이라면 아내에게 아예 배란을 못하도록 피임약 복용을 권할 수도 있을 것이다. 과학자 알베르 Alexandra Alvergne와 루마 Virpi Lummaa의 논문에 따르면 여성들은 일반적으로 가장 생식력이 높은 배란기에 남성답게 생긴 이성에게 강한 호감을 느끼는데, 경구 피임약을 복용하는 여성은 이런 감정을 별로 느끼지 못한다고 한다. 그렇다면 경구 피임약을 먹는 여성이 많은 사회에서는 매력적인 배우자상이 훌륭한 유전자를 제공해 줄 것 같은 보다 남성답게 생긴 남성에서 보다 자상한 보다 여성적인 외모를 가진 남성 쪽으로 바뀌게 된다. 경구 피임약의 발명이라는 기술 진보가 여성들의 배우자 선호를 바꿔버리는 것이다. 나는 이것을 '저스틴 비버 효과' 저스틴 비버는 캐나다 출신 아이돌 가수로, 모성 본능을 자극하는 미소년으로 꼽힌다.—옮긴이라고 부른다.

그런데 교제하는 동안과 결혼 초기에 피임약을 복용하던 여성이 임신을 하고 싶어 약 복용을 끊으면 어떤 일이 생길까? 앞서 여성은 젊을 때 외도의 욕구를 가장 많이 느낀다고 말한 바 있다. 여성이 자식에게 보다 우수한 유전자를 물려주기 위해 외도를 한다는 관점에서 볼 때, 젊은 시기는 불륜을 저지르기에 딱 좋은 타이밍이기 때문이다. 비버 효과는 이렇게 바람기가 최고조에 이른 연령의 여성들이 배우자감을 찾을 때 왜 좀 더 남성적인 외모의 이성을 우선순위로 선택하지 않는지 설명해 준다. 경구 피임약이 보다 남성적인 짝을 찾으려는 여성의 생물학적 욕구를 억제하기 때문이다. 우수한 유전자는 희소한 자원이며, 이렇게 자원이 희소할 때 시장가격은 높아진다. 우수한 유전자의 가격이 오르면 많은 여성들의 경우 자녀에게 물려주고 싶은 자질을 모두 갖춘 남성과 장기적인 관계를 맺는 것이 어려워진다. 하지만 그녀는 또 다른 전략을 구사할 수 있다. 결혼은 아이들에게 좋은 아빠가 될 수 있는 남성과 하고, 이후 혼외정사를 통해 자녀의 생물학적 아빠가 될 섹스 파트너를 만나는 것이다. 물론 이런 전략은 남편에게 불륜 사실을 들켜 이혼을 당하게 되는 바람에 실패로 돌아갈 수도 있다. 따라서 불륜 대상이 될 남성의 유전자가 아주 우수해야만 여성은 이런 위험을 무릅쓰고라도 혼외정사에 뛰어들게 된다.

문제는 당신이 아니라 나 자신

—— 남성의 외도는 자신이 잘나서이고 여성의 외도는 남편이 못나서이기 때문이라는 발상은 시험해 볼 만한 가설이다. 그리고 앞서 언급한 브루스 엠슬리와 에디날도 테발디가 이를 검증해 보았다.

이들에 따르면 불륜은 생식 능력과 관련되어 있다. 남성은 여성보다 오랜 기간 생식 능력을 유지하는데, 나이가 들수록 아내 아닌 여자를 기웃거리다가 55세 이후에는 바람기가 줄어든다. 여성의 경우에도 이는 마찬가지인데, 다만 바람기가 절정에 이르는 나이가 45세로 남성보다 훨씬 빠를 뿐이다. 이 시점은 바로 여성의 생식력이 쇠퇴할 즈음으로, 이 시기 이후 여성은 더 이상 아이를 낳기 어렵기 때문에 혼외정사를 해 보았자 출산으로 얻을 것이 없다.

또한 이들은 유전자의 우수성을 가늠하는 척도로 학력을 이용하여 조사해 보았다. 그 결과 고졸 이하 학력의 남성이 대졸 이상 남성보다 3% 정도 더 많이 외도를 하는 것으로 나타나, 고학력 남성이 저학력 남성보다 외도_{혼외정사}를 더 많이 한다는 주장은 근거가 없는 것으로 보인다. 하지만 이 조사에서는 일부 남성들의 외도 상대는 매춘부들이고, 매춘부는 유부남과 섹스를 할 때 남성의 유전적 우수함 따위는 따지지 않는다는 점이 고려되지 않았다.

여성의 경우 오랜 진화의 영향으로 아이에게 생존 가능성 높은 유전자를 물려줄 아빠를 찾게끔 되어 있다. 그래서 우수한 유전자를 기준으로 단기적 섹스 파트너를 찾는다고 할 때, 여성들이 찾는 것이 과연 대학 졸업장일까? 여자인 내 입장에서 내게 이상적인 단기적 섹스 파트너는 연립방정식을 풀 줄 아는 남자가 아니라 나를 위해 벼랑을 기어 올라가서 호랑이와 싸워 줄 남자이다. 이와 같이 매력에 대한 기준이 상대적이기 때문에 우수한 유전자를 가진 남성이 바람을 피우기 더 쉽다는 가설을 검증하기가 쉽지 않다.

어쨌거나 남편이 대졸 이상인 여성은 남편이 고졸 이하인 경우보다 외도의 가능성이 3% 가량 낮다고 한다. 반면 남성의 바람기는 아내의 학력 수준과는 상관없는 것으로 보인다. 이와 같은 사실을 볼 때, 여성은 남편의 자질에 따라서 외도 여부를 결정하는 반면 남성의 결정은 아내의 자질과는 무관하다는 이 가설이 어느 정도 타당한 것으로 보인다. 다만 한 가지 빠뜨린 점이 있다. 이 가설은 여성의 외도를 우수한 유전자라는 편익 측면에서만 판단하고 있다. 그렇지만 여성의 외도 결정은 그 편익과 함께 기대비용에 의해 결정된다. 우리는 이미 불륜의 비용이 이혼을 당하면 포기해야 하는 남편의 소득으로 어느 정도 측정될 수 있다는 것을 알고 있다.

부유한 남성을 가질 수만 있다면

—— 나는 웹 브라우저를 열 때마다 매번 정치인이나 고소득 기업체 임원, 운동선수들이 바람을 피우다 아내에게 들켰다는 뉴스를 보는 것 같다. 언론은 평범한 남성들의 불륜은 절대 보도하지 않는데, 하긴 이런 소식을 다 전하다 보면 다른 뉴스를 전할 시간이 없을 것이다. 문제는 우리가 접하는 불륜 소식이 부자에게만 집중되어 있다 보니 내 주변에 아무리 심한 바람둥이가 있어도 부자 바람둥이만큼은 아니지 않느냐는 인상을 갖게 된다는 점이다.

5장에서 일부일처제 미스터리를 다룰 때도 언급하였지만, 경제적 관점에서 볼 때 부자가 바람을 더 많이 피울 것이라는 가정은 타당하다. 부자가 아내를 여럿 얻을 수 있는 것은 경제적인 부양 능력이 충분하기 때문인 것과 마찬가지로, 외도 상대에게 돈을 쓸 수 있는 사람 역시 부유한 남성이다. 설령 상대방에게 노골적으로 돈을 준다거나 자동차, 아파트, 옷 따위의 선물 공세를 하지 않는다고 해도 부자는 여성을 유혹하는 데 유리할 수밖에 없다. 언젠가 자신이 부유한 남성의 두 번째 또는 세 번째 아내가 될 수도 있다는 희망 때문에 기꺼이 정부가 되려고 하는 여자들이 있기 때문이다.

금전적 처벌이 여성의 외도를 감소시킨다?

결혼이라는 계약이 여성의 외도는 줄일 수 있지만 남성의 외도는 오히려 늘린다는 주장이 뜻밖의 곳에서 제기되었다. 우간다에서는 신랑이 결혼의 대가로 신부 가족에게 신부값이라는 돈을 지불하는데, 이 돈은 미래의 불륜에 대비한 보증금처럼 기능하기도 한다. 법적으로는 이 돈의 상환을 요구하는 것이 금지되어 있지만, 아내가 외도를 하고 있다고 의심하는 남편은 아내의 가족에게 아내를 돌려주고 대신 돈을 도로 내놓으라고 요구한다. 비샤이 David Bishai와 그로스바드 Shoshana Grossbard는 우간다 전국에서 비공개 대면 인터뷰를 통해 결혼 계약이 부부의 성 행동에 어떤 영향을 미치는지를 조사하였다. 조사 결과에 따르면 전체 중 5%의 아내와 19%의 남편이 지난 12개월 사이에 외도를 한 적이 있었다. 그런데 신부값을 지불하고 결혼한 커플은 2%의 아내와 21%의 남편이 외도를 하였다. 한편 신부값을 지불하지 않은 경우는 10%의 아내와 16%의 남편이 외도를 하였다.
이와 같이 되돌려 받을 수도 있는 신부값은 여성의 불륜을 줄여 주는 반면 남편의 불륜은 오히려 늘려 주는 것으로 보인다. 하지만 교육, 일부다처제, 자녀, 남편이 농부인지 아닌지 여부 등의 가족 특성을 모두 통제하고 조사해 보니 신부값이 미치는 남성 쪽 효과는 거의 사라졌고, 여성 쪽의 효과만 그대로 유지되었으며 통계적으로 유의미하였다.

여성으로 하여금 결혼 서약을 충실히 지키게 하려고 금전적 계약서를 쓰게 하는 관행을 보고 미개하다고 생각하는 사람도 있을 것이다. 하지만 아내가 외도를 할 경우 남편이 더 이상 경제적 의무를 지지 않는다는 조항이 포함된 혼전 계약이나, 거꾸로 아내가 남편의 외도를 제한하는 계약이나 모두 똑같은 목적을 수행한다. 아직도 북미에는 주에 따라 혼인의 귀책사유를 적용해서 외도를 한 쪽이 벌칙으로 합의금을 물어야 하는 곳이 있는데, 이런 이혼법 역시 마찬가지 원리이다.

이 모두 좋다고 치자. 하지만 남편이 아내보다 소득이 높고, 남편 명의의 재산이 아내보다 더 많은 이상, 또 법정이 남성보다 여성의 불륜에 더 엄격한 잣대를 적용하는 한, 이러한 제도는 남성들의 외도를 부추기는 결과만 낳는다. 우간다의 신부값 제도가 우간다 남편들의 불륜을 증가시켜 주는 것과 같은 이치이다. 신부값 제도와 같은 관행은 커플들이 "네가 나한테 충실하면 나도 너한테 충실할 것이다. 하지만 네가 외도를 하면 나도 바람을 피울 것이다."와 같은 보다 암묵적인 계약을 맺는 데 방해가 되기 때문이다. 이런 암묵적 계약은 배우자가 잘못을 저질렀을 때 응수하겠다는 협박이 믿을 만한 것일 때에만 커플이 상대에게 충실하도록 협상하는 데 좀 더 유리한 조건이 되어 준다.

앞서 부유한 남성들이 일부일처제를 선호하는 현상이 미스터리로 보일 수 있다고 하였지만, 한 사람의 아내에게 충실한지 여부를 기준으로 할 때 부유한 남성이 일반 남성들보다 더 바람기가 많을 것이라는 생각 역시 근거 없는 믿음이다. 부자가 가난한 사람보다 바람을 많이 피운다는 증거는 아무데도 없다. 실제로 도널드 콕스가 다른 모든 조건을 통제한 상황에서 조사한 바에 따르면 남성의 소득 수준과 바람을 피우는 성향 사이에는 아주 미미한 연관만이 발견될 뿐이었다.

정작 소득 수준이 외도에 영향을 미치는 것은 여성 쪽이다. 가난한 가정의 여성은 부유한 가정의 여성보다 외도 가능성이 훨씬 높다. 콕스의 논문과 로빈 베이커Robin Baker의 유명한 저서 『정자 전쟁: 섹스의 과학』에서 그 증거를 찾을 수 있다. 베이커는 평균적으로 열 명의 남성 가운데 한 명은 남의 자식을 친자식으로 믿고 키운다고 말한다. 데이빗 버스가 말한 것과 같은 수치이다. 이때 최하위 소득분위 남성들만을 살펴보면 그 비율이 열 명 중 세 명으로 늘어난다. 하지만 최고 부유층에서는 이 비율이 2%에 불과하다. 이것이 사실이라면 가난한 남성의 아내가 부유한 남성의 아내보다 훨씬 외도를 많이 한다는 주장을 확실히 증명해 주는 셈이다.

앞서 설명한 비용편익분석을 통해서도 여성의 불륜이 소득 수준과 연관되어 있다는 사실은 충분히 짐작 가능하다. 가난한 여성은 불륜이 발각되어 남편이 떠나 버린다고 해도 잘사는 여성에 비해 금전적으로 잃을 것이 없다. 오히려 가난한 여성의 입장에서는 외도를 하면 자식에게 우수한 유전자를 물려줄 수 있을 뿐만 아니라 먹고사는 데 도움이 되어 줄 남성도 만날 수 있지 않겠느냐는 희망을 가질 법하다.

이처럼 남성의 높은 수입은 외도 가능성을 높여 주는 것이 아니라 오히려 아내의 외도 가능성을 줄여 준다. 정작 외도를 예측할 수 있게 해 주는 잣대는 소득이 아니라 권력이다. 권력이 외도를 부추긴다는 주장은 별로 새로운 이야기가 아닐 수 있다. 하지만 권력이 남성뿐만 아니라 여성의 외도 가능성도 높여 준다는 사실은 사뭇 놀라운 소식일 것이다.

네덜란드의 연구자들 라메르스Joris Lammers, 스토커Janka Stoker, 제니퍼 조던 Jennifer Jordan, 폴먼Monique Pollmann, 디데릭 슈타펠은 기업의 최고 경영자, 팀 책임자, 중간 관리자들을 대상으로 권력을 가진 사람들의 바람기를 조사하였다. 기회가 닿을 경우 바람을 피울 의향이 있는지, 외도를 할 기회는 얼마나 많은지, 애인을 새로 유혹할 자신이 있는지 등의 질문이 이들에게 주어졌다. 응답자 중 26%는 적어도 한 번 이상 바람을 피운 적이 있다고 답하였는데, 지위가 높고 더 많은 권력을 행사하는 사람일수록 외도 성향이 크고 혼외정사도 많았으며 앞으로도 기회가 닿으면 또 외도를 하겠다고 답하였다.

직장에서의 권력과 배우자에 대한 충실함 간의 연관성은 왜 생겨나는 것일까? 사업상 출장이 잦고, 사무실에서 긴 시간을 보내다 보면 외도할 기회가 많은 것이 사실이다. 또한 발각될 위험도 적다. 하지만 이것은 부분적인 이유일 뿐이다. 통계에 기초한 설명들을 살펴보면 관건은 자신감이라는 것을 알 수 있다. 보다 많은 권력을 지닌 사람일수록 원하기만 하면 얼마든지 섹스 파트너를 찾아낼 수 있다는 자신감도 강하다는 것이다.

이 조사에서는 여성도 남성과 똑같은 패턴을 보여 준다. 높은 권력을 가진 여성일수록 외도를 많이 하고 새로운 섹스 파트너를 유혹하는 데 자신감을 보인다. 이러한 결과가 흥미로운 이유는 과거에는 왜 여성의 외도가 지금보다 적었는지 설명해 주기 때문이다. 즉 과거 여성들의 외도가 적었던 것은 당시 여성들이 현대 여성보다 남편에게 더 충직하였기 때문이 아니라, 옛날에는 여성이 권력 있는 지위에 오르기가 어려웠기 때문이라는 것이다. 이것이 사실이라면, 앞으로 다가올 세대에는 여성이 남성 못지않은 바람기를 보일지도 모른다.

불륜과 행복

──   문학작품 속에 나오는 삽화를 보면 대개 결혼 생활 중 바람을 피우는 사람은 배우자에게 충실한 사람보다 불행한 모습으로 그려진다. 브루스 엠슬리와 에디날도 테발디에 따르면 스스로 "행복하지 않다."라고 말하는 기혼 여성은 "아주 행복하다."라고 답변한 기혼 여성보다 남편을 배신할 가능성이 10% 포인트 높다. 불행한 결혼 생활을 하는 남성은 그보다 더 바람을 피우기 십상이다. 이들은 스스로 "아주 행복하다."라고 답변한 남성보다 바람을 피울 가능성이 12% 포인트 더 높다. 데이빗 블랜치플라워와 앤드류 오스왈드가 실시한 또 다른 조사에서는 지난해 불륜을 경험한 사람들의 행복도가 일반적인 평균

보다 낮았던 것은 물론이고, 돈을 주고 매춘 여성을 샀다고 답변한 사람들 역시 불행을 느끼기는 마찬가지인 것으로 나타났다.

불행과 불륜 사이에 이런 관계가 성립하는 이유는 불분명하다. 어쩌면 불륜이 사람을 불행하게 만드는 것인지도 모른다. 또는 불행한 사람일수록 행복하지 않은 부부 관계에서 탈출하기 위해 외도에 더 많이 빠지는 것인지도 모른다. 결혼과는 무관한 이유로 불행함을 느끼는 사람이 이를 달래기 위해 혼외정사를 이용하는 경우도 있을 것이다.

심리학자 프레비티Denise Previti와 아마토Paul Amato는 17년 동안 축적한 데이터를 통해 불륜이 이혼의 직접적 원인인지 또는 나빠질 대로 나빠진 결혼 생활 때문에 불륜이 발생하는 것인지 조사하였다. 이들은 이미 이혼을 고려하고 있는 사람들은 다른 이들보다 쉽게 불륜에 빠져들 수 있다고 한다. 즉 불륜은 이혼의 직접적 원인이 아니라 이미 불행한 상태에 빠진 결혼 생활의 결과물인 것이다. 그리고 일단 불륜을 저지르고 나면 결혼 생활은 보다 파국으로 치닫고, 결국 이혼도장을 찍게 될 가능성이 커지는 것은 당연한 일이다. 이처럼 불륜이란 불행한 결혼 생활의 결과이자 동시에 원인이다.

마무리하는 말

—— 레너드의 두 번째 아내는 과연 남편이 혼외정사를 원한다는 것을 알아챘을까? 솔직히 알 수 없는 일이다. 하지만 아마도 그녀는 남

편과 결혼을 하였던 시점부터 남편이 기회만 생기면 바깥으로 나돌 수 있는 사람이라고 짐작하였을 것이다. 그녀는 왜 외도 전력이 있는 남자와 결혼하기로 한 것일까? 아마 그녀는 이 남자가 다시는 외도 기회를 잡지 못하리라고 예상하였을 수 있다. 그리고 그 생각은 맞았다. 남편의 승진으로 살짝 우려가 되기는 하였지만 실제로는 걱정할 필요가 없었다. 생식 능력이 왕성한 젊은 여성들이 볼 때 레너드가 거머쥔 약간의 권력은 불륜으로 말썽을 일으킬 만큼 충분한 가치를 갖고 있지 않았던 것이다.

불륜은 경제적인 스토리이다. 하지만 당신이 예상하는 것처럼 "부유한 사람은 아내를 배신하기 쉽다."라는 맥락에서가 아니다. 외도를 할지를 결정하는 것은 곧 비용편익 문제 풀이와 같다는 점에서 불륜은 경제학이다. 불륜에서 비용에 해당하는 것은 이혼으로 인해 빼앗기는 소득을 포함한 경제적 요소들이고, 이익에 해당하는 것은 대부분 생물학적 요소들이다.

예를 들어 외도를 한 당사자에게 벌금을 물리는 이혼법이 생긴다면 불륜의 비용은 증가하고 외도 자체는 줄어들 것이다. 이런 법이 없다면 계약을 어겼을 때 금전적 처벌을 가하는 혼전 계약서가 같은 역할을 수행할 수 있다. 여성이 직장에서 많은 권력을 누릴 수 있게 되면서 여성의 외도 가능성도 높아졌는데, 이는 권력이 있는 사람은 불륜에 쉽게 빠질 뿐만 아니라 발각될 위험도 적기 때문이다. 인터넷의 사용 증가가 곧 불륜을 증가시킨 원인은 아니지만 6장에서 살펴본 것처럼 불륜 충동을 느낀 사람이 보다 쉽게 욕망을 채울 수 있게 만들어 줌으로써 외도의 기대비용을 줄여 준 것은 분명한 사실이다.

이와 같은 주장은 흥미로운 가능성을 제기한다. 사람들이 외도 여부를 결정하는 데 있어 경제적 환경의 변화가 큰 역할을 한다면, 커플들 스스로 자신들의 관계를 이혼 가능성이 적어질 수 있는 방향으로 조직할 수도 있지 않을까?

이를테면 불륜을 명백하게 금지한다는 내용으로 법적 구속력이 있는 계약서를 작성하는 방법도 있다. 과거에는 이런 계약사항을 결혼 제단 앞에서 맹세하는 것이 필수였다. 가족이나 친구 앞에서 하는 구속력 없는 맹세와 달리, 이런 노골적 계약 체결은 금전적 처벌까지 강제할 수 있다. 앞서 말하였듯 결혼의 맹세를 배신하는 것 자체로도 큰 대가를 치러야 하지만, 거기에 이런 금전적 처벌이 더해진다면 불륜의 비용은 더욱 높아져 외도를 방지하기에 충분해진다.

또한 경제적 환경은 끊임없이 변화한다는 점에서 전통적인 결혼 형식 자체도 다시 생각해 볼 수 있다. 현재 주류를 이루는 결혼 제도는 남성이 자기 자식이 친자임을 확신할 수 있다는 이유로 만들어진 것이자, 여성이 생활에 필요한 자원을 얻어내기 위해 결혼을 하던 시대의 산물이다. 하지만 피임약의 성능이 개선되고 여성이 경제적으로 독립하면서 많은 커플들에게 이 두 가지 요소가 더 이상 중요한 고려 사항이 아닌 시대가 되었다. 따라서 불륜 위기로부터 결혼 생활을 안전하게 보호하기 위해서는 배우자 이외의 파트너와 다양한 섹스를 경험해 볼 수 있는 방법에 대해 커플이 함께 논의해 보는 것도 가능하다. 물론 아무에게나 권할 수 있는 방법은 아니며, 모든 사람이 혼외정사를 원하는 것도 아니다. 다만 불륜을 원하고 있고 또 실제 할 수 있는 기회도 갖고 있는 사람이라면, 불륜에 대해 이렇게 새로운 방식으로 사고해 보는 것도 합리적 접근법이 될 수 있다.

　다음 장에서는 황혼의 연애 시장을 살펴볼 것이다. 여기에서 이루어 지는 연애는 남성이 여성보다 수적으로 부족하다는 점에서 대학 캠퍼 스와 매우 비슷하다. 남성이 희소해지면 시장 지배력을 갖는다. 그러 나 노년 여성들은 여대생과 다르다. 앞으로 살펴보겠지만 노년 여성들 은 죽을 때까지 함께 할 파트너보다는 그저 함께 즐길 수 있는 상대를 더 선호한다.

9장
황혼기의 사랑

「뉴스위크」의 부질없는 결혼 예측

—— 1986년 6월 2일, 「뉴스위크」 표지에 이런 헤드라인이 실렸다. "결혼 비상사태: 미혼 여성들에게 당신이 앞으로 결혼할 수 있을 확률이 얼마나 되는지 보여 드립니다." 독자들의 눈길을 확 사로잡는 제목과 함께 기사에는 그래프 하나가 실려 있었다. 이 그래프는 남편감을 부지런히 찾아 나서야 할 젊은 시절에 강의실에 앉아 시간을 보낸 여성들에게는 불길하기 짝이 없는 소식을 담고 있었다. 내용인즉, 이들 여성이 결혼을 할 가능성은 충격적일 만큼 낮다는 것이었다. 대학교육을 받은 여성들이 만일 30세까지 미혼으로 남게 된다면 이후 결혼을 할 가능성은 20%밖에 안 된다는 기사 내용에 여성들은 경악을 금치

못하였다. 기사는 한술 더 떠 만일 35세가 될 때까지도 백마 탄 왕자님과 결혼하지 못하면 평생 결혼 가능성은 5%로 떨어진다고 주장하였다. 그럴 일은 없겠지만 만일 40세가 되도록 미혼이라면 부케를 들고 결혼식장에서 웨딩마치를 울릴 확률보다 테러리스트에게 살해될 가능성이 더 높다는 것이다.

세상에! 90%의 여성이 생의 언젠가는 결혼을 하던 당시에 25세의 대졸 미혼 여성이 앞으로 결혼할 가능성이 50%라니, 이 기사의 예측은 누가 봐도 뭔가 잘못되어 있었다. 세월이 지나 미국 인구조사 데이터를 이용할 수 있게 된 덕분에 나는 감히 30대와 40대까지 맙소사! 결혼을 미루었던 대졸 여성들이 이 잡지가 나온 이후 얼마나 많이 결혼에 성공하였는지 확인할 수 있었다. 2010년이 되었을 때 1986년 당시 정확히 30세의 미혼이었던 대졸 여성 중 75%가 이후 24년간의 어느 시점에서 결혼을 하였다. 1986년 당시 35세였던 여성 중에서는 69%가 결혼하였고, 심지어 「뉴스위크」가 그 끔찍한 예언을 하던 당시 나이 40세였던 노처녀들조차도 68%가 65세 생일이 되기 전에 결혼하였다.

이기적이기 짝이 없는 고학력 여성들은 인류가 가장 신성시하는 결혼이라는 제도에서 도태될 것이라고 예측하였던 기사 내용이 무색하게, 대부분의 남녀는 일생의 어느 시점에서 결국은 결혼을 한다. 오늘날 결혼율이 눈에 띄게 낮은 이유는 결혼한 사람들의 비율을 특정한 한 시점에서 측정하였기 때문이다. 한 개인의 생애를 통틀어서 전체 인구 중 언젠가 한 번은 결혼을 한 사람들의 비율을 측정해 보면 매우 다른 결과가 나온다. 결혼은 쓸모없어지지 않은 것이다.

복권 당첨은 홀로서기를 쉽게 해 준다

복권에 당첨되면 진정한 사랑을 찾기가 더 쉬워질까 또는 애인과의 이별이 더 쉬워질까? 핸킨스Scott Hankins와 획스트라Mark Hoekstra는 이와 같은 질문을 제기하면서 사랑은 돈으로 살 수 없다고 대답한다. 사실 최소한 여성의 경우에는 복권에 당첨되면 결혼하지 않고 살 수 있는 자유를 얻을 수 있다. 이들은 복권 당첨자 수만 명의 사례를 분석하여 고액 5만 달러에 당첨된 사람과 소액 1,000 달러에 당첨된 사람의 연애 관계를 추적 비교하였다. 그 결과 고액 복권에 당첨된 여성이 3년 내 결혼할 가능성은 당첨 금액이 적었던 여성보다 40% 정도 낮은 것으로 드러났다. 어째서 복권으로 잭팟을 터뜨린 여성의 결혼율이 낮아지는 것일까? 아마도 여성이 경제적으로 독립할 수 있는 입장이 되자 결혼을 서두르는 대신 배우자감을 더 꼼꼼하게 고르게 된 탓일 수 있다. 또는 자기 손에 주어진 돈을 남과 같이 쓰고 싶지 않아서 돈을 모두 써 버릴 때까지 결혼을 미루는 것일지도 모른다. 하지만 미혼 남성의 경우는 사뭇 달라서 복권으로 생긴 돈의 액수가 연애에 아무런 영향을 미치지 않는 것으로 보인다.

이혼율로 보자면 복권 효과는 미미하다. 2만 5,000~5만 달러에 당첨된 사람이 3년 이내에 이혼할 확률은 1,000달러에 당첨된 사람이 이혼할 확률과 1%의 차이도 나지 않았다. 복권 당첨금 덕에 이혼이 더 쉬워졌는데도 사람들은 오히려 결혼 생활을 더 잘 유지하는 것으로 보인다.

얼핏 하찮게 보이는 이 실험은 사실 매우 중요한 함의를 갖고 있다. 사회가 풍요로워질수록 사람들의 결혼 연령은 높아지게 마련인데, 결혼 시기를 정하는 결정권이 남성이 아닌 여성에게 있다는 사실이다. 또한 이 실험은 갈수록 여성들이 젊은 나이에 결혼하는 데 시들해지는 진짜 이유가 여성들이 배우자 물색보다 자기 커리어에 헌신하는 것을 더 중요하게 여기기 때문이 아니라는 점을 알려 준다. 복권에 당첨되어 벼락부자가 된 미혼 여성의 행동은 결국 모든 것은 '돈'으로 귀결된다는 사실을 여실히 보여 주는 것이다.

UN이 발간한 「2009년 세계 출산 보고서 World Fertility Report 2009 」에 따르면 전 세계 45세에서 49세 사이 여성 중 한 번이라도 결혼한 적이 있는 여성의 숫자는 1970년 이후로 90% 이상을 꾸준히 유지하였다. 40대 후반이 되기 전 한 번이라도 결혼을 해 본 여성의 수는 1970년대에서 1990년 사이에 선진국 두 나라 스웨덴과 프랑스만을 제외하고 사실상 증가하였다. 선진국의 경우 중간에 몇 년 동안 결혼 경험자의 비율이 다소 줄어든 적이 있지만, 이는 독신주의가 늘어나서가 아니라 동거나 또 다른 비전통적 형태의 관계가 늘었기 때문에 빚어진 현상이다. 충분히 예상 가능한 일이지만, 45세에서 49세 여성의 결혼 경험자 비율이 가장 낮은 나라들은 혼외 성관계에 대해 가장 개방적인 시각을 가진 스웨덴75%, 핀란드80%, 노르웨이와 덴마크82%, 프랑스83%, 네덜란드85% 등이다.

한 시점에서 측정한 현재의 결혼율은 과거에 비해 놀라울 만큼 낮기는 하다. 현재 미국의 전체 인구 중 결혼을 한 사람의 비율은 50%를 가까스로 넘는다. 그렇다고 이런 수치가 곧 사람들이 더 이상 진지한 이성 관계를 원치 않음을 의미하는 것은 아니다. 단지 이들은 이와 같이 진지한 관계를 생의 다른 시기에 그리고 동거와 같이 과거와는 다른 방식으로 갖고자 하는 것일 뿐이다. 오히려 새로운 사실은 황혼의 섹스와 연애 시장이 놀라울 정도로 커졌다는 점이다. 이제는 과거 그 어느 때보다 많은 사람들이 노년기에 단기적 또는 장기적 섹스 파트너를 찾아 나서고 있다.

황혼 데이트 시장은 호황

—— 시장이란 내가 앞서 말한 대로 활성화 또는 비활성화되어 있다. 비활성화된 시장에서는 구매자나 판매자 모두 수가 적어 양측이 기꺼이 거래에 응할 만한 가격에 도달하기가 어렵고, 거래도 많지 않다. 하지만 시장이 활성화되면 구매자와 판매자가 모두 많아져 서로 원하는 시장가격에 시장이 청산됨으로써 균형을 달성하기가 쉬워지며 거래도 늘어난다.

황혼 결혼 시장은 지난 수년 동안 점차 활성화되었다. 이는 보다 많은 거래가 이루어짐을 의미할 뿐만 아니라 더 많이 섹스와 연애를 하게 된다. 시장에서 형성되는 연애 관계가 10년이나 20년 전에 비해 질적으로 향

상되었음을 의미한다. 황혼기의 연애 시장이 과거에 비해 이렇게 활성
화된 데 대해서는 여러 가지 경제학적 설명이 가능하다.

첫 번째로 많은 사람들이 결혼을 늦게 한다는 사실을 들 수 있다. 이
것은 부분적으로는 남녀 모두 예전보다 더 적은 수의 자녀를 원한 데
서 비롯된 현상이다. 사람들이 보다 소규모 가족을 선호한다는 것은
여성들이 나이 들어 결혼을 해도 원하는 수만큼 아이를 가질 수 있다
는 의미이다. 아이를 한두 명만 낳으려고 한다면 많은 여성의 경우 30
대가 되어서 아이를 갖기 시작해도 목표를 달성할 수 있다. 네다섯 명
의 아이를 목표로 하였을 때라면 어림없는 일이다. 불임시술의 발달이
나 여성을 나이보다 젊어 보이게 만드는 라이프스타일도 여성이 젊은
나이에 결혼과 출산을 해야 한다는 강박관념에서 벗어나 30대 후반이
나 40대 초반에도 아이를 가질 수 있으리라고 기대하게 만든다.

효과적인 피임약과 사회 규범의 변화로 혼전섹스가 늘어나면서1장에
서 이야기한 것처럼 남녀 모두 결혼과 금욕주의 사이에서 양자택일을 할
필요도 없어졌다. 이런 선택의 자유 덕에 장기적 연애 관계를 갖기 전
에 다양한 섹스 파트너를 경험해 보는 것도 가능해졌다. 또한 미혼이
면서도 활발한 성관계를 가질 수 있는 자유가 생기자 사람들은 좀 더
시간을 들여가며 장기적 관계의 파트너를 찾게 되었다. 집안일을 도
와주는 가전제품이 속속 개발되고 저녁 식사 준비나 빨래처럼 여성의
전유물로 여겨졌던 서비스나 집안일도 돈으로 해결할 수 있게 되면
서 미혼 생활도 수월해졌다. 남성들에게는 더 이상 가사노동을 담당
할 여성이 필요하지 않고, 여성도 전통적 가사노동에 매달리는 대신

임금노동에 종사할 수 있게 되었다. 이와 같이 혼자서도 충분히 잘 살수 있는 조건이 갖추어지면서 남녀 모두 싱글 생활을 오래 즐길 수 있게 되었다.

이러한 경제적 요인 덕에 혼외 출산에 대한 비판적 시각도 누그러졌다. 여성 혼자 아이를 키울 능력이 늘어나자 사회적 규범도 미혼모를 용인하는 방향으로 점차 변하고 있다. 임신 때문에 서둘러 하는 결혼이 옛일이 되어 버린 지금, 10대나 아주 젊은 나이에 아이를 가진 여성이라고 해도 임신 때문에 급하게 결혼하는 경우는 별로 없다.

황혼 연애 시장을 찾는 사람이 과거보다 많아진 두 번째 원인은 우리가 이미 알고 있는 것처럼 온라인 데이트나 SNS 이용이 늘어나면서 애인을 찾는 데 드는 비용이 줄었다는 사실이다. 애인 탐색 비용의 절감은 젊은 싱글들보다 나이 든 싱글들에게 더 큰 영향을 미쳤다. 노년의 싱글들은 젊은 싱글보다 사회적으로 소외되기 쉽기 때문에 인터넷 기술이 없었다면 애인 탐색 비용이 훨씬 더 많이 들었을 것이다. 그런데 온라인 데이트 기술이 도입되어 이 비용이 줄어든 덕에 나이 든 이들도 쉽게 섹스와 연애 시장에 발을 들여놓을 수 있게 되었다. 또한 노년층을 집중적으로 공략하는 온라인 서비스가 많다는 사실도 이러한 경향을 거들었다.

버니 호건, 윌리엄 더튼, 나이 리가 주도한 옥스퍼드 인터넷연구소의 국제적 조사 결과 역시 황혼 연애 시장에서 인터넷의 위력을 증명해 준다. 이들에 따르면 1997년 이후 데이트를 시작한 사람들 중 나이 든 커플이 젊은 커플보다 온라인에서 처음 만난 비율이 압도적으로 높았다. 20대 커플의 경우는 겨우 19%만이 온라인을 통해 만난 데 비해 30대는 23%, 40대는 35%, 50대는 38%, 60대는 37%가 온라인을 통해 첫 만남을 가졌다.

황혼 연애 시장을 찾는 이들이 늘어난 세 번째 원인은 사람들의 수명이 길어졌기 때문이다. 2007년 「미국 주요 통계 보고서National Vital Statistics Report」에 따르면 1960년 당시 60세였던 남성의 경우 잔여 수명이 대략 15년으로 예상되었으나, 오늘날 같은 나이의 남성은 21년을 더 살 것으로 예상된다. 한편 1960년대에 60세였던 여성은 20년 정도 더 살 것으로 예상되었는데, 오늘날 이 잔여 기대수명은 24년으로 늘어났다.

수명 연장이 중요한 이유는 두 가지이다. 첫째, 새로운 연애를 시작하기 위해서는 애인 탐색 및 새로운 관계 형성과 같은 투자가 필요한데, 이를 새 연인을 찾는 데 드는 고정비용이라고 생각할 수 있다. 파트너의 기대수명이 길어질수록 투자 수익이 커지게 된다. 따라서 사람들의 평균 수명이 길어지면서 황혼의 남녀가 기꺼이 새로운 사랑을 찾는 데 시간을 투자하게 되는 것이다. 둘째, 남녀 간 기대수명이 비슷하게 늘어나면서 커플 중 한 사람이 먼저 죽었을 때 남은 사람 혼자 지내야 하는 시간이 대폭 짧아졌고, 그러자 나이 든 사람들이 보다 쉽게 망설임을 떨쳐내고 연애를 시도하게 되었다. 특히 이런 효과는 여성들 쪽에서 크게 나타난다. 여성이 남성보다 훨씬 오래 살던 때라면 과부가 되는 것이 두려워서, 사람에 따라서는 두 번째로 짝을 잃는 경험을 하는 것이 싫어서 새로운 관계를 피하였을 것이기 때문이다.

오히려 키 작은 남성이 젊은 아내를 얻는다

많은 여성이 남편의 키를 중요시한다는 통념은 키가 작은 남성은 덜 매력적인 여성에게 만족해야 한다는 것을 암시한다. 그러나 경제학자 허핀Nicolas Herpin의 연구 결과를 보면 키 작은 남성들에게도 희망은 남아 있다. 키 작은 남성이 경제적으로 성공할 경우 좀 더 나이 들어서 키 큰 친구들보다 오히려 더 젊은 아내를 얻을 수 있다는 것이다.

남성의 키와 소득의 관계를 탐색한 연구는 많은데, 독일 데이터를 이용한 한 연구에 따르면 평균보다 7센티미터 큰 남성은 평균 신장의 남성보다 임금이 4% 정도 높다. 물론 키 작은 남성이 결혼 시장에서 인기가 없는 이유가 돈을 적게 벌어서는 아니다. 소득 수준이라는 요소를 통제해도 여성은 여전히 키 큰 남성을 더 선호한다.

댄 애리얼리, 귄터 히치, 알리 호타크수는 2장에서 소개한 인종 선호와 데이트의 관계에 대한 실험을 통해, 온라인 데이트 사이트에서 키 작은 남성은 자신보다 12센티미터 키 큰 여성이 자신과 대화를 원하도록 만들려면 1년에 50만 달러 이상을 벌어야만 한다는 것을 발견하였다. 또한 키가 190~193센티미터인 남성에게 관심을 갖고 메시지를 보내오는 여성은 키가 170~173센티미터인 남성의 경우보다 60% 많았다.

허핀이 프랑스에서 수집한 자료를 바탕으로 조사한 결과도 마찬가지였다. 사회적 지위라는 요소를 통제한 상태에서도 키 작은 남성은 결혼을 하거나 진지한 연애 관계에 빠질 가능성이 눈에 띄게 낮았다. 신장 170센티미터가 채 안 되는 30세에서 39세 남성들 중 60%만이 결혼을 한 반면, 170~180센티미터인 남성의 결혼율은 76%에 달하였다.

이처럼 키 작은 남성은 나이를 먹도록 미혼으로 남아 있을 가능성이 크다. 하지만 나이 들어 높은 지위에 오르면 상황이 달라질 수 있다. 남편의 외모보다 안정적 수입을 제공해 줄 수 있는 능력에 더 관심이 많은 젊은 여성들이 이들에게 관심을 보이기 때문이다. 키가 큰 남성들은 훨씬 젊은 나이에 결혼을 하기 때문에 아직 사회적 성취를 이루지 못한 상태인 경우가 많으며, 따라서 자신과 나이가 비슷한 여성과 결혼할 가능성이 높다.

황혼 데이트 시장이 최근 몇십 년 사이에 이만큼 활성화된 것을 이혼이 많아져서라고 생각하는 사람도 있을 것이다. 하지만 이혼은 이런 현상을 전혀 설명해 주지 못한다. 실제로 벳시 스티븐슨과 저스틴 울퍼에 따르면 최근 인구 1,000명당 이혼 수로 측정한 이혼율은 1970년 이후 가장 낮은 상태라고 한다. 근래 들어 이혼이 감소한 것은 앞서 우리가 본 것처럼 최근의 경기불황 때문이기도 하지만 이것이 유일한 이유는 아니다. 보다 장기적인 시점에서 관찰해 보아도 이혼은 지속적으로 줄어드는 추세로, 1979년부터 2005년 사이에 1,000쌍의 부부당 이혼 건수는 23건에서 17건으로 줄었다. 분명 첫 번째 또는 두 번째나 세 번째 배우자와 죽을 때까지 행복하게 살겠다고 꿈꾸었던 많은 사람들이 새로운 사랑 찾기에 나서고 있다. 하지만 사람들의 이런 좌절된 꿈 때문에 황혼 연애 시장의 규모가 커진 것은 아니다. 사실 최근의 이혼 추세를 보면 노년에 싱글이 되는 사람 수가 점차 줄어들고 있기 때문에, 그런 관점에서 본다면 이 시장은 오히려 줄어들어야 마땅하다.

황혼의 연애시장은 매력적인 노년 남성을 위한 곳?

—— 우리는 고등학교나 대학교 캠퍼스의 일회용 섹스 시장에 대해 이야기하면서 여성이 남성보다 많을 경우 성별 불균형 때문에 남성이 섹스 문제에서 좀 더 많은 주도권을 쥐게 된다는 사실을 살펴본 바 있다. 그런데 인구상으로는 생식 능력이 있는 연령의 남성과 여성이 대략 비슷한데도 불구하고 여성들은 종종 남성이 시장의 주도권을 쥐고 있는 상황에서 파트너를 찾아야 하는 경우가 있다. 이러한 현상이 일어나는 것은 여성이 섹스 파트너를 구하는 데 더 까다로워서이기도 하지만 남성은 단기간 사귈 파트너를 여럿 찾는 데 비해 여성들은 길게 만날 한 사람을 찾기 때문이기도 하다.

배우자에게 충실하고자 하는 수준이나 배우자를 얼마나 까다롭게 선택하는지와 관련한 남녀 간의 차이는 분명 생물학적으로 잘 설명된다. 즉 남성은 임신 가능한 여성을 짧게 많이 만나야 하고, 반면 여성은 우수한 자질의 남성을 오래 만나야 한다. 이는 우리 모두에게 익숙한 이론이며, 너무나 널리 받아들여져서 남녀의 성 행동의 차이를 바라보는 기본적 시각이 되었을 정도이다. 그렇다면 이미 생식 능력이 쇠퇴한 노년에도 이와 같은 생물학적 경향이 적용된다고 봐야 할까?

나이가 들면 남녀 모두 생식 능력이 변화함에 따라 섹스와 연애 시장에서 애인을 찾는 방법도 변화할 수밖에 없다. 예를 들어 폐경 이후의 여성은 더 이상 아이에게 우수한 유전자를 전해 줄 남성을 찾을 필요가 없고, 일회용 섹스를 한다고 해도 원치 않은 임신 때문에 평생 수입이 줄어든다거나 나중에 결혼을 하기 어려워지는 등의 불이익을 당할 염려가 없다. 한편 나이 든 남성은 처음엔 자신의 쇠퇴해가는 생식 능력을 보상받고 싶어 보다 젊고 생식 능력 있는 여성을 고르려고 하겠지만, 일정 나이를 넘기고 나면特히 생식 능력 있는 여성을 얻을 능력이 사라질 때면 더 이상은 번식이라는 생물학적 요구에 따라 애인을 선택할 이유가 없다. 마침 이러한 현상이 일어나는 시기는 남성이 나이 들어가는 자신을 기꺼이 돌보아 줄 여성을 찾아야 하는 경제적 동기를 갖는 시점과 일치한다.

또한 비록 격차가 줄어들고는 있지만 남녀 간 기대수명의 차이로 인해 여성은 계속해서 가사노동에서의 비교우위를 갖는다. 여성이 상대적으로 건강하기 때문에 - 옮긴이 하지만 우리가 4장에서 살펴본 것처럼 결혼이라는 거래를 통해 이익을 얻으려면 각자 뭔가를 상대에게 제공해야 한다. 여성 입장에서 볼 때 만일 남성을 돌보느라 소모하는 비용이 그가 제공하는 혜택보다 너무 크다면 그 남성과 오랜 시간 엮이느니 그냥 혼자 사는 편을 택할 것이다. 이제는 일회용 섹스나 가볍게 즐기고 살아도 크게 잃을 것이 없기 때문이다.

이와 같이 생식 능력의 감퇴와 여성의 기대수명이 여전히 더 긴 상황에서 적어도 이론적으로는 여성은 단기적 파트너를 찾고 남성은 오래 사귈 파트너를 찾는 경향이 생길 것이라고 생각해 볼 수 있다. 여기에서 떠오르는 기억이 하나 있다. 수년 전 아버지의 오랜 친구가 우리 집에 찾아와 몇 년 동안 사귀던 여자와 헤어졌다는 이야기를 꺼낸 적이 있다. 아버지가 헤어진 이유를 묻자 친구분은 슬프게 고개를 저으며 말하였다. "그 여자, 날 그저 섹스 상대로 이용하였던 거야." 이 불쌍한 아저씨가 이 깨달음을 얻었을 때 그는 무려 80세가 넘은 나이였다. 하지만 내 눈으로 볼 때는 섹스를 떠올리기에 너무 늙은 할아버지였을지 몰라도 아저씨가 사귀던 여성에게는 분명 적당한 섹스 파트너였을 수 있다. 아저씨로서는 그 정도로 만족할 수 없었지만.

　나는 이 장을 시작하면서 남녀가 섹스와 관련된 결정을 내릴 때 남녀 성비가 중요하다는 사실을 지적하였다. 그런 점에서 노년의 경우에도 10대나 대학생들처럼 여성에게 성비의 압력이 작용을 해서 시장에서 섹시한 노년 남성이 여성보다 주도권을 많이 행사할 것이라고 예상하기 쉽다. 하지만 나는 노년 여성이 젊은 여성과 같이 결혼에 집착하고 노년 남성도 젊은 남성들처럼 가벼운 섹스를 원한다는 가정 자체가 잘못되었다고 생각한다.

　순수하게 경제학적 관점으로만 본다면 상대적으로 판매자가 많고 구매자가 적은 상황에서 상품의 가격은 판매자와 구매자 수가 같을 때보다 낮아져야 한다. 그런데 이 시장에서 가격이란 돈이 아니라 짝짓기의 질적 수준으로 측정된다. 만일 연애할 남성을 찾는 노년 여성의 수가 여성을 찾는 노년 남성의 수보다 훨씬 많다면, 여성은 원하는 것보다 수준이 떨어지는 상대에게 만족할 수밖에 없다.

이 가설은 다음과 같은 방식으로 검증할 수 있다. 즉 노년 여성이 별로 흡족하지 않은 남성하고도 기꺼이 관계를 맺으려고 하는데 남성 쪽에선 그럴 생각을 보이지 않는다면, 그 황혼 데이트 시장은 나이 든 여성의 수가 남성의 수보다 많은 곳이라고 결론을 내릴 수 있다. 매킨토시William McIntosh, 로커Lawrence Locker, 브라일리Katherine Briley, 라이언 Rebecca Ryan, 스콧Alison Scott이 바로 이 가설의 검증을 시도하였는데, 이들에 따르면 노년 남성은 보다 만족할 만한 짝을 찾기 위해 좀 더 오랜 시간 투자하는 것을 마다하지 않는다는 점에서 젊은 남성보다 애인을 찾는 데 더 까다롭다. 당연한 현상이다. 황혼 시장에는 워낙 다양한 여성이 구비된 탓에 남성이 시장 지배력과 무관하게 원하는 여성을 보다 쉽게 찾을 수 있기 때문이다. 그런데 연구 결과를 보면 황혼 시장에서도 여성은 남성보다 한술 더 뜬다. 노년 여성은 동년배 남성보다 더 까다롭게 애인을 고르는 것은 물론, 상대의 인종, 나이, 수입, 키 등을 따지는 데 있어서 젊은 여성보다도 더 까탈스럽다.

통계에 따르면 65세 이상 인구의 여성 대 남성 비율은 3대 1이다. 이 성비로만 보면 황혼 데이트 시장에서는 남성이 시장 지배력을 가질 것 같지만 실상은 그렇지 않다. 이것은 노년 여성의 경우 마음에 안 드는 사람과 사귀느니 다른 선택을 얼마든지 할 수 있기 때문이다. 독신으로 남는 방법이 그것이다. 늙어가는 남성을 돌보는 일이 부담스럽게 느껴지는 노년 여성에게는 솔깃한 대안이 아닐 수 없다.

최근 어머니의 친구 한 분과 이야기를 할 기회가 있었다. 그 분은 60대 후반의 매력적인 여성이었는데, 앞으로 자신이 누군가와 데이트를 하게 된다면 그 상대는 자신에게 의사의 진단서와 은행 잔고를 기꺼이 보여 줄 수 있는 남성일 것이라고 말하였다. 나라면 절대 의사한테 찾아가서 데이트에 관한 조언을 구하고 싶을 것 같지 않지만, 어머니 친구의 이야기를 돌이켜 보건대 적어도 상식이 있는 노년 여성이라면 새 파트너를 찾으려고 할 때 의사의 진단서는 물론이고 심지어 보험설계사와도 상의해 볼 만하다는 생각이 든다.

　어쩌면 나이 든 남성이란 사랑과 보살핌과 섹스를 지속적으로 제공해 주는 연금보험이라고 생각하는 것이 제일 좋은 방법인지도 모른다. 이 연금보험은 확정 기간 동안 연금을 지급하는 것이 아니며, 보험 구입 당시에는 만기가 언제인지 알 수 없는 상품이다. 여성이 이 보험에 얼마나 기꺼운 마음으로 투자할 것인지는 연금이 제공할 사랑, 보살핌, 섹스 등의 혜택에 의해 결정될 뿐만 아니라 예상 만기일에 의해서도 좌우된다. 연애 관계가 막 시작될 시점에는 투자 만기일이 언제일지 알 수 없는 만큼 위험회피형 여성이라면 수익을 거두기도 전에 보험이 파기되어 버릴 가능성에 대비한 보상책이 필요하다.

　위험회피형 여성에게는 남성의 기대수명이 여성보다 짧다는 것이 자신의 유보가치를 높이는 효과가 있다. 아주 괜찮은 배우자감이 아닌 이상 노년 여성들은 이런 위험까지 감수하려고 하지 않는다. 그래서 일부 황혼 데이트 시장에서 여성이 남성보다 많은데도 시장 지배력을 갖는 것이다.

사귀기 전에 상대의 건강진단서가 필요하다고 말하였던 어머니 친구 이야기로 되돌아가 보자. 솔직히 나는 노년층의 성생활에 대해 별로 아는 것이 없었으므로 어머니 친구가 의사의 진단서 이야기를 꺼냈을 때에는 그녀가 단지 자기보다 오래 살 남성을 찾으려고 한다고만 생각 하였다. 나는 그녀가 어느 바람기 많은 크루즈 선장과 배 안에 가득하 였던 섹시한 노년 여성들에 얽힌 이야기를 들려준 뒤에야 그녀가 진짜 바라던 것이 무엇이었는지 깨달았다. 그녀는 전체적으로 몸이 건강할 뿐만 아니라 무엇보다 성병이 없는 연인을 찾고 있었던 것이다. 다음 에 살펴볼 것처럼 50대 이상 연령층이 지난 수십 년 동안 보다 위험한 성행위에 노출되고 성병 감염이 늘어나는 것을 보면 어머니 친구의 생 각은 좋은 발상인 것 같다.

엄마에게 '콘돔 없는 섹스는 사절!'을 가르치는 방법

―――― 본래 '젊음'과 '어리석음'은 서로 잘 어울리는 표현이다. 그래 서 열여덟 살이라면 콘돔을 쓰는 것이 좋을지 나쁠지 따지고 있어도 용서가 된다. 그런데 어리석음이 더 이상 젊은이들만의 일은 아닌 것 같다. 일회용 섹스가 늘고 콘돔 사용률이 극도로 낮아지면서 50세 이 상 인구의 성병이 점차 늘어나고 있다.

미국의 경우 HIV와 에이즈 환자 가운데 가장 많은 수를 차지하는 연령층은 45~49세이고, 2007년에서 2009년 사이 감염률이 가장 많이 치솟은 연령층은 60~64세 사이였다. 전국 성 보건 및 성 행동 조사 National Survey of Sexual Health and Behavior에 따르면 성생활을 계속하고 있는 50세 이상 남성의 23%는 자신의 마지막 성행위가 우연히 만난 사람과의 가벼운 섹스였고, 지난 한 해 동안 새로운 섹스 파트너를 한 명 또는 두 명 이상 만났다는 남성 중 마지막 섹스를 할 때 콘돔을 사용한 사람은 25%에 불과하였다.

커플들이 섹스를 할 때 콘돔을 사용할지 여부는 쓰지 않았을 때 누릴 수 있는 혜택과 비용을 어떻게 저울질하는가, 그리고 두 사람 사이에 협상력이 어떻게 배분되어 있는가에 달려 있다. 그중 콘돔 없는 섹스에 따른 비용을 결정하는 것은 상대방이 현재 성병에 감염되어 있을 가능성과 자신에게로 병이 옮을 가능성이다.

노년층 성병 감염률은 현재 증가 추세이지만 젊은 성인층에 비해서는 아직 낮은 편이다. 20~24세 남성의 매독 감염률은 55~60세 남성에 비해 10배나 되고, 임질의 감염률은 거의 40배, 클라미디아 감염률은 100배나 높다. 따라서 노년층끼리 섹스를 할 때는 콘돔을 사용하지 않아도 젊은 성인층에 비해 상대로부터 성병에 감염될 위험이 적다.

그런데 노년층에서는 남성의 성병 감염률이 높아 남성과의 콘돔 없는 섹스가 여성과의 콘돔 없는 섹스보다 훨씬 위험하다. 더욱이 감염된 상대방과의 섹스를 통해 감염될 확률인 전염률transmission rate은 여성이 남성보다 훨씬 높다. 가령 HIV에 감염된 여성과 콘돔 없이 섹스를 한 남성이 이 병에 감염될 확률은 0.01에서 0.03%인 반면, HIV에 감염된 남성과 콘돔 없이 섹스를 함으로써 상대 여성이 감염될 확률

나이 든 여성을 위한 매춘업소는 없다?

낯선 사람 또는 다양한 파트너와의 섹스는 주로 남성들의 취향으로 간주되어 왔고, 이런 취향 탓에 매춘이 생기기도 하였다. 반면 여성은 보다 소수의 파트너와의 진지한 관계에서 이루어지는 섹스를 선호하기 때문에 여성을 위한 섹스 거래란 거의 존재한 적이 없다. 그런데 오늘날처럼 노년 여성이 일회용 섹스 파트너를 찾기 어려운 현실에서는 이 특수한 수요를 겨냥한 시장이 돈을 벌 수도 있지 않을까?

사회학자 테일러Jacqueline Sánchez Taylor는 캐리비언 해변에서 만난 여성 여행객들에게 현지 남성들과 섹스를 나눈 적이 있는지 물었다. 그런데 현지 남성들과 일회용 섹스를 하거나 또 돈을 지불한 적이 있는 일부 여성들조차도 모두 노골적으로 섹스를 구매하는 데에는 관심을 보이지 않았다.

테일러가 인터뷰한 여성 중 31%가 여행 기간에 적어도 한 번 이상 섹스를 하였는데, 이 중 거의 절반이 여러 명의 파트너와 섹스를 하였고 심지어 5명 이상과 섹스를 하였다고 고백한 사람도 있었다. 그리고 현지 남성과 섹스를 한 여성 중 60%는 상대에게 돈이나 일종의 선물을 주었다고 인정하였다. 이 인터뷰는 여성들의 여행 도중에 이루어졌기 때문에, 인터뷰 이후 여성이 돌아가기까지 사이에 남성이 여성에게 돈을 요구하였을 경우는 포함되지 않았다. 한편 현지 남성과의 섹스가 어떤 의미였는지 물었을 때는 오직 두 사람만이 순전히 육체적 관계였다고 답하였고, 20% 이상은 진정한 사랑이었다고 답하였다. 하룻밤 섹스를 나누고 상대 남성에게 돈을 준 여성조차도 이 관계를 휴가철 로맨스였다고 표현하였다.

이처럼 분명 여성을 위한 섹스 거래는 존재한다. 하지만 이런 여성들이 과연 자기 고향에서도 매춘업소를 이용할까? 아마 그렇지 않을 것이다. 여행 중이었던 여성들 가운데 25%는 노골적으로 돈을 주고 남성을 사라는 제의를 받았지만, 아무도 이를 받아들이지 않았다. 여행 중 섹스를 즐긴 여성들은 오로지 낮은 가격으로 서비스를 이용할 수 있는 저개발·저임금 국가에서만 남성을 만났다. 만일 이것이 선진국의 매춘업소에서도 가능하다면, 그리고 그 가격이 그럭저럭 지갑을 열 만한 수준이라면 여성들은 진짜 선진국 매춘남도 돈을 주고 사게 될 것인가?

은 0.05에서 0.09%이다. 이 확률이 별것 아닌 것처럼 보일지 모르지만 HIV는 여성이 남성보다 감염될 확률이 높은 여러 성병 중 하나에 불과하다는 사실을 계산에 넣어야 한다.

노년 여성은 이 같은 성병 노출 위험과 전염률 때문에 콘돔 없이는 섹스도 안 한다고 주장하고 있지만 콘돔을 쓰도록 남성을 설득하기는 쉬운 일이 아니다. 하지만 불가능한 것도 아니다. 사실 노년 여성이 진지한 연인 관계보다 가벼운 섹스를 선호한다면 젊었을 때보다 파트너에게 콘돔 사용을 강제하기가 오히려 수월해진다. 상대와 장기적인 관계를 유지하고 싶은 마음 때문에 콘돔을 쓰지 않고 섹스를 하자는 남성의 요구를 억지로 들어줄 필요가 더 이상 없기 때문이다. 황혼의 데이트 시장에서는 남성이 오히려 자신이 죽을 때까지 유지될 수 있는 장기적 관계를 얻기 위해 여성의 요구를 들어주어야만 한다는 압박을 받는다.

이렇게 남녀의 기대수명 차이 때문에 생긴 시장 불균형을 해소하기 위한 해결책이 한 가지 있는데, 바로 나이 든 여성이 젊은 남성과 짝을 맺는 것이다. 다른 연구 자료들을 보아도 이것이 최선의 문제 해결 방법이라고 생각하는 사람은 나 혼자가 아닌 것 같다.

쿠거[5]가 해결책이 될 수 있을까?

──── 나는 서른여섯 살 때 지인으로부터 초대 받은 저녁 식사 자리에서 아주 곤혹스러운 경험을 한 적이 있다. 당시 나는 아무도 나한테 중매를 서지 않는다며 한탄하고 있었는데, 그때 나를 식사에 초대한 사람들이 반색을 하며 나에게 꼭 맞는 남성을 찾아냈다고 하였다. 그들의 묘사에 따르면 그 남성은 모든 점에서 나와 정반대 사람인 것 같았다. 도대체 그들의 눈에 그 남성의 어떤 점이 나와 걸맞을 것이라고 비추어졌는지 의아하였지만 차분히 듣고 있었다. 나는 연애에 있어서 개방된 태도를 유지하려는 사람이 아니던가! 하지만 상대방의 나

──────────────────

5 쿠거cougars는 연하 남성과 데이트하는 여성을 의미 – 옮긴이

이를 듣는 순간 나는 그 제안을 거절하였다. 그의 나이는 53세였다. 이 사건이 나에게 그토록 오래 기억에 남았던 것은 사람들이 내 아버지뻘 되는 나이 많은 남성을 소개하려고 하였기 때문이 아니다. 정작 놀라운 것은 내가 열일곱 살이나 연상인 남성에게는 관심이 없다고 말하였을 때 주변 사람들이 보여 준 표정이었다. 이들의 표정에는 이렇게 쓰여 있었다. "우리 중에 누가 이 순진한 여자에게 이보다 더 좋은 조건을 바라서는 안 된다고 이야기해 줄까?" 이게 딱 한 번밖에 없었던 경험이라고 이야기할 수 있다면 얼마나 좋을까!

나이 차이가 너무 많이 나면 장기적 남녀관계에 골칫거리가 될 수 있다. 6장에서 다룬 제인의 이야기를 떠올려 보라. 배우자보다 너무 어리다는 사실 때문에 제인은 부부가 함께 결정해야 될 문제에 대해서도 협상력이 없었고, 그로 인해 결혼 생활은 불행해졌다. 존과 제인의 결혼이 짧게 끝난 것이 순전히 나이 차이 때문은 아니지만, 길게 보았을 때 부부간의 나이 차이가 성공적 결혼 생활을 유지하는 데 큰 영향을 미친다는 것은 입증된 사실이다.

앞서 나는 부부 사이의 협상력이란 적어도 이론상으로 볼 때 결혼 관계 외부에서 이성을 새로 찾는 데 유리한 사람이 누구인가에 달려 있다고 말하였다. 배우자보다 얼마나 나이가 젊은가도 이를 결정하는 요인 중 하나이다. 예를 들어 젊은 여성이 나이 든 여성보다 선호되는 경우 다른 모든 조건이 동일하면 40세 남성과 결혼한 25세 여성이 같은 40세 남성과 결혼한 40세 여성에 비해 훨씬 큰 협상력을 갖게 마련이다. 그런 관점에서 보면 제인이 존보다 훨씬 젊었고, 이에 따라 좀 더 많은 선택권을 갖고 있었던 만큼 남편보다 오히려 큰 협상력을 가졌어야 마땅하였다.

그런데 소냐 오레피스의 연구에 따르면 커플 중에서 나이가 상대적으로 어린 배우자가 집안일을 결정하는 데 발언권을 덜 갖게 되는 현상은 이성애 커플에게서 흔히 볼 수 있다고 한다. 또한 이 연구에서 진짜 흥미로운 사실은, 이성 커플과 달리 동성 결혼의 경우에는 나이 차와 협상력 사이의 관계가 경제 이론이 예측하는 것과 완전히 일치한다는 점이다.

부부가 협상해서 결정할 집안일 중 하나는 가족 구성원들이 돈벌이와 집안일 또는 아무 일도 안하고 노는 것 여가, leisure 사이의 시간 배분을 어떻게 하느냐는 문제이다. 우리는 흔히 가장 큰 협상력을 가진 사람이 가장 적은 시간을 돈벌이에 쓰고 자녀 수와 같은 요소들은 모두 통제한 상황에서 협상력이 가장 적은 사람이 보다 일을 많이 할 것이라고 예상할 수 있다. 즉 배우자보다 얼마나 더 많은 일을 하는가는 상대보다 협상력이 얼마나 뒤떨어지는가에 달려 있으리라는 것이다. 소냐 오레피스에 따르면 남편보다 다섯 살 어린 아내는 오로지 나이가 어리다는 이유 때문에 1년에 10시간 일을 더 일하고, 반면 남편은 11시간 일을 덜 한다. 이는 부부 중 나이가 더 많은 쪽이 예에서는 남편이 연장자이지만, 성별은 무관하다. 이 더 많은 협상력을 가진 탓에 자신은 노동시장에서 덜 일하고 배우자는 더 많은 시간을 일하도록 협상할 수 있다는 사실을 의미한다.

그런데 레즈비언이나 게이 커플의 경우는 이런 역학 관계가 거꾸로 나타날 뿐만 아니라 그 차이도 커진다. 커플 중 나이가 젊은 쪽이 보다 큰 협상력을 갖고, 그 결과 더 적은 시간 일하는 쪽으로 협상을 매듭지을 수 있다는 것이다. 레즈비언 커플을 보면 파트너보다 나이가 다섯 살 어린 여성은 노동시장에서 1년에 21시간 일을 덜 하는 반면 나이가 많은 쪽은 20시간 일을 더 한다. 게이의 경우 다섯 살 어린 쪽이 1년에 22시간 일을 덜 하고 나이 많은 쪽은 23시간 일을 더 많이 한다.

이와 같은 역학 관계는 노동시간뿐 아니라 커플 간에 돈이 이동하는 방향에서도 찾아볼 수 있다. 동성 커플의 경우 나이 차이가 많이 날수록 나이 많은 쪽 배우자가 젊은 상대에게 더 많은 돈을 건네준다. 나이 차이가 다섯 살일 때 레즈비언 커플의 경우 2,200달러, 게이 커플의 경우 1,500달러 반면 이성애 커플은 거꾸로 젊은 배우자에게서 나이 든 상대 쪽으로 돈이 이전된다. 나이 차이가 다섯 살일 때 900달러

이성애 커플의 경우 나이가 더 많은 배우자가 더 많은 협상력을 갖는다는 사실은 보다 젊은 배우자가 이혼 시 재혼하기가 더 쉽다는 통념에 비추어 볼 때 이해하기 어려운 현상이다. 그렇다면 이런 현상은 왜 생길까? 그 이유 중 하나는 십중팔구 나이 많은 쪽이 남편이며 남편은 연장자이자 남자라는 사실에서 얻은 권위 덕에 젊은 아내보다 우월한 지위를 누린다는 것이다. 두 번째 가능한 설명은 법적 부부의 경우 외도의 대가가 너무 크기 때문에 외도를 가능하게 해 주는 젊음이 협상력에 미치는 영향력이 상당 정도 축소되었을 수밖에 없다는 것이다.

동성 커플들에게는 관계가 깨지는 것을 막아 주는 안전장치가 상대적으로 적고 이 데이터는 동성 결혼이 법적으로 인정되기 전인 2000년에 수집한 것이

가슴 확대 수술은 경기호황의 지표

6장에서 우리는 성인용품 시장을 관찰하면 불황을 예측할 수 있다고 하였다. 경기가 나빠지면 사람들이 큰돈을 들이지 않고 기분전환을 할 수 있는 방법을 찾게 되기 때문에 성인용품 수요가 늘어난다는 내용이었다. 같은 이유로 섹스용 윤활제 역시 불황을 알려 주는 지표로 사용될 수 있다. 그런데 경기가 호전되는 것을 알려 주는 시장도 하나 있으니 바로 가슴 확대와 성형수술 시장이다.

2011년 미국 성형외과의사협회American Society of Plastic Surgeons가 발표한 자료에 따르면 안면 성형9% 증가, 가슴 성형3% 증가, 하체 성형9% 증가, 상완 upper arm 성형5% 증가, 허벅지 성형8% 증가 모두가 증가하여 사람들 사이에 젊게 보이고자 하는 수요가 점차 늘어나고 있음을 알 수 있다. 협회는 이러한 성형 수요 증가는 소비 의욕이 상승하고 있음을 보여 주는 지표이며따라서 가슴 확대 수술이 경기 호전을 나타내는 지표로 사용될 수도 있다. 이는 부분적으로 지난 2년 간 경제적 어려움에 억눌렸던 대중의 요구가 폭발한 결과라고 주장하였다.

하지만 다른 설명도 가능하다. 가령 나이 들어가는 노동자 중 일부가 자신이 가입한 연금 상황을 걱정하다가 마침내 경쟁이 계속 치열해지고 있는 노동시장에 좀 더 머무르기로 결정하였을 수도 있다. 그래서 젊음과 활기찬 외모에 보상하는 노동시장에서 지위를 유지하기 위해 외모 가꾸기에 투자한 것일 수도 있는 것이다. 만약 그렇다면 성형 수요의 증가는 경기에 대한 소비자 신뢰 때문이 아니다. 사실 성형수술이란 오히려 신뢰가 결여되어 생겨나는 게 아닌가 싶기도 하다.

다. 동성의 결합인 만큼 성별에 따라 사회적으로 차등하게 부여되는 권위 따위가 존재하지 않는다. 이 점에서 동성 커플의 관계는 자유시장 경제의 작동 방식과 보다 비슷하게 기능하며, 경제 이론이 예측한 것과 같이 커플 중 젊은 파트너 쪽이 보다 큰 협상권을 갖는다.

결혼한 커플의 나이 차를 둘러싼 논쟁거리는 또 있다. 과연 나이 차이가 많을수록 결혼 생활이 행복할까? 호주에서 수집한 데이터를 이용하여 이 질문에 대한 답을 구한 키픈Rebecca Kippen, 채프먼Bruce Chapman, 펑 위Peng Yu는 결혼한 커플 간에 나이 차이가 많을수록 결혼이 이혼으로 끝나기 쉽다고 주장한다. 예를 들어 남편이 아내보다 두 살 연하인 커플은 남편이 한 살 연하이거나 남편이 세 살 연상인 커플에 비해 이혼 가능성이 53% 높다. 나이 차와 이혼 가능성의 비례 관계는 아내 쪽이 연상인 경우에만 나타나는 것이 아니다. 남편이 아내보다 아홉 살 이상 많은 경우, 아내보다 한 살 연하이거나 세 살 많은 경우에 비해 이혼율은 두 배나 높다.

속임수 없는 해피엔딩

몇 년 전 휴고 미알론이라는 창의적이고도 용감무쌍한 학자가 1만 6,000명의 남성과 여성을 조사하여 남녀의 오르가즘에 대한 경제학적 분석을 내놓았다. 여기에서 이야기하는 오르가즘은 도파민이 유발하는 진짜 생물학적 흥분 상태가 아니다. 그가 정작 밝히고 싶었던 것은 남녀가 종종 섹스를 할 때 가짜로 절정을 연기하는 이유였다.

설문에 답한 남성의 거의 26%가 현재 사귀는 사람과 섹스를 할 때 오르가즘을 가장해 보았다고 한 데 비해 여성은 72%가 가짜 오르가즘을 연출해 보았다고 답하였다. 남성이 상대적으로 가짜 오르가즘을 덜 연출하는 것은 해 봤자 통할 리가 없다고 생각하기 때문이다. 그리고 배우자를 속였다가 겪는 후폭풍 비용은 거짓말이 발각될 가능성이 얼마나 높으냐에 의해 결정되는데, 이에 따르면 가짜 오르가즘이 들통났을 때 따르는 비용은 여성보다 남성 쪽이 크다.

그렇다면 여성이 오르가즘인 것처럼 연기를 할 때 과연 속는 쪽은 누구일까? 여성이 남성을 속이려고 연기를 하고 있으니 남성 쪽이 속는 것일까? 아니면 자신이 남성을 속였다고 믿는 여성 쪽이 사실은 속고 있는 것일까? 설문에 답한 다수의 남성 55%은 여성이 가짜 오르가즘을 연기할 때 자신이 여기에 속아 넘어가지 않았다고 주장한다. 통계적으로 볼 때 이들 중 적어도 절반은 오르가즘을 가장하는 여성과 자고 있다. 반면 24%의 여성만이 자기가 속이면 파트너가 이를 알아챌 것이라고 믿는다고 하였다. 이 수치에는 절정을 가짜로 연기하지 않는다고 답한 여성들도 포함되어 있다. 이러한 통계적 불일치는 남성이 실은 자신이 속고 있는데도 이를 모른 채 여성이 자신을 속이지 않고 있다고 믿거나 또는 남성이 여성의 연기를 알아채고 있지만 여성은 상대가 속아 넘어가고 있다고 믿어야만 설명될 수 있다.

한편 남성들은 상대가 자신을 속이려는 것을 눈치채면 상대 여성에게 그 사실을 털어놓을까? 그럴 경우도 있겠지만 성 건강 증진센터Center for Sexual Health Promotion가 조사한 바에 따르면 자신과 마지막 섹스를 하였을 때 파트너가 오르가즘을 느꼈다고 답한 남성이 전체 85%인 데 비해, 64%의 여자만이 가장 근래에 가진 섹스에서 절정을 경험하였다고 답하였다.

그건 그렇고, 어떤 사람들이 가장 거짓말을 많이 하는지 알고 싶지 않은가? 먼저 나이 든 남성이다. 아마도 진짜 절정에 오르지 못하는 경우가 많기 때문이 아닌가 싶다. 또한 학력이 높은 사람들도 저학력자들보다 더 자주 파트너를 속인다. 휴고 미알론은 고학력자들의 경우 좀 더 거짓말에 익숙하고 연기도 잘 하기 때문에 상대에게 들키지 않고 가짜 오르가즘을 연기한다고 설명하였다. 내 제자들은 공부를 많이 한 사람은 오르가즘 따위를 느끼기엔 시간이 너무 부족하다고 생각하는 모양인데, 나로서는 참 궁금하기 짝이 없다. 너무 바빠서 20초의 절정을 누릴 시간조차 못 갖게 될 것이라면, 그렇게 공부에 많이 투자해서 뭐에 써먹지?

너무 늙은 배우자와 과연 결혼 생활을 제대로 할 수 있을지 염려되는 것은 일단 차치하고, 내 나이 또래 여성이 나이 든 남성의 관심밖에 받을 수 없는 것이 사실이라면 그날 나를 저녁에 초대하였던 지인의 생각은 옳은 것이었을지도 모른다. 나는 이제 더 이상 내가 원하는 것을 얻을 수 없으니 내 나이 또래 남자와의 연애는 꿈도 꾸지 말아야 한다는 생각 말이다.

　　그러나 나이 든 남성이 오로지 젊은 여자만 찾을 것이라는 가정은 사실 잘못된 것이다. 물론 그들은 젊은 아내를 원하지만, "원하는 것을 항상 얻을 수 있는 것은 아니다."라는 왕년의 경제학도 믹 재거의 명언이 있지 않은가! 그렇다. 나이 든 남성도 젊은 여성과 데이트 하고 싶은 것은 사실이지만, 그가 실제로 만날 수 있는 상대는 대부분의 경우 자기 나이 또래 여성밖에 없다.

　　심리학자 알터로비츠Sheyna Sears-Roberts Alterovitz와 제럴드 멘델손이 '야후! 퍼스널즈'Yahoo! Personals, 야후!가 제공하는 온라인 데이트 서비스-옮긴이에서 수집한 데이터에 따르면 남성들은 나이가 들수록 자신과 나이 차가 더 많이 나는 젊은 여성을 찾는다. 예를 들어 20~34세 남성은 자신보다 평균 1년 정도 어린 여성을 찾는 데 비해 40~54세 남성은 평균 다섯 살 적은 여성을 찾는다. 60~74세 남성은 자신보다 평균 여덟 살 어린 여성을 찾고 75세 이상이 되면 열 살 이상 차이가 나는 여성을 원한다. 여성도 마찬가지로 나이를 먹을수록 점점 더 젊은 남성을 찾는다. 아주 젊은 여성은 자신보다 세 살 정도 연상인 남성을 찾지만, 나이가 들면 점차 자신과 비슷한 나이의 남성을 원한다. 여성이 60~75세에 이르면 같은 또래 남성을 찾게 되고, 75세가 넘으면 자신보다 평균세 살 정도 연하인 남성을 원하게 된다.

미국 인구조사 보고서를 훑어보면 노년층 결혼 시장이 어떻게 거래를 마치고 장을 닫았는지 알 수 있다. 이를 살펴보면 2008년부터 2010년 사이에 있었던 결혼 중 다수가 아주 나이 많은 남성과 젊은 여성의 결합이었다. 또한 새로 결혼한 40세에서 65세 남성 중 50% 가량이 자신보다 다섯 살 이상 젊은 여성과 짝을 이루었다.

여성들도 만만치 않았는데, 자기보다 젊은 남성과 결혼을 한 여성 역시 적지 않았다. 새로 결혼한 40~65세 여성 중 약 17%가 다섯 살 또는 그 이상 나이 차이가 있는 연하남과 결혼하였다. 불과 얼마 전과 비교하면 엄청난 변화이다. 1970년대 말에는 60세 이하 여성 중 다섯 살 이상 차이 나는 연하남과 결혼한 이들은 고작 3%에 지나지 않았다. 30년이 지나자 이런 '미중년 연하남'과 결혼하는 여성 비중이 8%로 늘어난 것이다. 최근의 연구 자료를 보면 위 데이터가 수집된 이후로 10년동안 연하남 결혼은 훨씬 늘어났다.

콜스Melvyn Coles와 프란체스코니Marco Francesconi는 최근 발표한 논문에서 연상녀-연하남 커플이 늘어난 것은 여성의 학력이 높아졌기 때문에 빚어진 현상이라고 주장하고 있다. 여성 학력은 30년 전 여성들에 비해서도 높아졌지만 이제는 자신이 배우자감으로 고르는 남성들의 학력보다 높은 수준이 되었다. 사정이 이렇게 되자 일부 남성들은 경우에 따라 젊지만 경제력이 없는 여성보다 나이는 많아도 경제적으로 성공한 아내를 얻는 쪽을 택하려고 하는 것이다. 통계 자료만 보아도 남편보다 고학력에 고급 직업군에서 일하는 여성은 다섯 살 이상 차이 나는 연하남과 결혼할 가능성이 일반 여성보다 45% 높다.

마무리하는 말

―― 우리는 남편감을 찾아다녀야 마땅할 시간에 공부 한답시고 결혼 기회를 영영 잃어버리게 된 여성을 경고하는 「뉴스위크」 기사로 이 장을 시작하였다. 이후 몇 년 동안 나는 궁금증을 버리지 못하였다. 그 기사를 보고 얼마나 많은 여성들이 절망하여 사랑을 포기하였을까? 기사가 보도되었던 당시 40세였던 미혼 여성 중 68%가 결국은 결혼에 성공하였지만, 혹시 나머지 여성 중에도 기사를 보고 포기하지만 않았다면 결혼에 골인할 수 있었던 이들이 5% 또는 10%는 되지 않을까? 아니면 이들 중 혼자 찬장 속에 남은 음식꼴이 될까 두려워 현명하지 못한 결혼을 선택해 버린 이는 없을까? 또는 대학 졸업장을 받으려고 애쓰다 결혼을 못 할까봐 학업을 포기한 사람은 없을까?

나는 노년 여성에게 통계 수치들이 불리해 보이게 마련이라는 것을 알고 있다. 게다가 나이 든 남성이 오로지 아주 젊은 여성들하고만 사귀려고 한다는 가정까지 더해지면 많은 노년 여성이 자신은 사회적으로 고립된 채 외로운 삶을 살 것이라고 믿게 된다. 하지만 「뉴스위크」가 고학력 여성들에게 절대 결혼을 못 하리라는 그릇된 편견을 심어 준 것과 마찬가지로, 황혼 결혼 시장에서 여성이 남성보다 훨씬 많다는 통계 역시 노년 여성들에게 자신이 시장 지배력을 상실하였다는 잘못된 편견을 심어 준다. 또한 이 데이터는 노년 남성에게도 역시 똑같은 착각을 안겨 주게 마련인데, 이런 착각 모두 위험한 것이 아닐 수 없다. 나는 문제의 기사가 실렸던 「뉴스위크」 표지를 엽서 크기로 잘라 내 책상 위에 붙여 놓고 있다. 통계라는 것이 얼마나 대중의 관념을 왜곡시킬 수 있는지, 그래서 그들의 삶에 어떤 해악을 입힐 수도 있다는 것을 늘 스스로 일깨우기 위해서이다.

시장은 모든 참여자들이 정보를 제대로 공급받을 때 비로소 온전히 작동할 수 있다. 만일 남성이 자신의 시장 지배력을 과대평가한다면 나중에 분명 실망하는 이들이 생겨날 것이다. 물론 부유하고 건강한 남성들이라면 이런 걱정을 할 필요가 없다. 건강이나 재정 상태를 염려해야 하는 남성과는 엮이고 싶어 하지 않는 여성 앞서 말한 내 어머니 친구처럼이 많은 노년층 연애 시장에서 부유하고 건강한 남성은 늘 인기 만점이기 때문이다. 하지만 이렇게 부유하고 건강한 남성은 황혼 연애 시장에서 눈 씻고 찾아봐도 구하기 힘든 것이 현실이다.

남성이 자신의 시장 지배력을 잘못 평가하면 애인 찾기에 어떻게 실패하는지 예를 들어 보자. 나는 온라인에서 애인을 찾는 70대 중반의 여성을 알고 있다. 그녀는 모든 면에서 탐나는 인물이다. 수입도 괜찮고 다양한 시설을 구비한 집까지 가졌다. 건강하고 매력적인 데다 즐길 줄도 아는 여성이었다. 그런 그녀가 최근 나한테 해 준 이야기이다. 온라인 데이트 사이트에서 마주친 한 남성이 관심을 표현해 오기에 "안녕하세요? 알게 돼서 반갑습니다."라는 내용의 아주 통상적인 메시지로 답을 보냈다고 한다. 그러자 그 남성은 그녀의 간단한 인사말에 화가 나서 비난이 가득한 답신을 보내왔다. 그녀의 메시지가 너무 성의 없었고, 자기와 같은 사람한테서 메시지를 받은 것만으로도 행운인 줄 알아야 마땅하다는 내용이었다. 그는 애초 자기 프로필에 그녀보다 10년 젊다고 써 놓았는데, 나중에 알고 보니 사실 그녀보다도 10년이나 늙었다. 이런 경우 결국 두 사람은 모두 커플이 되는 데 실패한다. 한 사람은 자신이 모든 시장 지배력을 갖고 있다고 착각해서 실패하는 것이고, 또 한 사람은 자기에게는 시장 지배력이 전혀 없으니 마음에 안 차는 연애를 하는 것보다는 싱글로 남겠다고 포기하는 것이다.

이 장은 노년의 남녀가 연애 관계를 통해 얻으려고 하는 것이 서로 어떻게 다른지 보여 주는 자료 하나를 소개하는 것으로 끝마치려고 한다. 50세 이상 남녀의 성생활을 조사한 자료를 보면 남성은 최근에 한 섹스가 보다 진지하고 지속적인 관계의 파트너와 나눈 것이었을 때 더 큰 즐거움을 느낀 것으로 드러났다. 진지한 관계의 파트너와 섹스를 나눈 91%의 남성이 오르가즘을 느낀 반면, 우연히 만난 사람이나 친구와 섹스를 나눈 남성 중에서는 80%만이 오르가즘을 느꼈다는 것이다. 반면 여성의 경우는 사뭇 달랐다. 마지막 섹스를 진지하고 지속적인 관계가 아닌 파트너와 나누었을 경우에 쾌락이 더 컸다. 지속적 파트너와 섹스를 한 여성 중 58%만이 오르가즘을 느낀 반면 모르는 사람이나 친구와 섹스를 한 경우는 80%가 오르가즘을 느꼈다. 경제학적인 증거로 보이지는 않는다고? 하지만 사실이다. 섹스와 연애를 위한 시장은 단순한 수요 공급의 조합보다 훨씬 복잡한 것이다.

마지막 생각

이미 알고 있겠지만 경제학은 미시경제학과 거시경제학 두 분야로 나뉜다. 미시경제학은 개인의 행동을 이해하는 것이 목적인 분야이므로 섹스와 연애 시장을 탐구하기 위해서는 반드시 미시경제학이 발전시켜온 이론들을 적용해야 한다. 그러나 지금까지 다양한 섹스와 연애 시장을 살펴보면서 느낄 수 있었던 것처럼 이들 시장에 미치는 거시경제의 막대한 영향 역시 놀라운 것이다. 거시경제학은 교육, 기술, 국내총생산GDP, 실업, 소득 불평등, 소비, 저축 등의 요인을 통해 해당 경제 체제 내에 속한 모든 구성원의 행동을 총괄적으로 이해하려는 학문이다. 개인이 인식하든 인식하지 못하든 간에 이와 같은 요인들은 개인이 연애에 접근하는 방식에 영향을 미친다. 몇 가지 예를 들어 보자.

우리는 취업을 위해 학력이 지속적으로 중요해진 것이 20세기에 혼전섹스에 관한 사회 규범에 어떤 영향을 미쳤는지 알아본 바 있다. 고학력 여성의 비율이 높아지면서 대학의 성 문화가 자유분방해지고, 고학력 여성은 상대적으로 학력이 낮은 남성들과도 결혼할 수밖에 없게 되었다. 우리는 또 인터넷 기술이 발전하면서 과거에 비해 자신과 학력이나 소득 수준이 비슷한 파트너를 찾기 쉬워지고 결혼이 질적으로 향상되어 이혼이 줄었다는 사실을 알아보았다. 산업화는 우리의 결혼 형태를 구성하는 데 중요한 역할을 하였고, 산업화된 나라의 국민들은 이전보다 쉽게 동성 결혼을 받아들이게 되었다. 우리는 또 여성의 소득이 남성과 대등해지면서 부부가 집안에서 의사 결정을 하는 방법도 달라졌다는 사실을 살펴보았다. 빈부 격차의 증가는 이혼율을 높일 뿐만 아니라 저소득층 고등학생들이 조심성 없이 성생활을 하도록 부추기기도 한다. 이처럼 우리 사회의 섹스와 결혼이 어떤 방향으로 나아갈지 예측하고 싶다면 진화하는 거시경제적 조건이 개개인의 결정에 미치는 영향을 무시해서는 안 된다.

한편 미래 남녀 사이의 연인 관계를 변화시키는 데 가장 중요하게 작용할 두 가지 트렌드를 예측해 보라면 기술의 발전과 남녀 간 학력 격차의 확대를 꼽을 수 있다. 지난 20년간 이미 이 두 가지 요소는 남녀 관계 형성에 엄청난 영향을 미쳐 왔고, 앞으로도 이 시장에 계속해서 압력을 가할 것이라고 믿어 의심치 않는다. 경제학자들이 지금까지 앞날을 예측하는 데 있어서 형편없는 성적을 기록해 온 점은 인정하지만 앞으로 섹스와 연애 시장에 어떤 변화가 일어날지 내 나름의 예측을 소개하는 것으로 이 책을 마무리하려고 한다.

기술혁신

――― 우리가 이미 살펴본 것처럼 20세기에는 피임 기술이 발전하여 혼전섹스의 위험이 획기적으로 줄어들었다. 피임 기술이 발전하여 일회용 섹스의 기대비용이 낮아지자 일회용 섹스를 부정적으로 여기던 사회적 장벽도 낮아졌다. 결과적으로 성 문화가 자유분방해지고 원치 않은 임신과 성병이 증가하였으며 평균 결혼 연령이 높아졌다. 이처럼 기술은 사람들의 섹스에 대한 판단에 엄청난 영향을 끼쳐 왔다. 그런데 피임 기술만큼은 아니더라도 곧 현실화될 두 개의 새로운 기술은 미래의 일회용 섹스 시장에 어느 정도 영향을 미칠 것으로 보인다. 바로 휴대용 성병 검사와 남성 피임 기술이다.

우선 휴대용 성병 검사 기술에 대한 예를 들어 보자. 영국의 기업들은 개인이 휴대전화와 2달러도 안 되는 전자 칩만으로 직접 성병을 검사할 수 있는 기술 개발에 엄청난 돈을 쏟아 붓고 있다. 이들은 이 신기술을 통해 젊은 세대의 성병 감염률을 낮출 수 있을 것이라고 주장한다. 다만 과거 피임 기술이 발전하며 오히려 혼외 출산율을 높였듯이 성병 검사 기술의 발전도 오히려 성병 감염률을 높이는 것이 아닌지 염려된다.

이 기술에 투자한 기업들은 다음과 같은 시나리오를 예상하고 있다. 자신이 성병에 걸렸을까봐 걱정하면서도 병원에 가서 테스트를 받기는 싫은 젊은 남성이 있다. 그래서 그는 성병 검사용 칩을 사서 칩에 소변을 보거나 침을 뱉은 뒤 휴대전화에 삽입한다. 잠시 후 휴대전화의 나노기술이 그의 성병 감염 여부를 진단해 알려 준다. 만일 감염되었다고 하면 그는 치료를 받기 위해 바로 병원으로 달려갈 것이다. 그리고 병이 완쾌될 때까지는 안전한 섹스를 하겠노라고 마음먹을 것이다. 하지만 그는 얼마 안 가 안전이 보장되지 않은 성행위에 다시 뛰어들어도 되는지 알아보기 위해서 전자 칩을 재차 사게 될 것이다. 어쨌든 '당신이 미처 알아채기도 전에 성병 감염율은 적어도 절반 이하로 떨어질 것'이라고 이 기업들은 전망한다.

　이제 내가 예상하는 시나리오를 기술해 보겠다. 한 젊은 남성이 나이트클럽에서 만난 상대와 콘돔 없이 섹스하기를 원한다. 그는 클럽 내 자동판매기에서 칩을 사서 화장실로 들어가 자가 테스트를 한다. 여기에서 일어날 수 있는 상황은 두 가지가 있다. 첫째, 휴대전화가 진단할 수 있는 두 종류의 질병 클라미디아와 임질 모두 걸리지 않았다는 검사 결과가 나오는 것이다. 그래서 그는 섹스 파트너와 콘돔 없이 섹스를 하자고 협상한다. 이처럼 콘돔 없이 섹스하자는 제안을 쉽게 만들어 주는 것, 이것이야말로 이 기술이 노리는 진정한 상업적 가치이다. 실제로 클라미디아와 임질은 콘돔만 잘 사용하면 거든히 예방할 수 있다. 둘째, 그에게 성병이 있다는 결과가 나오는 것이다. 밖에서는 상대가 자신의 검사 결과를 손에 쥔 채 간절히 그를 기다리고 있는데 늦은 밤 술에 취해 나이트클럽 화장실 안에서 성병에 걸린 것을 알게 되다니 정말 끔찍한 상황일 것 같다.

　성병 검사기술이 이렇게 젊은 사람들을 위험한 성행위에 뛰어들도록 부추기게 된다면 이 혁신적인 기술이 항상 적절히 사용된다고 해도 발견할 수 없는 성병 예를 들어 매독과 HIV의 감염률은 높아질 수밖에 없고 원치 않는 임신도 증가할 것이다. 물론 적절히 사용되지 않는다면 클라미디아와 임질조차도 늘어날 수 있다.

1장에서 남성의 피임이 가능해지면 여성이 남성에게 콘돔 사용을 요구하기 어려워지고, 이에 따라 성병 감염도 늘어날 것이라고 예측한 바 있다. 나는 남성 피임이 보편화된다고 해도 1960년대와 1970년대 여성용 경구 피임약의 영향만큼 성의 자유를 촉진시킬 것이라고는 생각하지 않는다. 말하자면, 말은 이미 마구간을 떠났다. 그러나 단 하나의 시장만은 남성 피임 보급이 사용자의 행동에 큰 변화를 일으킬 것으로 예상되는데, 바로 10대들의 섹스 시장이다.

10대 딸을 가진 사람의 입장이 되어 생각해 보면 이해하기 쉬울 것이다. 당신의 10대 딸에게 섹스를 요구하는 남자 친구가 있다고 상상해 보자. 딸은 아직 그 단계까지는 준비가 안 되어 있고, 그래서 원치 않는 임신을 하게 되면 두 사람 모두 힘들어질 것이라고 남자 친구를 설득하며 그의 요구를 피하고 있다. 그런데 어느 날 밤 남자 친구가 찾아와 자신이 피임시술을 받았기 때문에 적어도 6개월간은 절대 임신 가능성이 없다고 말한다. 자, 이제 그녀가 어떤 말을 할 수 있을까?

이렇듯 10대 청소년들이 남성 피임시술을 받을 수 있게 되면 10대들의 첫 성경험 연령이 낮아질 위험이 있다. 임신 문제만 제외하면 첫 경험을 빨리 한다고 해서 청소년이 나쁜 영향을 받는다는 증거는 없다고 말한 바 있다. 하지만 섹스를 일찍 시작하게 되면 당연하게도 고등학교 시절 보다 많은 성 관련 경험을 하게 된다. 결국 가뜩이나 성병과 원치 않는 임신의 위험에 노출되어 있는 10대들에게 더 큰 위험을 가져다주게 될 것이다. 게다가 임신 가능성이 거의 없다는 것을 알게 된 남학생들이 콘돔 사용도 줄일 테니 말이다.

나는 물론 이 신기술들을 반대하고자 하는 것이 아니다. 다만 성병 감염이나 임신을 줄여 줄 것이라고 약속하는 신기술을 도입하기 이전에 이 기술이 도입되면 사람들의 행동도 변한다는 사실을 깨달아야 한다는 것이다. 만일 이와 같은 행동의 변화가 애초 신기술이 노렸던 목표에 반대되는 효과를 낳게 된다면 목표하였던 문제 해결은 첫 단추도 꿰지 못할 것이다. 만일 내 말이 의심스럽다면 안전한 피임법이 도입되면서 지난 수십 년간 혼외 출산이 얼마나 늘어났는지를 되돌아보기 바란다.

벌어져 가는 남녀 학력 격차

—— 이미 살펴본 것처럼 1980년대 말부터 대학 캠퍼스에는 여학생이 남학생보다 많아지기 시작하였다. 대학뿐만 아니라 모든 단위의 교육기관에 여학생들이 남학생보다 많은 추세는 앞으로도 지속될 전망이다. 우리는 성별 불균형이 대학 캠퍼스의 성 문화를 보다 자유분방하게 만들고 전통적 의미의 데이트를 축소시키는 등의 영향을 미친다는 것을 살펴보았다. 이제 이와 같은 성별 불균형이 또 다른 여성 집단, 즉 고졸 학력 이하 여성들에게는 어떤 영향을 미치는지 알아보자.

대부분의 남녀는 교과과정을 마칠 때까지 결혼을 하거나 가정을 꾸리는 것을 미룬다. 따라서 학력이 낮은 사람들은 보통 고학력자보다 결혼을 일찍 하게 마련이다. 여성이 남성보다 대학에 더 많이 진학하게 되자 고등학교만 나온 여성들은 결혼 시장에 첫발을 디뎠을 때 경쟁 우위를 갖게 된다. 저학력 남성들의 숫자 자체가 예전보다 많아졌을 뿐만 아니라, 성별 불균형 때문에 적어도 이론상으로는 여성들이 이 시장에서 지배력을 갖게 되기 때문이다. 따라서 이 시장에서는 전통적 의미의 데이트가 늘어날 수밖에 없다.

하지만 장기적으로 보면 저학력 여성은 이혼을 할 가능성이 더 높다. 보다 중요한 사실은 이들이 이혼을 한 후 재혼을 할 가능성도 낮다는 점이다. 따라서 고학력 여성들이 뒤늦게 결혼 시장에 들어설 즈음이면 이 시장은 고학력 남성과 미혼 또는 이혼 후 재혼을 안 한 상태의 저학력 여성으로 구성되어 있을 것이다. 그리고 우리가 이미 확인한 것처럼 고학력 여성이 배우자감으로 연상남만 찾지 않고 갈수록 저학력 연하남과 많이 결혼을 하게 되면서, 대학에 진학하지 않은 젊은 여성들은 이제 하나의 결혼 시장 안에서 나이 많은 고학력 여성들과도 경쟁을 해야 한다.

현대 경제체제에서 많은 자녀를 낳는 것보다 자녀를 잘 키우는 것을 더 중요하게 생각하고 고학력 엄마가 자녀교육을 더 잘 시키는 것이 사실이라면, 결혼 시장에서 저학력 여성의 가치는 더욱 떨어지게 마련이다. 이전에는 젊고 아이를 많이 낳을 수 있는 여성을 선호하였던 고학력 남성들이 이제 교육도 많이 받고 좀 더 성숙한 여성을 아내로 선택하는 방향으로 선회하였기 때문이다.

고등교육 기관에서 여성의 수가 남성보다 많아지게 되면서 저학력 여성들은 결혼 시장에서 경쟁력을 잃어가고, 배우자에 대한 자신의 유보가치를 낮은 수준으로 책정하거나 만족스럽지 못한 결혼을 한다는 뜻 독신으로 남는 방법 중 양자택일을 할 수밖에 없게 되었다. 이들 여성의 결혼율이 낮아지고 있는 현재의 추세를 보면, 많은 저학력 여성이 만족스럽지 않은 결혼을 하느니 혼자 아이를 길러야 할 망정 차라리 싱글로 살기를 선택하는 것이 아닌가 싶다. 앞에서도 보았지만 언젠가 결혼할 수 있으리라는 희망을 잃어버린 여성은 위험한 성생활에 빠져들기 쉽다. 경제적으로 소외된 계층의 10대 임신과 성병 감염률이 높은 데는 이런 암울한 결혼 전망도 한몫한다.

이 모든 것이 그다지 새로운 사실은 아니지만, 이런 현상을 통해 우리는 갈수록 커지는 학력 격차가 앞으로 우리 사회 규범을 어떻게 변화시킬지 예측할 수 있다. 고학력 여성이 자기보다 학력도 낮고 어리며 때론 자신보다 임금까지 낮은 남성과 기꺼이 결혼하려고 하는 최근의 추세는 과거 섹스 혁명이 일어났을 때 그랬던 것처럼 우리 사회 규범을 빠르게 변화시키고 있다. 남녀 대학 진학률의 변화가 직접적 원인이 되어 일어난 이와 같은 사회 규범의 변화는 기존의 남녀 관계를 혁명적으로 변화시킬 뿐만 아니라 남성성, 여성성에 대한 전통적 시각까지 변화시킬 수 있다. 그러나 고학력 여성은 어떤 남성이건 원하기만 하면 결혼을 할 수 있는 자유를 얻게 된 반면, 똑같은 이유로 저학력 여성들은 결혼 시장에서 밖으로 내몰리고 있으며, 그 결과 더 많은 어린이가 빈곤 속에 던져질 위험도 생겨난다.

물론 이를 해결하기 위해서는 부유한 남성이 아내를 둘 이상 가질 수 있도록 일부다처제를 법적으로 허용하는 방법도 있다. 나는 남성의 소득 불평등이 일부다처제를 부추기는 데 비해 여성의 소득 불평등은 일부일처제를 촉구한다고 말한 바 있다. 그렇다면 여성이 차등적으로 교육을 받아 생겨난 불평등 문제를 일부다처제 도입으로 해결할 수 있다는 이야기는 모순으로 들릴 수밖에 없다. 하지만 여성의 소득 불평등이 일부일처제를 촉구한다는 주장은 우리 사회에 고학력 여성이 비교적 희소하다는 전제에서만 성립되는 것이다. 현실은 이제 그렇지 않다. 그렇다면 앞으로 한동안은 부유한 남성들이 고학력 아내를 여럿 두는 것도 가능해질 수 있지 않을까? 산업화가 안 된 나라의 고학력 여성은 일부다처제를 반대할 수밖에 없는 형편이지만, 고학력 여성이 고학력 남성보다 훨씬 많은 선진국의 경우 어쩌면 일부다처제의 법제화를 지지하는 운동이 일어날 수 있을지도 모르겠다.

마지막으로 교육 격차의 증가는 빈부 격차도 증가시킨다는 사실을 지적해야겠다. 여성이 이전보다 좋은 교육을 받게 되고 있는 것은 사실이지만, 그래도 남성의 임금이 고학력 여성의 임금보다 여전히 높은 편이다. 그 결과 남편보다 아내의 학력이 높은 가정은 아내가 남편보다 학력이 낮은 가정에 비해 소득이 훨씬 더 많다. 아내의 학력이 높은 가정에는 고임금 노동자가 두 명이나 있기 때문이다. 이렇게 아내가 남편보다 학력이 높은 가정이 늘어날수록 이미 벌어질 대로 벌어진 빈부 격차는 더욱 더 커져만 갈 것이다.

마지막, 진짜 마지막 이야기

—— 나는 지금까지 섹스와 연애에 있어서 거의 모든 선택과 결정, 그리고 그 결과는 경제학의 틀에서 생각해야만 보다 깊이 이해할 수 있다고 주장하였다. 이 책에서 다룬 이야기들은 때로 가상의 시나리오일 때도 있었고 또는 실증적이거나 이론적인 내용도 있었다. 독자에게 확신을 심어 줄 수 있었는지는 모르겠지만 나의 이야기를 통해 우리 모두가 평생에 걸쳐 섹스와 연애 시장에서 거래를 하고 있다는 사실을 독자들이 납득하였기를 바란다. 하지만 이론과는 별개로, 개인적으로는 독자들 모두가 결혼 시장에서 자신의 유보가치보다 훨씬 가치 있는 배우자를 만나 잘살기를 기원하는 마음이다. 결국 로맨스 없이는 모든 것이 의미를 잃는 것이니까.

앞에서 나는 거시경제적 요소에 대해 이야기해 왔는데, 이 책의 결론은 내 '섹스와 연애의 경제학' 수업을 듣는 열성적 학생들이 내게 제안한 아이디어로 맺어 보려고 한다. 이는 거시경제적 변수가 어떻게 성생활에 영향을 미치는가의 이야기가 아니라, 역으로 우리가 거시경제적 변수를 이해하는 데 있어 성생활이 어떻게 이용될 수 있는가를 보여 준다.

「이코노미스트」가 해마다 발표하는 빅맥지수라는 것을 들어본 적이 있으리라. 현물 경제의 사례를 통해 독자들에게 환율 이론을 보다 손에 잡힐 듯 설명해 주는 지수로, 구매력 평가purchasing power parity가 현실 세계에서 어떻게 적용되는지를 보여 준다. 구매력 평가란 한 단위의 통화로 구매할 수 있는 재화나 서비스가 국가 간 동일하도록 환율을 재조정하는 방식이다. 「이코노미스트」는 약 120개국에서 형태가 동일하고 교환이 가능한 상품으로 빅맥을 선정하고 그 가격을 비교함으로써 각 나라의 구매력을 평가한다. 빅맥의 외화 가격을 미국 달러로 환산함으로써 해당 국가의 통화가치가 달러에 비해 평가절하되었는지 평가절상되었는지 파악할 수 있다는 것이다.

여기에서 번쩍하고 떠오른 아이디어가 바로 '오럴섹스 지수'이다. 오럴섹스는 도처에서 매우 동일한 형태로 실시되는 서비스이고 빅맥만큼이나 거래 가능한 상품이다. 고임금을 찾아서 국경을 넘나드는 사람들로 보자면 맥도널드 직원들보다 매춘부들이 더 많은 것이 분명하니까 말이다. 또한 해외여행을 갔다가 우연히 맥도널드 매장에 들르는 여행자들은 많지만 가장 값싸게 빅맥을 먹을 수 있는 곳을 찾기 위해 특정 국가로 여행하는 사람은 없는 반면, 원정 섹스를 목표로 여행을 하는 사람들은 이보다 훨씬 많지 않은가! 이와 같은 수요와 공급 측면의 두 요소에 비추어 볼 때 오럴섹스 가격은 적어도 빅맥 가격만큼 국제적 경쟁력을 갖고 있다.

아직 증거자료를 갖고 있지는 않지만, 만일 이 지표를 만들어 낸다면 두 나라 사이에 이 동일한 서비스의 가격이 수렴하지 않는다는 사실을 발견할 수 있을 것으로 예상된다. 오럴섹스에 있어 오직 하나의 투입요소는 아마도 섹스 노동자일 것이다. 하지만 한 나라의 오럴섹스가 다른 나라에 비해 상대적으로 어느 정도 비싼지를 설명하는 데 섹스 노동자 외에 무수히 많은 다른 투입요소들을 고려할 수 있다.

예를 들어 오럴섹스의 시장 가격에 영향을 미치는 요소로는 일회용 섹스에 대한 그 사회의 규범이 있을 것이고, 따라서 일회용 섹스가 자유롭게 행해지는 지역에서는 이를 반영한 오럴섹스의 가격이 형성될 것이다. 결혼 제도 역시 부분적으로 가격 형성에 중요한 역할을 하므로, 일부다처 국가에서는 일부일처제 국가와 다른 가격이 적용될 것이다. 또한 여성이 남성보다 많은 상황이거나, 외국인 아내를 쉽게 수입할 수 있는 곳, 인터넷 기술 발달로 오럴섹스 상대를 검색해서 찾아내는 데 비용이 덜 드는 상황 등을 반영하여 오럴섹스 가격이 형성될 것이다.

　독자들도 깨달았을 것이다. 우리가 지금까지 살펴본, 일상적인 섹스와 연애 시장에 영향을 미치는 많은 경제적 조건들이 또 하나의 섹스 시장에서도 똑같이 영향력을 발휘한다는 사실을. 일상적인 섹스 시장보다 가격이 쉽게 측정되는 이 시장은 바로 매매춘 시장이다. 이 주제는 나중에 다시 다뤄 볼 기회가 있을 것이다.

감사의 말

   책 한 권을 쓴다는 것은 아이 하나를 낳는 것과 같다. 그리고 독자들도 알겠지만 공동체의 보살핌이라는 지원이 뒷받침되면 출산은 보다 보람된 일이 된다. 나의 출산을 도와준 공동체는 처음 이 책의 개념이 잉태되던 때부터 함께한 사람들이다. 처음에는 그저 재미로 시작하였다. 2008년 뉴올리언스에서 열린 사회과학협회ASSA, Allied Social Science Association 모임 중 '섹스와 경제' 첫 세션에 발표자와 참가자로 모인 사람들이 분위기를 만들어 주었는데, 그중에서도 이 세션을 조직하였던 태거트 브룩스Taggert Brooks가 큰 역할을 하였다. 세션이 열린 날 저녁 계량경제사 학자들의 파티에 모인 사람들, 특히 카이저Brooks Kaiser, 드 무니크Daniel de Munnik, 와이즈Char Weise, 크립트조프Oleksiy Kryvtsov, 매클로스키Deirdre McCloskey가 이 아이디어를 함께 지지해 주었다.

   '섹스와 연애의 경제학' 수업을 하면서 과연 이 수업이 어떤 방향으

로 흘러갈지 나 자신조차 아직 감을 못 잡고 있을 때, 나의 훌륭한 제자
들은 언젠가 이 수업 내용이 책으로 담길 수 있지 않을까 예감하게 만
들어 주었다. 하지만 궁극적으로 내게 책을 쓸 만한 자질이 있다고 확
신을 준 사람은 다름 아닌 '빅 싱크Big Think'의 폴 호프먼Paul Hoffman이
었다. 데이빗 허쉬먼David Hirschman과 대니얼 호넌Daniel Honan, '글로
브 앤드 메일' 신문의 롭 길로이Rob Gilroy, 그리고 「캐나다 비즈니스 매
거진」의 조던 팀Jordan Timm 등 내 블로그 편집자들의 지원 덕분에 나
는 많은 청중과 독자들의 엄청난 댓글을 얻을 수 있었다. 또한 나를 도
와 조사 작업을 해 준 라이언 데이비스Ryan Davies, 프랜시스 울리Frances
Wooley, 쇼섀너 그로스바드, 제임스 펜스키James Fenske, 아나톨리 그루즈
드Anatoliy Gruzd, 니코 벨Niko Bell, 테레사 매키니스Teresa MacInnis, 마이클
마골리Micheal Margoli 덕분에 더욱 풍부한 경험을 쌓는 것이 가능하였다.

출산에 임박하였을 무렵 나는 운 좋게도 다니엘르 스베트코프Danielle
Svetcov를 만날 수 있었고, 그 덕에 엘리자베스 피셔Elizabeth Fisher, 짐 레바
인Jim Levine를 비롯한 레바인 그린버그Levine Greenberg 에이전시의 멤버들
과 작업할 수 있었다. 일이 마무리될 때까지 많은 친구들이 내 손을 잡
아 주었는데, 특히 테레사 사이러스Theresa Cyrus는 내 책의 첫 독자가 되
어 주었다. 책의 산파 역할을 맡은 편집진 제니퍼 램버트Jennifer Lambert,
리 하버Leigh Haber, 리사 타우버Lisa Tauber, 제인 워런Jane Warren, 교열을
담당한 재닛 실버 겐트Janet Silver Ghent, 그리고 그 외 안 보이는 곳에서
내 책이 아름답게 탄생하도록 애써 준 출판 관계자들, 판매 대행사, 디
자이너들 등 덕분에 이 책은 완벽하고도 고통 없이 태어날 수 있었다.

참고문헌

Abma, J. C., G. M. Martinez, and C. E. Copen. "Teenagers in the United States: Sexual Activity, Contraceptive Use, and Childbearing, National Survey of Family Growth 2006–2008." *Vital and Health Statistics* 23, no. 30 (2010): 1–47.

Adshade, Marina E., and Brooks A. Kaiser. "The Origins of the Institutions of Marriage." Queen's University, Department of Economics, Working Paper no. 1180, 2012.

Alan Guttmacher Institute. "U.S. Teenage Pregnancies, Births and Abortions: National and State Trends and Trends by Race and Ethnicity." www.guttmacher.org, January 2010.

Alterovitz, Sheyna Sears-Roberts, and Gerald A. Mendelsohn. "Partner Preferences across the Life Span: Online Dating by Older Adults." *Psychology and Aging* 24, no. 2 (2009): 513.

Alvergne, Alexandra, and Virpi Lummaa. "Does the Contraceptive Pill Alter Mate Choice in Humans?" *Trends in Ecology & Evolution* 25, no. 3 (2010): 171–179.

American Society of Plastic Surgeons. "Plastic Surgery Rebounds Along with Recovering Economy." www.plasticsurgery.org, 2011.

Anik, Lalin, and Michael I. Norton. "The Happiness of Matchmaking." Unpublished manuscript, 2011.

Arcidiacono, Peter, Ahmed Khwaja, and Lijing Ouyang. "Habit Persistence and Teen Sex: Could Increased Access to Contraception Have Unintended

Consequences for Teen Pregnancies?" Unpublished manuscript, 2007.

Arcidiacono, Peter, Andrew W. Beauchamp, and Marjorie B. McElroy. "Terms of Endearment: An Equilibrium Model of Sex and Matching." National Bureau of Economic Research Working Paper no. 16517, 2010.

Ariely, Dan, and George Loewenstein. "The Heat of the Moment: The Effect of Sexual Arousal on Sexual Decision Making." *Journal of Behavioral Decision Making* 19, no. 2 (2006): 87–98.

Banerjee, Abhijit, Esther Duflo, Maitreesh Ghatak, and Jeanne Lafortune. "Marry for What? Caste and Mate Selection in Modern India." National Bureau of Economic Research Working Paper no. 14958, 2009.

Baumeister, Roy F., and Juan P. Mendoza. "Cultural Variations in the Sexual Marketplace: Gender Equality Correlates with More Sexual Activity." *The Journal of Social Psychology* 151, no. 3 (2011): 350–360.

Baunach, Dawn Michelle. "Decomposing Trends in Attitudes Toward Gay Marriage, 1988–2006." *Social Science Quarterly*, 92, no. 2 (2011): 346–363.

Beach, F. A., and L. Jordan. "Sexual Exhaustion and Recovery in the Male Rat." *Quarterly Journal of Experimental Psychology* 8, no. 3 (1956): 121–133.

Becker, Gary S. *A Treatise on the Family.* Cambridge, MA: Harvard University Press, 1991.

Belot, Michèle, and Jan Fidrmuc. "Anthropometry of Love: Height and Gender Asymmetries in Interethnic Marriages." *Economics & Human Biology* 8, no. 3 (2010): 361–372.

Bertocchi, Graziella, Marianna Brunetti, and Costanza Torricelli. "Marriage and Other Risky Assets: A Portfolio Approach." *Journal of Banking & Finance* 35, no. 11 (2011): 2902–2915.

Blanchflower, David G., and Andrew J. Oswald. "Money, Sex, and Happiness: An Empirical Study." *Scandinavian Journal of Economics* 106, no. 3 (2004): 393–415.

Brooks, Taggert J. "In Da Club: An Econometric Analysis of Strip Club Patrons."

Unpublished manuscript, 2007.

Brown, Heather. "Marriage, BMI and Wages: A Double Selection Approach." *Scottish Journal of Political Economy* 58, no. 3 (2011): 347–377.

Bruze, Gustaf. "Marriage Choices of Movie Stars: Does Spouse's Education Matter?" *Journal of Human Capital 5,* no. 1 (2011): 1–28.

Buss, David M. *The Dangerous Passion: Why Jealousy Is as Necessary as Love and Sex.* New York: The Free Press, 2000.

Cameron, Samuel. "The Economic Model of Divorce: The Neglected Role of Search and Specific Capital Formation." *Journal of Socio-economics* 32, no. 3 (2003): 303–316.

———. "The Economics of Partner Out Trading in Sexual Markets." *Journal of Bioeconomics* 4, no. 3 (2002): 195–222.

Card, David, and Laura Giuliano. "Peer Effects and Multiple Equilibria in the Risky Behavior of Friends." National Bureau of Economic Research Working Paper no. 17088, 2011.

Center for Sexual Health Promotion. *National Survey of Sexual Health and Behavior (NSSHB)*, www.nationalsexstudy.indiana.edu/, 2012.

Central Intelligence Agency. *CIA World Factbook*, https://www.cia.gov/ library/ publications/the-world-factbook. Washington: Central Intelligence Agency, 2012.

Charles, Kerwin K., Erik Hurst, and Alexandra Killewald. "Marital Sorting and Parental Wealth." National Bureau of Economic Research Working Paper no. 16748, 2011.

Charles, Kerwin K., and Ming Ching Luoh. "Male Incarceration, the Marriage Market, and Female Outcomes." *The Review of Economics and Statistics* 92, no. 3 (2010): 614–627.

Chesson, Harrell, Paul Harrison, and William Kassler. "Sex under the Influence: The Effect of Alcohol Policy on Sexually Transmitted Disease Rates in the United States." *Journal of Law and Economics* 43, no. 1 (2000): 215–238.

Chu, Simon, Danielle Farr, John E. Lycett, and Luna Muñoz. "Interpersonal Trust and Market Value Moderates the Bias in Women's Preferences Away from Attractive High-Status Men." *Personality and Individual Differences* 51, no. 2 (2011): 143–147.

Coleman, Martin D. "Sunk Cost and Commitment to Dates Arranged Online." *Current Psychology* 28, no. 1 (2009): 45–54.

Coles, Martin G., and Marco Francesconi. "On the Emergence of Toy boys: The Timing of Marriage with Aging and Uncertain Careers." *International Economic Review* 52, no. 3 (2011): 825–853.

Cowan, Benjamin W. "Forward-Thinking Teens: The Effects of College Costs on Adolescent Risky Behavior." *Economics of Education Review* 23 (2011): 133–141.

Cox, Donald. "The Evolutionary Biology and Economics of Sexual Behavior and Infidelity." Unpublished manuscript, 2009.

Daneshvary, Nasser, Jeffrey Waddoups, and Bradley S. Wimmer. "Previous Marriage and the Lesbian Wage Premium." *Industrial Relations: A Journal of Economy and Society* 48, no. 3 (2009): 432–453.

DeSimone, Jeffrey S. "Binge Drinking and Risky Sex among College Students." National Bureau of Economic Research Working Paper no. 15953, 2010.

Dessy, Sylvain, and Habiba Djebbari. "High-Powered Careers and Marriage: Can Women Have It All?" *The B.E. Journal of Economic Analysis & Policy* 10, no. 1 (2010).

D'Orlando, Fabio. "Swinger Economics." *Journal of Socio-economics* 39, no. 2 (2010): 295–305.

Dupas, Pascaline. "Do Teenagers Respond to HIV Risk Information? Evidence from a Field Experiment in Kenya." National Bureau of Economic Research Working Paper no. 14707, 2009.

Edlund, Lena. "Sex and the City." *The Scandinavian Journal of Economics* 107, no. 1 (2005): 25–44.

Edlund, Lena, and Evelyn Korn. "A Theory of Prostitution." *Journal of Political Economy* 110, no. 1 (2002): 181–214.

Elmslie, Bruce, and Edinaldo Tebaldi. "So, What Did You Do Last Night? The Economics of Infidelity." *Kyklos* 61, no. 3 (2008): 391–410.

Farnham, Martin, Lucie Schmidt, and Purvi Sevak. "House Prices and Marital Stability." *American Economic Review* 101, no. 3 (2011): 615–619.

Fernández-Villaverde, Jesús, Jeremy Greenwood, and Nezih Guner. "From Shame to Game in One Hundred Years: An Economic Model of the Rise in Premarital Sex and Its De-stigmatization." National Bureau of Economic Research Working Paper no. 15677, 2010.

Fiore, Andrew, Lindsay Shaw Taylor, Gerald Mendelsohn, and Marti Hearst. "Assessing Attractiveness in Online Dating Profiles." Paper presented at Proceeding of the Twenty-Sixth Annual SIGCHI Conference on Human Factors in Computing Systems, 2008.

Fiore, Andrew, Lindsay Shaw Taylor, X. Zhong, Gerald Mendelsohn, and Coye Cheshire. "Whom We (Say We) Want: Stated and Actual Preferences in Online Dating." Poster presented at the Eleventh Annual Meeting of the Society for Personality and Social Psychology, Las Vegas, NV, 2010.

Fisman, Raymond, Sheena S. Iyengar, Emir Kamenica, and Itamar Simonson. "Racial Preferences in Dating." *Review of Economic Studies* 75, no. 1 (2008): 117–132.

Francis, Andrew M., and Hugo M. Mialon. "Tolerance and HIV." Journal of *Health Economics* 29, no. 2 (2010): 250–267.

Fry, Richard, and D'Vera Cohn. "New Economics of Marriage: The Rise of Wives." *Pew Research Center Publications*, 2010.

———. "Women, Men, and the New Economics of Marriage." *Pew Research Center Publications*, 2010.

Furtado, Delia, and Nikolaos Theodoropoulos. "Interethnic Marriage: A Choice between Ethnic and Educational Similarities." *Journal of Population*

Economics 24, no. 4 (2011): 1257–1279.

Gooding, Gretchen E., and Rose M. Kreider. "Women's Marital Naming Choices in a Nationally Representative Sample." *Journal of Family Issues* 31, no. 5 (2010): 681–701.

Gould, Eric D., Omer Moav, and Avi Simhon. "The Mystery of Monogamy." *American Economic Review* 98, no. 1 (2008): 333–357.

Greenwood, Jeremy, Ananth Seshadri, and Mehmet Yorukoglu. "Engines of Liberation." *Review of Economic Studies* 72, no. 1 (2005): 109–133.

Greenwood, Jeremy, and Nezih Guner. "Social Change: The Sexual Revolution." *International Economic Review* 51, no. 4 (2010): 893–923.

Hankins, Scott, and Mark Hoekstra. "Lucky in Life, Unlucky in Love? The Effect of Random Income Shocks on Marriage and Divorce." *Journal of Human Resources* 46, no. 2 (2011): 403–426.

Haselton, Martie G., and Geoffrey F. Miller. "Women's Fertility across the Cycle Increases the Short-Term Attractiveness of Creative Intelligence." *Human Nature* 17, no. 1 (2006): 50–73.

Hassan, Mohamed A. M., and Stephen R. Killick. "Effect of Male Age on Fertility: Evidence for the Decline in Male Fertility with Increasing Age." *Fertility & Sterility* 79 (2003): 1520–1527.

Hazan, Moshe, and Hosny Zoabi. "Do Highly Educated Women Choose Smaller Families?" Centre for Economic Policy Research Discussion Paper no. 8590, 2011.

Heckman, James J., and Paul A. LaFontaine. "The American High School Graduation Rate: Trends and Levels. " National Bureau of Economic Research Working Paper no. 13670, 2007.

Hellerstein, Judith K., and Melinda S. Morrill. "Booms, Busts, and Divorce." *The B.E. Journal of Economic Analysis & Policy* 11, no. 1 (2011): 54.

Herpin, Nicolas. "Love, Careers, and Heights in France, 2001." *Economics & Human Biology* 3, no. 3 (2005): 420–449.

Hersch, Joni. "Compensating Differentials for Sexual Harassment." *American Economic Review* 101, no. 3 (2011): 630–634.

Hitsch, Günter J., Ali Hortaçsu, and Dan Ariely. "Matching and Sorting in Online Dating." *American Economic Review* 100, no. 1(2010): 130–163.

———. "What Makes You Click? Mate Preferences in Online Dating." *Quantitative Marketing and Economics* 8, no. 4 (2010): 393–427.

Hogan, Bernie, Nai Li, and William H. Dutton. "A Global Shift in the Social Relationships of Networked Individuals: Meeting and Dating Online Comes of Age." *Feedback* 287 (2011): 211.

Janssens, Kim, Mario Pandelaere, Bram Van den Bergh, Kobe Millet, Inge Lens, and Keith Roe. "Can Buy Me Love: Mate Attraction Goals Lead to Perceptual Readiness for Status Products." *Journal of Experimental Social Psychology* 47, no. 1 (2011): 254–258.

Kanazawa, Satoshi, and Mary C. Still. 1999. "Why Monogamy?" *Social Forces* 78 (1999): 25–50.

———. "The Emergence of Marriage Norms: An Evolutionary Psychological Perspective." In *Social Norms*, ed. Michael Hechter and Karl-Dieter Opp, 274–304: New York: Russell Sage Foundation, 2001.

Kearney, Melissa Schettini, and Phillip B. Levine. "Early Non-marital Childbearing and the 'Culture of Despair.'" National Bureau of Economic Research Working Paper no. 17157, 2011.

Kendall, Todd D. "Pornography, Rape, and the Internet." Paper presented at Law and Economics Seminar Fall Term, 2006.

———. "The Relationship between Internet Access and Divorce Rate." *Journal of Family and Economic Issues* 32, no. 3 (2011): 449–460.

Kerkhof, Peter, Catrin Finkenauer, and Linda D. Muusses. "Relational Consequences of Compulsive Internet Use: A Longitudinal Study among Newlyweds." *Human Communication Research* 37, no. 2 (2011): 147–173.

Kim, Jane. "Trafficked: Domestic Violence, Exploitation in Marriage, and the

Foreign-Bride Industry." *Virginia Journal of International Law* 51, no. 2 (2010): 443–506.

Kippen, Rebecca, Bruce Chapman, and Peng Yu. "What's Love Got to Do with It? Homogamy and Dyadic Approaches to Understanding Marital Instability." Paper presented at the Biennial HILDA Survey Research Conference, 2009.

Klofstad, Casey A., Rose McDermott, and Peter K. Hatemi. "Do Bed room Eyes Wear Political Glasses? The Role of Politics in Human Mate Attraction." *Evolution and Human Behavior* 33. no. 2 (2012): 100–108.

Kopp, Marie E. *Birth Control in Practice: Analysis of Ten Thousand Case Histories of the Birth Control Clinical Research Bureau.* New York: Arno Press, 1972.

Kreider, Rose M. "Increase in Opposite-Sex Cohabiting Couples from 2009 to 2010." *Annual Social and Economic Supplement (ASEC) to the Current Population Survey (CPS)*, 2010.

Lagerlöf, Nils-Petter. "Pacifying Monogamy." *Journal of Economic Growth* 15, no. 3 (2010): 235–262.

Lee, Leonard, George Loewenstein, Dan Ariely, James Hong, and Jim Young. "If I'm Not Hot, Are You Hot or Not?" *Psychological Science* 19, no. 7 (2008): 669–677.

Lee, Soohyung, Muriel Niederle, Hye-Rim Kim, and Woo-Keum Kim. "Propose with a Rose? Signaling in Internet Dating Markets." National Bureau of Economic Research Working Paper no. 17340, 2011.

Levine, Adam, Robert Frank, and Oege Dijk. "Expenditure Cascades." Unpublished manuscript, 2010.

Logan, J. A., P. D. Hoff, and M. A. Newton. "Two-Sided Estimation of Mate Preferences for Similarities in Age, Education, and Religion." *Journal of the American Statistical Association* 103, no. 482 (2008): 559–569.

Luci, A., and O. Thévenon. "La Fécondité Remonte dans les Pays de l'OCDE: Est-ce dû au Progrès Économique?" *Bulletin Mensuel d'Information de l'Institut National d'Études Démographiques* 481 (2011).

Mather, Mark, and Diana Lavery. "In U.S., Proportion Married at Lowest Recorded Levels." Washington: Population Reference Bureau, 2010.

McIntosh, William D., Lawrence Locker, Katherine Briley, Rebecca Ryan, and Alison J. Scott. "What Do Older Adults Seek in Their Potential Romantic Partners? Evidence from Online Personal Ads." *The International Journal of Aging and Human Development* 72, no. 1 (2011): 67–82.

Mechoulan, Stéphane. "The External Effects of Black-Male Incarceration on Black Females." *Journal of Labor Economics* 29, no. 1 (2011): 1–35.

Mialon, Hugo M. "The Economics of Faking Ecstasy." *Economic Inquiry* 50, no. 1 (2012): 277–285.

Miller, Bonnie B., David N. Cox, and Elizabeth M. Saewyc. "Age of Sexual Consent Law in Canada: Population-Based Evidence for Law and Policy." *The Canadian Journal of Human Sexuality* 19, no. 3 (2010).

Negrusa, Brighita, and Sonia Oreffice. "Sexual Orientation and Household Financial Decisions: Evidence from Couples in the United States." *Review of Economics of the Household* 9, no. 4 (2011): 445–463.

Noordewier, Marret K., Femke van Horen, Kirsten I. Ruys, and Die- derik A. Stapel. "What's in a Name? 361.708 Euros: The Effects of Marital Name Change." *Basic and Applied Social Psychology* 32, no. 1 (2010): 17–25.

Oreffice, Sonia. "Sexual Orientation and Household Decision Making: Same-Sex Couples' Balance of Power and Labor Supply Choices." *Labour Economics* 18, no. 2 (2011): 145–158.

Oreopoulos, Philip and Kjell G. Salvanes. "Priceless: The Nonpecuniary Benefits of Schooling." *Journal of Economic Perspectives* 25, no. 1 (2011): 159–184.

Padian, N. S., S. C. Shiboski, S. O. Glass, and E. Vittinghoff. "Heterosexual Transmission of Human Immunodeficiency Virus (HIV) in Northern California: Results from a Ten-Year Study." *American Journal of Epidemiology* 146, no. 4 (1997): 350–357.

Pillsworth, Elizabeth G., and Martie G. Haselton. "Male Sexual Attractiveness

Predicts Differential Ovulatory Shifts in Female Extra-Pair Attraction and Male Mate Retention." *Evolution and Human Behavior* 27, no. 4 (2006): 247–258.

Previti, Denise, and Paul R. Amato. "Is Infidelity a Cause or a Consequence of Poor Marital Quality?" *Journal of Social and Personal Relationships* 21, no. 2 (2004): 217–230.

Puts, D. A., L. L. M. Welling, R. P. Burriss, and K. Dawood. "Men's Masculinity and Attractiveness Predict their Female Partners' Reported Orgasm Frequency and Timing." *Evolution and Human Behavior*, 33, no. 1 (2011): 1–9.

Regnerus, Mark, and Jeremy Uecker. *Premarital Sex in America: How Young Americans Meet, Mate, and Think about Marrying.* Oxford: Oxford University Press, 2011.

Rotermann, M. "Trends in Teen Sexual Behaviour and Condom Use." *Health Reports* 19, no. 3 (2008): 53–58.

Sabia, Joseph J., and Daniel I. Rees. "Boys Will Be Boys: Are There Gender Differences in the Effect of Sexual Abstinence on Schooling?" *Health Economics* 20, no. 3 (2011): 287–305.

Santelli, John S., and Andrea J. Melnikas. "Teen Fertility in Transition: Recent and Historic Trends in the United States." *Annual Review of Public Health* 31 (2010): 371–383.

Schick, V., D. Herbenick, M. Reece, S. A. Sanders, B. Dodge, S. E. Middlestadt, and J. D. Fortenberry. "Sexual Behaviors, Condom Use, and Sexual Health of Americans over 50: Implications for Sexual Health Promotion for Older Adults." *Journal of Sexual Medicine* 7 (2010): 315–329.

Schilt, Kristen. "Just One of the Guys? How Transmen Make Gender Visible at Work." *Gender & Society* 20, no. 4 (2006): 465–490.

Schmitt, David P. "Sociosexuality from Argentina to Zimbabwe: A FortyEight-Nation Study of Sex, Culture, and Strategies of Human Mating." *Behavioral and Brain Sciences* 28, no. 2 (2005): 247–275.

Sen, Anindya, and May Luong. "Estimating the Impact of Beer Prices on the Incidence of Sexually Transmitted Diseases: Cross-Province and Time Series Evidence from Canada." *Contemporary Economic Policy* 26, no. 4 (2008): 505–517.

Sen, Anindya, Marcel Voia, and Frances Woolley. "The Effect of Hotness on Pay and Productivity." Carleton University, Dept. of Economics Working Paper no. 10–07, 2010.

Shaw, George Bernard. *Man and Superman; a Comedy and a Philosophy.* Cambridge, MA: The University Press, 1903.

Singh, S., G. Sedgh, and R. Hussain. "Unintended Pregnancy: Worldwide Levels, Trends, and Outcomes." *Studies in Family Planning* 41, no. 4 (2010): 241–250.

Sinning, Mathias, and Shane M. Worner. "Inter-Ethnic Marriage and Partner Satisfaction." Ruhr Economic Working Paper no. 221, 2010.

Skopek, J., F. Schulz, and H. P. Blossfeld. 2011. "Who Contacts Whom? Educational Homophily in Online Mate Selection." *European Sociological Review* 27, no. 2 (2011): 180–195.

Stevenson, Betsy, and Justin Wolfers. "Marriage and Divorce: Changes and Their Driving Forces." National Bureau of Economic Research Working Paper no. 12944, 2007.

———. "Bargaining in the Shadow of the Law: Divorce Laws and Family Distress." *Quarterly Journal of Economics* 121, no. 1 (2006): 267–288.

Stoker, Janka I., J. Jordan, Monique Pollmann, Joris Lammers, and Diederik A. Stapel. "Power Increases Infidelity among Men and Women." *Psychological Science* 22, no. 9 (2011): 1191–1197.

Taylor, Jacqueline Sánchez. "Dollars Are a Girl's Best Friend? Female Tourists' Sexual Behaviour in the Caribbean." *Sociology* 35, no. 3 (2001): 749–764.

Toma, Catalina L., and Jeffrey T. Hancock. "Looks and Lies: The Role of Physical Attractiveness in Online Dating Self-Presentation and Deception."

Communication Research 37, no. 3 (2010): 335–351.

Uecker, Jeremy E., and Mark D. Regnerus. 2010. "Bare Market: Campus Sex Ratios, Romantic Relationships, and Sexual Behavior." *Sociological Quarterly* 51, no. 3 (2010): 408–435.

United Nations. *World Fertility Report* 2009. New York: United Nations Department of Economic and Social Affairs, Population Division, 2011.

Van den Bergh, Bram, Siegfried Dewitte, and Luk Warlop. "Bikinis Instigate Generalized Impatience in Intertemporal Choice." *Journal of Consumer Research* 35, no. 1 (2008): 85–97.

Vernon, Victoria. "Marriage: For Love, for Money . . . and for Time?" *Review of Economics of the Household* 8, no. 4 (2010): 433–457.

Vespa, Jonathan, and Matthew A. Painter. "Cohabitation History, Marriage, and Wealth Accumulation." *Demography* 48, no. 3 (2011): 983–1004.

Westling, Tatu. "Male Organ and Economic Growth: Does Size Matter?" Helsinki Center of Economic Research Discussion Paper no. 335, 2011.

달러와 섹스

섹스와 연애의 경제학

1판 1쇄 찍음 ㅣ 2013년 12월 1일
1판 1쇄 펴냄 ㅣ 2013년 12월 13일

지은이 ㅣ 마리나 애드셰이드
옮긴이 ㅣ 김정희
발행인 ㅣ 김지영
발행처 ㅣ 생각의힘

등록 ㅣ 2011. 10. 27 제 406-2011-000127호
주소 ㅣ 경기도 파주시 회동길 37-42 파주출판도시
전화 ㅣ 070-7096-1331
홈페이지 ㅣ www.tpbook.co.kr
티스토리 ㅣ tpbook.tistory.com

공급처 ㅣ 자유아카데미
전화 ㅣ 031-955-1321
팩스 ㅣ 031-955-1322
홈페이지 ㅣ www.freeaca.com

ISBN 978-89-969195-9-9   03300